智慧司法与纠纷解决
——民事电子诉讼的范式选择

杨斌 ◎ 著

中国·武汉

图书在版编目（CIP）数据

智慧司法与纠纷解决：民事电子诉讼的范式选择/杨斌著. —武汉：华中科技大学出版社，2024.6
ISBN 978-7-5772-0878-7

Ⅰ.①智… Ⅱ.①杨… Ⅲ.①民事诉讼-诉讼程序-研究-中国 Ⅳ.① D925.118.04

中国国家版本馆 CIP 数据核字（2024）第 108357 号

智慧司法与纠纷解决——民事电子诉讼的范式选择　　　　　杨　斌　著
Zhihui Sifa yu Jiufen Jiejue——Minshi Dianzi Susong de Fanshi Xuanze

策划编辑：郭善珊
责任编辑：张　丛　田兆麟
封面设计：沈仙卫
责任校对：程　慧
责任监印：朱　玢

出版发行：	华中科技大学出版社（中国·武汉）	电　话：(027) 81321913
	武汉市东湖新技术开发区华工科技园	邮　编：430223
录　　排：	华中科技大学出版社美编室	
印　　刷：	文畅阁印刷有限公司	
开　　本：	710mm×1000mm　1/16	
印　　张：	16.75	
字　　数：	218 千字	
版　　次：	2024 年 6 月第 1 版第 1 次印刷	
定　　价：	108.00 元	

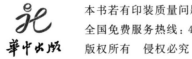

本书若有印装质量问题，请向出版社营销中心调换
全国免费服务热线：400-6679-118　竭诚为您服务
版权所有　侵权必究

前 言

随着新兴技术的迅猛发展,信息化、智能化技术已成为推动社会各领域进步的关键力量。在技术影响下,司法领域亦迎来了深刻的变革。智慧司法、在线纠纷解决以及民事电子诉讼等新概念、新机制应运而生,对传统司法制度产生了重要影响。民事电子诉讼作为一种新的诉讼形态,如何在理论和制度上与传统民事诉讼相适应需明晰四个方面的问题:一是如何定义民事电子诉讼;二是民事电子诉讼有哪些范式类型;三是如何在不同范式类型之间作出选择;四是民事诉讼基本理论和具体制度如何适应新范式的发展。

本书在既有研究和司法实践基础上,尝试对上述问题进行系统化的思考和回应。在本质上,民事电子诉讼具有双重属性,既包括社会治理和个人信息交往的法律属性,也具有强化信息沟通、运用技术为诉讼程序赋能的技术属性。在范式理论框架下,民事电子诉讼范式的建构思路可以划分为"积极服务型""积极管理型""消极服务型""消极管理型"四种类型。基于我国民事电子诉讼发展遇到的困境和共识性问题等因素,本书认为:"积极服务型"民事电子诉讼范式更符合智能化社会发展趋势和人民群众的现实需求。

"积极服务型"民事电子诉讼范式下,民事电子诉讼基础理论可以从四个方面予以完善。一是基本理念方面,应当包含程序保障性、程序服务化、程序电子化、程序协同化等理念。二是目的论方面，民事电子诉讼中秩序维护和纠纷解决应当让位于权利保护和程序保障，并增加技术融合之目的。三是价值论方面，应积极发挥电子化作用，并确保既有诉讼价值不减损，实现价值增益。对价值之间的冲突应当通过重构价值内涵，强化电子系统服务功能等方式进行消解。四是诉讼原则方面，需要对传统民事诉讼中平等、辩论、处分、诚信等基本原则加以贯彻，并根据发展需要建构信息安全和功能等值两项新的指导性原则。

基于"积极服务型"民事电子诉讼范式立场，传统民事诉讼应强化两方面的制度协同。一方面，民事电子诉讼制度定位应当从阶段性、补充性制度转向全程性、并行性制度，并通过完善立法提升其正当性和合理性。另一方面，结合现行制度规范，从电子化受理制度、电子化交往制度、电子化审理制度、电子证据制度四个方面对"积极服务型"民事电子诉讼的具体制度进行系统构建，明晰制度改进和完善的方向。

在本书的内容创作期间，笔者在法院参与司法改革工作，亲身经历了智慧审判、互联网法院筹建等重要改革事件。在工作中笔者深切体会到智能化技术对司法决策、案件管理和审判流程的影响。这种智能化的司法模式不仅提高了司法的公正性，也为人民群众提供了更为便捷的司法服务，保障了司法的公正和效率。同时，笔者也看到智慧司法同样面临着技术保障、法律适应、工作融合、权利保障等诸多挑战。然而，司法智能化虽然充满不确定性，但伴随着ChatGPT等新一代人工智能技术的出现，民事诉讼电子化、智能化从发展趋势上看已经成为必然。

信息论视角下，司法行为在本质上是一个信息获取、分析、判断的过程。为了让读者更加深刻地感受到人工智能技术在信息获取上的效用提升，本书出版期间，笔者提出依托人工智能技术来辅助读者阅读,借助大语言模型实现读者与书的直接"对话",帮助读者更高效地获取书中的信息。这一想法得到了北京智查科技有限公司和华中科技大学出版社的认同和支持,并在他们的帮助下得以实现。笔者希望通过这种不一样的尝试,让本书成为一本"智能化的法学专著",让读者直观感受到智能化技术对人们生活、工作、学习的影响。

最后,本书创作的内容是笔者博士期间学习、实践、思考的总结。笔者是一名学术研究的浅尝者,本书存在一定的片面性,距离精益求精的理论专著仍存在很大的差距。书中存在错漏之处,恳请读者予以指正,多提宝贵意见。笔者期待与关注民事电子诉讼和智慧司法的读者作进一步交流。

杨　斌

电子邮箱:zhihuisifa2024@163.com

2024 年 4 月于浙江大学国家制度研究院

目　录

导论　　　　　　　　　　　　　　　　　　　　　　　/1

第一章　民事电子诉讼的基本问题　　　　　　　　　　/17
　　第一节　民事电子诉讼的概念　　　　　　　　　　/17
　　第二节　民事电子诉讼的本质　　　　　　　　　　/23
　　第三节　民事诉讼与民事电子诉讼的关系　　　　　/31

第二章　民事电子诉讼范式的基本类型　　　　　　　　/35
　　第一节　范式理论的阐释　　　　　　　　　　　　/35
　　第二节　范式视角下的民事诉讼　　　　　　　　　/41
　　第三节　民事电子诉讼范式的类型分析　　　　　　/52

第三章　民事电子诉讼的发展状况和范式选择　　　　　/77
　　第一节　我国民事电子诉讼发展的考察　　　　　　/77
　　第二节　域外民事电子诉讼发展的考察　　　　　　/99
　　第三节　我国民事电子诉讼的主要困境　　　　　　/119
　　第四节　民事电子诉讼的范式选择　　　　　　　　/128

第四章　民事电子诉讼范式的理论适应　　　　　　　/144
　　第一节　基本理念的确立　　　　　　　　　　　　/145
　　第二节　具体理论的协调和重塑　　　　　　　　　/156

第五章　民事电子诉讼范式的制度协同　　　　　　　/186
　　第一节　制度的整体化协同　　　　　　　　　　　/186
　　第二节　制度的具体化协同　　　　　　　　　　　/196

第六章　积极推动技术融合，赋能民事诉讼现代化发展　/241

参考文献　　　　　　　　　　　　　　　　　　　　/245

后记　嬗变的智能技术与不变的法律理性　　　　　　/258

导　论

一、研究背景及意义

信息技术的发展已经对个体的生活方式产生巨大影响，互联网应用、大数据、人工智能、区块链等技术的普及使社会生产、生活方式产生巨大变革，法律实务也不例外。一方面，越来越多的纠纷从线下转移到线上，运用电子化的方式解决纠纷的需求愈发旺盛；另一方面，技术的发展对法律制度和审判方式也带来了冲击和挑战。随着智慧法院的推进，越来越多的法院开始探索运用电子化的方式开展诉讼。我国已经成立了杭州、北京、广州三家互联网法院，对互联网纠纷的全流程在线审理机制进行探索和实践。在线诉讼已经普遍适用于传统法院的案件审理中，使审判方式发生了深刻的变化。民事诉讼如何在理论层面和制度层面适应日渐增长的电子化纠纷解决需求，成为不容回避的问题。

从理论上看，是当前我国的民事诉讼制度所面临的最大问题。具体表现为：民事电子诉讼的界定；民事电子诉讼理论与传统民事诉讼理论之间的关系；在当事人主义转型背景下，如何确立民事电子诉讼发展方向等，这些问题需要基于民事诉讼传统理论进行系统回应。

制度层面，民事电子诉讼主要面临的问题是如何与传统诉讼制度相协调，构建符合民事电子诉讼特点的诉讼制度，包括如何协调两者关系，如何协同建构具体制度，等等。

虽然学界已经关注到上述民事电子诉讼发展过程中面临的诸多问题，但是目前的研究多集中于宏观层面或者电子诉讼管辖、送达等具体制度，还没有对民事电子诉讼所面临的问题进行系统的回应，也没有在理论上对民事电子诉讼的研究和发展形成清晰的系统化共识。笔者认为，随着社会信息化的发展，民事电子诉讼与传统诉讼方式深度融合将成为不可逆转的趋势。对民事电子诉讼进行前瞻性理论研究具有必要性和可行性。结合智慧法院建设的司法实践，需要在既有研究的基础上，深入挖掘理论和实践问题，对民事电子诉讼的理论适应和制度协同问题提出体系化的构想和发展建议。

二、研究综述

由于民事电子诉讼作为一种新的诉讼形态在理论上还不能脱离传统诉讼理论的研究范畴，因此需要结合传统民事诉讼理论相关研究成果对民事电子诉讼相关概念和理论进行分析。在实践中，随着智慧法院、互联网法院、在线审理等多种形式的探索，对于民事诉讼电子化过程中的相关具体问题的研究也成为本书重要的研究素材。笔者将从国内研究情况和域外研究情况两个方面进行综述，并加以总结和分析。

（一）国内研究情况综述

我国既有研究成果从不同的研究角度对民事电子诉讼产生和发展过程中的问题进行了研究，通过归纳可以概括性划分为整体性研究、具体性研究、新类型研究三个方面。

1. 关于民事电子诉讼制度整体建构与发展方面的研究

随着信息技术的理论和实践发展，技术与法律的融合愈发受到学者关注，国内学界对于民事诉讼信息化、电子化、智能化的制度影响和整体发展的研究和讨论较为集中。在20世纪80年代，计算机技术兴起时，龚祥瑞和李克强（1983）提出，将计算机技术融入法学研究中是法学和法律工作现代化的重要标志。① 此后，随着技术的发展，越来越多的民事诉讼法学学者开始关注这一问题。在 21 世纪初信息化社会转型和互联网的兴起背景下，徐昕教授（2002）基于比较美国、英国、奥地利、芬兰、德国、日本等国家信息技术在民事诉讼起诉、送达、案件管理、审前准备、开庭审理等程序中的运用情况，认为技术限制、人的限制和法律限制是民事诉讼运用信息技术的主要制约因素。从发展前景来看，现代技术深度运用于民事诉讼，以及虚拟法院（virtual court）的兴起是民事电子诉讼发展的趋势。② 宋朝武教授（2011）③ 及刘敏教授（2011）④ 结合我国民事司法的制度和实践情况，对电子信息技术融入我国民事诉讼进行了系统的观察，并对民事电子诉讼的影响进行了分析：一方面，民事电子诉讼可以方便当事人诉讼、提高诉讼效率、节省司法资源；另一方面，也会带来司法知情权与公民隐私权的冲突，影响直接言词原则等问题，需要立法上进行认可和规范。

2016 年起，随着互联网、大数据、人工智能等技术的快速发展和迭代，司法信息化进入了快速发展阶段；随着智慧法院建设的深入推进，民事电子诉讼的研究也愈发受到学界的广泛关注。关于民事电子诉讼制度整体建构与发展方面的研究也逐渐深化和

---

① 龚祥瑞、李克强：《法律工作的计算机化》，载《法学杂志》1983 年第 3 期，第 16 页。

② 张卫平：《司法改革论评》（第二辑），中国法制出版社，2002 年版，第 107-108 页。

③ 宋朝武：《电子司法的实践运用与制度碰撞》，载《中国政法大学学报》2011 年第 6 期，第 62-76 页。

④ 刘敏：《电子时代中国民事诉讼的变革》，载《人民司法》2011 年第 5 期，第 70-74 页。

细化。王福华教授（2016a）①（2016b）②从制度层面和实施主体层面进行了系统化的研究：电子诉讼制度层面，他主要划分了电子诉讼发展的阶段，明晰了立法路径，提出了技术保障的内容和要求；作为实施主体的电子法院方面，他主要从功能定位、制度的实施和协调等方面，确立了电子法院与电子诉讼的构建策略。侯学宾教授（2016）对我国民事电子诉讼发展模式进行了研究，归纳为阶段性和全程性、辅助性和并列性两类，并从立法论的角度，提出民事电子诉讼在先行先试基础上完善立法具有必要性和紧迫性。③周翠教授（2017）④和张兴美副教授（2018）⑤分别发表了观察报告，对学界研究进行了及时回顾和梳理。报告认为，最高人民法院持续推动的信息化改革促进了民事电子诉讼的发展，需要及时对改革实践的经验进行总结，形成制度和规范，为改革政策提供系统、有效的法律支撑，以促进民事电子诉讼高质量发展。王亚新教授（2018）认为，新技术的发展还为法学研究提供了新机会，应当加强两者交叉研究，为下一轮的司法改革贡献更多高质量的研究成果。⑥张兴美副教授（2019）对电子诉讼的概念和本质进行了讨论，并从坚持以当事人为中心的发展理念出发，提出

---

① 王福华：《电子诉讼制度构建的法律基础》，载《法学研究》2016年第6期，第88-106页。

② 王福华：《电子法院：由内部到外部的构建》，载《当代法学》2016年第5期，第23-35页。

③ 侯学宾：《我国电子诉讼的实践发展与立法应对》，载《当代法学》2016年第5期，第3-13页。

④ 周翠：《中国民事电子诉讼年度观察报告（2016）》，载《当代法学》2017年第4期，第137-151页。

⑤ 张兴美：《中国民事电子诉讼年度观察报告（2017）》，载《当代法学》2018年第6期，第150-159页。

⑥ 王亚新：《信息化浪潮中的司法改革：机遇与挑战》，载《法治现代化研究》2018年第2期，第14-21页。

了民事电子诉讼制度建构的原则和路径。① 高翔研究员（2020）提出了电子诉讼规则构建的基本思路。② 左卫民教授（2020）运用实证研究的方法，分析了民事诉讼繁简分流试点在疫情影响下，在线诉讼的实践运行情况。该文认为，在线诉讼具有诉讼便利等方面的优势，但是目前难以全面替代传统诉讼，在线诉讼仍面临着实践主体间差异明显，应用软件、设备硬件有待优化以及诉讼规则机制有待完善等问题，应当利用改革试点先行先试，结合实践情况循序、广泛推进。③ 张卫平教授（2021）认为，民事诉讼法必须对司法智能化潮流予以积极回应，引导智能化技术为实现民事诉讼法的目的和民事诉讼的价值追求服务，推动民事诉讼法融入现代社会的精神内涵。④

综上所述，关于民事电子诉讼的整体性研究主要基于信息化社会的迅猛发展对民事诉讼产生的强烈影响，从民事诉讼如何面对和适应这种影响出发对民事电子诉讼进行观察和研究。从研究成果看，较为一致的认识是：（1）民事诉讼应当关注当下和未来技术在程序中的运用。（2）电子化司法实践既对传统民事诉讼中一些诉讼价值追求起到了促进作用，也与一些价值存在冲突与矛盾。（3）面对这种影响，一方面，要保障当事人诉权不因信息技术的运用而受到削弱；另一方面，要通过强化程序保障，促进当事人实体权利的实现。（4）在实践层面，民事诉讼制度与技术的融合需要以当事人为中心，强化立法建设和技术保障。在制度功

---

① 张兴美：《电子诉讼制度建设的观念基础与适用路径》，载《政法论坛》2019 年第 5 期，第 117-126 页。
② 高翔：《民事电子诉讼规则构建论》，载《比较法研究》2020 年第 3 期，第 175-188 页。
③ 左卫民：《中国在线诉讼：实证研究与发展展望》，载《比较法研究》2020 年第 4 期，第 161-172 页。
④ 张卫平：《民事诉讼智能化：挑战与法律应对》，载《法商研究》2021 年第 4 期，第 16-30 页。

能的定位上，不仅要以提高效率为目标，还应当通过电子法律交往，促进法院与当事人以及法院内部之间的协同，共同推动诉讼的进行和纠纷的解决。（5）关于民事电子诉讼的合法性，伴随着电子诉讼改革实施的深度和广度，需要加以系统化研究，及时完善立法，确立民事电子诉讼的正当性和合理性。（6）从司法现状看，我国已经形成了以互联网法院为代表的全流程在线审理样板，并逐步推动在线审理和在线纠纷解决。①但是，司法政策在先行先试过程中法律保障仍存在欠缺，对民事电子诉讼全面深入发展产生了制约。因此，需要以民事诉讼基本理论为指导，结合当下制度和实践，强化理论和制度的体系化及规范化。民事诉讼法学研究也应当以此为契机，贡献更多高质量的研究成果。

总之，从整体上归纳，学者们普遍认为，民事诉讼法必须对司法智能化潮流予以积极回应，引导智能化技术为实现民事诉讼法的目的和民事诉讼的价值追求服务。②虽然民事电子诉讼已经引起理论上的关注，但是研究的基本路径还未形成共识，与传统诉讼的关系没有得到系统的厘清，需要在以上研究共识基础上，进一步建构民事电子诉讼的理论体系。

2. 关于民事电子诉讼具体制度建构与协调方面的研究

关于民事电子诉讼的具体性研究，主要涉及民事诉讼电子化过程中具体制度的调整和协调问题。马登科教授（2018）对网上立案制度进行了系统化研究，分析了网上立案的实施现状、实施困境，并从顶层定位、平台完善、司法资源和成本配置三个方面

---

① 张兴美：《中国民事电子诉讼年度观察报告（2017）》，载《当代法学》2018年第6期，第150页。

② 张卫平：《民事诉讼智能化：挑战与法律应对》，载《法商研究》2021年第4期，第16-30页。

提出完善意见。① 肖建国教授（2018）讨论了涉网案件对传统地域管辖的冲击，并提出了设立互联网专门法院管辖涉网案件、建立多元连接点下无顺位任意选择机制，并原则上否定当事人对互联网法院的程序选择权的解决方案。② 段厚省教授（2019）分析了远程审判与传统民事诉讼之间的法理冲突，并认为远程审判需要法律系统和技术系统的双重牵制，目前还没有形成完善的制度和成熟的理论，需要为远程审判的实践探索设定伦理底线。③ 张兴美副教授（2019）认为我国庭审记录方式电子化改革，还没有从根本上实现信息技术在庭审记录制度中的深度应用；应当通过构建庭审同步录音录像与法庭笔录"并行式"范式，进一步使庭审记录方式电子化的技术价值得以显现。④ 肖建国教授（2020）对异步审理问题进行了研究，认为异步审理颠覆了传统民事诉讼的基本理念，对司法亲历性和直接言词原则造成了冲击。异步的"审理"与"开庭"在概念上存在差别，需要审慎使用，逐步明晰适用范围，保障当事人的程序选择权。⑤

综上，在民事电子诉讼实践中，学者对各项具体诉讼制度如何适应电子化的发展需要也形成了一定的思考和积累：（1）关于网上立案制度，应明确制度经济性、程序选择权、要素程序流程等基础定位，从顶层定位、平台完善、司法资源和成本配置三个

---

① 马登科、唐豪：《我国网上立案制度研究》，载《广西社会科学》2018年第2期，第93-100页。

② 肖建国、庄诗岳：《论互联网法院涉网案件地域管辖规则的构建》，载《法律适用》2018年第3期，第16-24页。

③ 段厚省：《远程审判的双重张力》，载《东方法学》2019年第4期，第101-112页。

④ 张兴美：《庭审记录方式电子化改革的反思与建构》，载《法学杂志》2019年第1期，第125-133页。

⑤ 肖建国、丁金钰：《论我国在线"斯图加特模式"的建构——以互联网法院异步审理模式为对象的研究》，载《法律适用》2020年第15期，第96-109页。

方面建构高效、便捷、稳定、安全的网上立案平台和实施规则。①
(2) 关于管辖制度，对于涉网案件特别是互联网法院的涉网案件管辖，应当建立多元连接点下的无顺位任意选择机制，并原则上否定当事人对互联网法院的程序选择权系最佳的管辖模式。②
(3) 关于远程审判，应当确立增量保障原则，程序选择原则，坚守技术公平、中立、安全原则，作为远程审判实践的伦理底线。③
(4) 关于庭审记录，应该强化司法引领，同时兼顾当事人的知情权、阅览权、使用权等诉讼权利。通过法庭笔录与庭审同步录音录像"并行式"范式，彰显信息技术的赋能作用。④（5）关于异步审理，需谨慎厘定异步审理的适用范围，保障当事人程序选择权，注重信息技术与诉讼程序的有机结合，进一步完善异步审理配套的证据规则。⑤此外，在具体性研究中，对于电子送达、电子证据、电子卷宗等制度的建构既有研究也有所涉及。

国内民事诉讼电子化研究受到关注的同时，也有一些学者对域外民事诉讼电子化情况进行了考察，成为我国民事电子诉讼研究参考的宝贵经验。杨建文（2013）对韩国电子诉讼的进程、现状以及产生的变化进行了考察，并对韩国民事电子诉讼的未来发

---

① 马登科、唐豪：《我国网上立案制度研究》，载《广西社会科学》2018年第2期，第93-100页。

② 肖建国、庄诗岳：《论互联网法院涉网案件地域管辖规则的构建》，载《法律适用》2018年第3期，第16-24页。

③ 段厚省：《远程审判的双重张力》，载《东方法学》2019年第4期，第101-112页。

④ 张兴美：《庭审记录方式电子化改革的反思与建构》，载《法学杂志》2019年第1期，第125-133页。

⑤ 肖建国、丁金钰：《论我国在线"斯图加特模式"的建构——以互联网法院异步审理模式为对象的研究》，载《法律适用》2020年第15期，第96-109页。

展进行了展望。① 齐凯悦（2017）对英国家事审判改革中的数字化应用进行了考察。② 马林冰（2021）对英国民事远程庭审的相关规定与实践状况进行了考察。③ 周翠教授（2016）④（2021）⑤ 对德国民事电子诉讼进行了考察，主要包括三个方面：一是对德国民事电子诉讼的立法情况进行系统梳理；二是对德国司法机关电子诉讼的实施情况进行分析，特别是 2019 年之后，对在线庭审的适用情况进行了详细介绍；三是对德国民事电子诉讼的发展前景进行展望。

3. 关于互联网法院及互联网审判方面的研究

2017 年起，在中央全面深化改革领导小组（现为中国共产党中央全面深化改革委员会）的部署下，我国先后在杭州、北京、广州三地，分别设立了互联网法院，针对互联网上产生的案件探索全流程网上审理的新的审理方式和智慧法院发展的新形态。作为一种新类型的审理方式，对民事电子诉讼制度具有探索和实验意义，也吸引了理论和实务界的研究和关注。时任浙江省高级人民法院院长陈国猛（2017）以杭州互联网法院的司法实践为基础，分析了司法流程再造的必要性、基本原则和模式选择。⑥ 蔡立东教

---

① 杨建文：《韩国民事电子诉讼制度的发展》，载《人民法院报》2013 年 5 月 3 日，第 8 版。
② 齐凯悦：《"互联网+"时代英国的家事审判改革及对我国的借鉴与启示》，载《四川理工学院学报（社会科学版）》2017 年第 2 期，第 68-85 页。
③ 马林冰：《英国远程庭审的现状与前景》，载《人民司法》2021 年第 25 期，转载于人民司法微信公众号，2021 年 9 月 10 日发文。
④ 周翠：《德国司法的电子应用方式改革》，载《环球法律评论》2016 年第 1 期，第 98-114 页。
⑤ 周翠：《德国在线庭审的现状与前景》，载《人民司法》2021 年第 25 期，转载于人民司法微信公众号，2021 年 9 月 10 日发文。
⑥ 陈国猛：《互联网时代资讯科技的应用与司法流程再造——以浙江省法院的实践为例》，载《法律适用》2017 年第 21 期，第 2-8 页。

授（2017）对智慧法院的概念和内涵进行了界定，并梳理了智慧法院建设的基本原则和主要的制度内容。① 杭州互联网法院院长陈增宝（2018）分析了杭州互联网法院的功能定位，以及未来在制度、规则和技术层面的发展方向。② 郑旭江博士（2018）认为互联网法院在管辖、送达、证据等制度层面面临挑战，需要在融合规则和技术的基础上进行完善。③ 周翠教授（2018）认为，互联网法院应当向智能化转型，这尤其包括引入电子督促程序、电子准备程序和电子速裁程序等内容在内的改革。④ 杨秀清教授（2019）认为，从公开的判例看，当前互联网法院的发展淡漠了其专业化审判的司法定位，应当以"网上案件"超越物理空间地域的本质特征为基础，回归专业性案件的专门法院定位。⑤

综上，从研究的内容看，实务界和理论学者之间的关注重点有所差别。（1）从事司法实务工作的法官，主要集中剖析互联网法院的现实意义和作用，并对下一步发展和建设提出了工作的方向。（2）学者们更多从理论上关注互联网法院的定位、实施原则与制度支撑，以及民事诉讼的体系如何与互联网法院的定位和功能相互整合。笔者认为，互联网法院的实践探索，为民事电子诉讼的理论和实践提供了生动的研究素材，打下了坚实的实践基础，具有明显的借鉴意义。民事电子诉讼的研究需要对其理论和实践

---

① 蔡立东：《智慧法院建设：实施原则与制度支撑》，载《中国应用法学》2017 年第 2 期，第 19-28 页。

② 陈增宝：《构建网络法治时代的司法新形态——以杭州互联网法院为样本的分析》，载《中国法律评论》2018 年第 2 期，第 40-45 页。

③ 郑旭江：《互联网法院建设对民事诉讼制度的挑战及应对》，载《法律适用》2018 年第 3 期，第 10-15 页。

④ 周翠：《互联网法院建设及前景展望》，载《法律适用》2018 年第 3 期，第 38-43 页。

⑤ 杨秀清：《互联网法院定位之回归》，载《政法论丛》2019 年第 5 期，第 30-42 页。

现状进行充分调研，在此基础上发现民事诉讼电子化过程中的实际问题，提升研究的针对性和问题解决的有效性。

（二）域外研究情况综述

德国法兰克福大学 Peter Gilles 教授在（2007）对德国民事电子诉讼电子化的趋势进行了分析和展望，并对电子诉讼规则的建构提出了意见。① 日本中央大学小林学教授在（2019）对日本的民事电子诉讼制度进行了介绍，包括日本推行民事审判信息化和智能化的目的、过程、主要目标、具体内容等，并分析了实现上述目标和内容的技术障碍和法律障碍。② 韩国高丽大学郑永焕教授（2018）系统介绍了《韩国电子诉讼法》的立法内容、实施现状，以及改革方向。③ 英国英格兰及威尔士上诉法院大法官布里格斯勋爵在 2016 年发布的《民事法院结构改革最终报告》对英国"在线法院"建设进行了说明，并认为在线法院将是这个时代最具革命性、最具颠覆性的新型法院；在线法院将使法院生产正义的方式发生重大改变，也会进一步颠覆当事人实现正义的途径。④ 英国牛津大学教授、计算机与法律协会主席、英国首席大法官战略与技术顾问理查德·萨斯坎德在 2021 年出版的《线上法院与未来司法》一书中认为，在技术突飞猛进的时代，应该探索运用新兴技

---

① ［德］Peter Gilles：《德国民事诉讼程序电子化及其合法化与"E—民事诉讼法"之特殊规则》，张陈果译，载《民事程序法研究》，2007 年，第 308-317 页。

② ［日］小林学：《日本民事审判的 IT 化和 AI 化》，郝振江译，载《国家检察官学院学报》2019 年第 3 期，第 162-175 页。

③ ［韩］郑永焕：《韩国电子诉讼现状及完善方向》，方丽妍译，载《东南司法评论》2018 年第 11 期，第 277-297 页。

④ ［英］布里格斯勋爵：《生产正义方式以及实现正义途径之变革——英国在线法院的设计理念、受理范围以及基本程序》，赵蕾译，载《中国应用法学》2017 年第 2 期，第 47-55 页。

术来改善当下法院的缺陷。部署技术的目标不应仅把传统流程自动化或流水线化，而应使法院以全新方式来提供我们想要的结果。这应该会让我们超越实体法庭和远程法庭（视频会议法庭），到达异步线上审判模式，并提供一系列服务来帮助法院用户理解他们的法律处境，如果可行可取就早日化解纠纷。我们的目标不应止步于改进更易触达的纠纷解决机制。我们的司法体制也应该鼓励、控制和避免纠纷，并赋能和改进法院运行，确保提供可触达、透明、资源充足、适度平衡的法院体系，基于国家强制力支持，产生公正的判决。① 美国国家技术与争议解决中心主任、马萨诸塞州大学法学院阿默斯特荣誉教授伊森·凯什教授在 2019 年出版的《数字正义：当纠纷解决遇见互联网科技》一书中认为，将法院诉讼程序转移到网上的大部分举措，起初是为了提高效率，减少法院的案件数量，并增加正义实现方式。技术对于法院中的正义实现方式具有双重影响：一方面，数字技术通过在线咨询、在线法律产品以及连接客户和个体执业律师、小型律所的新市场，降低了法律咨询的成本；另一方面，数字技术也被认为给"接近正义"制造障碍，因为人们仍然需要依赖书面通信，且不同的社会经济阶层之间存在着网络获取鸿沟。在很大程度上，随着技术的进步，这些障碍减少了。虽然一些障碍依然是实质性的，但在特定情况下已经被技术带来的好处超越了，这些好处包括易获取性、结构以及与数据分析相关联的好处。②

通过对以上域外研究内容进行归纳，各国民事电子诉讼发展呈现以下特点。（1）德国主要通过立法方式对司法的电子化应用

---

① ［英］理查德·萨斯坎德：《线上法院与未来司法》，何广越译，北京大学出版社 2021 年版，第 92 页。

② ［美］伊森·凯什，［以色列］奥娜·拉比诺维奇·艾尼：《数字正义——当纠纷解决遇见互联网科技》，赵蕾、赵精武、曹建峰译，法律出版社 2019 年版，第 248 页。

进行改革，对电子化交往的方式、电子化卷宗的管理、电子文件的证明效力加以规范，拓展了电子视频传输技术在民事诉讼领域的适用。(2) 日本在国家层面确立了推进民事审判信息化，以促进审判的公正、迅速的目标，目前还在调研准备和相关法律修改中，司法实践中并没有大规模实施。(3) 韩国对于电子诉讼立法较早，并逐步将电子诉讼应用于各种类型的诉讼中，经过近十年的发展，已经初步检验了电子诉讼在改善纠纷解决方式、实现判决的简易化、培养电子化的审理习惯等方面带来的预期成效。① (4) 英国将在线法院作为司法改革的重要内容，英国民事法院改革的整体理念就是建立一个公正、适当、便捷的法院——传承历史的辉煌，继续引领世界潮流。通过在线法院改变法院生产正义的方式以及当事人实现正义的途径。② (5) 美国数字技术向法院渗透分为三个阶段：第一个阶段是通过数字技术提升诉讼效率并优化案件的组织和管理；第二个阶段是数据的联通，向公众提供更多的案件信息和数据，强化司法公开和便利；第三个阶段是重塑正义实现的方式，运用数字技术实现"接近正义"，通过在线的方式，颠覆传统诉讼的审理方式。当前，美国的一些司法辖区，正在见证第三阶段的早期，但很大程度上，法院正处在通过数字正义巩固"正义实现方式"的过程中，而且距离实现数字技术的全部潜力还很远。③

综上，通过梳理国外学者的观点，我们可以看出，现代科技

---

① [韩] 郑永焕:《韩国电子诉讼现状及完善方向》，方丽妍译，载《东南司法评论》2018年第11期，第277-297页。

② [英] 布里格斯勋爵:《生产正义方式以及实现正义途径之变革——英国在线法院的设计理念、受理范围以及基本程序》，赵蕾译，载《中国应用法学》2017年第2期，第47-55页。

③ [美] 伊森·凯什，[以色列] 奥娜·拉比诺维奇·艾尼:《数字正义——当纠纷解决遇见互联网科技》，赵蕾、赵精武、曹建峰译，法律出版社2019年版，第230页。

在诉讼和司法中的运用已经成为各国的共识。有的国家已经通过立法确认了电子诉讼的法律效力,有的国家已经运用电子诉讼的方式审理案件化解纠纷,有的国家希望通过技术和数字化改变法院产生正义的方式以及当事人实现正义的途径。虽然不同国家由于社会环境和法律观念的差异,在具体实现方式上存在差异,但其实施的基本理念以及在具体制度中的实践做法具有一定的参考意义,需要我们在建构自己的民事电子诉讼理论和制度过程中加以学习和借鉴。

整体而言,通过对我国民事电子诉讼的整体性研究、具体性研究、新类型研究以及域外民事电子诉讼研究成果进行归纳和概括可以发现,当前对于民事电子诉讼制度研究呈现出四个特点:一是宏观趋势预测多于具体制度研究;二是基于实践的研究多于基于理论的研究;三是学界和实务部门关注度高,但形成的通说和体系化的理论成果不多;四是国外的实践和研究早于国内的研究。民事电子诉讼属于电子信息技术与传统民事诉讼的交叉,需要对实践情况、技术理论、发展特征、未来趋势有所把握,也需要对传统民事诉讼制度的理论、目的、利益平衡等加以考量,才能将理论创新与技术发展相结合,发挥出理论的前瞻性效果。

三、研究方法

本书拟主要采用历史研究法、比较研究法、范式分析法等三种方法。

一是历史研究法。采用历史分析法,分析、梳理我国民事电子诉讼方面的立法、司法解释、信息化建设方面的进步、演变、不足,为优化和完善民事电子诉讼理论和制度规范提供建设性改良建议。

二是比较研究法。通过收集美国、英国、德国、韩国等在电子诉讼方面起步较早国家的资料,对其制度设置、制度运行情况进行分析和考察，厘清不同国家民事电子诉讼制度发展的共性和差异，并立足于我国民事电子诉讼的司法实践开展比较研究，为我国理论和制度建构寻找可借鉴的经验。

三是范式分析法。范式分析方法源自于美国科学哲学家库恩。"范式"概念，库恩在《科学革命的结构》一书中提出，用于描述科学研究中具有高度共识的理论框架、理论方法、理论内容等。随着范式概念的普及，范式分析方法已经在社会科学领域广泛使用，用于指导对一个研究领域科学活动提供一个多层次、多功能的立体指导结构和思想体系。通过对民事电子诉讼的问题共识进行梳理，确立了民事电子诉讼范式的基本类型，并结合我国民事电子诉讼的发展情况，确立符合我国实际的基本范式类型，在范式类型下对民事电子诉讼理论和制度进行系统化的分析和完善。

四、研究框架

本书研究主要分为以下五个部分。

第一章民事电子诉讼的基本问题。主要包括三方面内容：一是对民事电子诉讼的概念、内涵、外延进行了界定。二是对民事电子诉讼的本质进行剖析。三是对民事电子诉讼与民事诉讼的关系进行厘清。

第二章民事电子诉讼范式的基本类型。主要对民事电子诉讼范式进行分析，具体包括三部分内容：一是对范式理论及其法学适用进行阐释。二是运用范式理论对民事诉讼进行整体分析。三是对民事电子诉讼发展过程中的理念、理论、制度、技术等共识性问题进行梳理，基于诉讼地位和技术态度两个基础关系，确立了民事电子诉讼在理论上的四种范式类型。

第三章民事电子诉讼的发展状况和范式选择。在考察我国及域外民事电子诉讼发展情况的基础上，从民事电子诉讼面临的困境出发，确立了"积极服务型"范式模式。主要包括三个方面：

一是我国及域外民事电子诉讼发展情况的考察；二是我国民事电子诉讼面临的理论、规范和技术困境；三是我国民事电子诉讼的范式选择，对"积极服务型"范式模式的内容、成因及建构思路进行了分析。

第四章民事电子诉讼范式的理论适应。主要分析并确立了"积极服务型"范式程序保障性、程序服务化、程序电子化、程序协同化的基本理念，并厘清了民事电子诉讼的多元目的，协调了民事电子诉讼的多重诉讼价值关系，实现对传统民事诉讼原则的贯彻，并结合民事电子诉讼制度的特点确立了特有原则。

第五章民事电子诉讼范式的制度协同。一方面，从整体的结构性建构、阶段性建构、正当性建构三个方面，对传统民事诉讼制度与民事电子诉讼制度之间关系的整体化协同进行分析。另一方面，结合现行制度规范，从电子化受理制度、电子化交往制度、电子化审理制度、电子证据制度四个方面对"积极服务型"民事电子诉讼的具体制度建构进行分析，明晰制度改进和完善的方向。

五、创新之处

与现有研究相比，本书创新之处主要体现在三个方面：一是将民事诉讼法理与技术理论结合，探究民事电子诉讼内涵、外延和本质。二是探索运用范式理论，在共识性问题基础上，建构民事电子诉讼基本范式，以及范式实现的基本方向和框架。三是在民事电子诉讼范式下，对民事诉讼理论和具体制度进行系统化研究，丰富了理论体系，明确具体制度发展和完善的方向。

第一章　民事电子诉讼的基本问题

民事电子诉讼研究的基本问题主要包括基本概念、本质以及与传统民事诉讼的关系问题。对民事电子诉讼概念的研究应当基于既有研究内容进行整理和分析，并结合民事诉讼的概念厘定其内涵。对民事电子诉讼外延的研究，应当从当事人、司法、立法、法学研究等多个视角，分析民事电子诉讼外延的主要形式。对于民事电子诉讼本质的研究，应当从法律和科技两个维度加以分析，探寻其本质内容和发展规律。同时，还需要结合法理和技术，观察分析民事电子诉讼与传统民事诉讼的关系。

第一节　民事电子诉讼的概念

人类社会是人与人共生的环境，人在生存和发展的过程中相互作用。由于主观意识差异和客观环境不同，人与人之间不可避免产生冲突，在经济生活领域产生的经济利益、经济权益的冲突，习惯称为"民事纠纷"。[①] 民事纠纷的产生，使社会运行中出现非正常的状态，并会产生不利影响。因此，冲突产生的同时，人们也在不断寻求解决冲突的途径和方法。由于自力救济存在产生暴

[①] 张卫平：《民事诉讼法》，法律出版社2019年版，第4页。

力、激化矛盾、缺乏公正性等问题,而民间的调解缺乏外在的强制保障,于是国家司法制度中出现争议解决程序,即法院按照法定程序审理当事人的民事争议,并以国家强制力保证裁判实现。因此,民事诉讼可以定义为:当事人向人民法院提出诉讼请求,人民法院在当事人和其他诉讼参与人的参与下,依法审理和裁判民事争议的制度和程序。①

从理论上看,各种纠纷解决方式中民事诉讼的制度设计最为全面。在诉讼过程中,法院居于中立地位,依据法律规范,按照严格的程序和方式作出裁判,且以国家强制力为保障,因此,诉讼被认为是各种解决民事纠纷方式中最为有效的方法和手段。但是,由于民事诉讼由若干规定的阶段和程序构成,其刚性化的解决方式,影响了纠纷处理的灵活性。对于事实的认定,民事诉讼是基于证据作出的形式认定,可能与客观事实存在偏差。作为一种最为复杂的程序和手段,民事诉讼也存在较高的认知成本和经济成本等局限。

在看到民事诉讼的局限时,运用系统论的思维,我们也应当意识到民事诉讼是一个系统,即解决民事纠纷的系统,该系统具备多样化和开放性的特点;并要针对其局限性和存在的问题,进行不断的优化和设计。特别是在信息社会中,信息技术的发展改变了信息传播的方式和提升信息传播的效率,民事诉讼制度与信息技术有效融合,可以更好地克服民事诉讼中存在的问题。基于借助信息技术能更好地解决民事纠纷的设想,有学者提出了民事电子诉讼的概念,并逐渐在理论和实践上引起关注。

民事电子诉讼作为民事诉讼的子系统,首先应对研究主体进行界定,即明晰民事电子诉讼的概念。概念由内涵和外延两个子系统组成。内涵指概念的含义、内容。"定义"是明确概念内涵的

---

① 张卫平:《民事诉讼法》,法律出版社2019年版,第4页。

逻辑方法,用语词来反映客观事物的本质属性。外延则是其所反映的客观事物集合,"划分"是明确概念外延的逻辑方法。本节将运用"定义"和"划分"两种方法,从民事电子诉讼内涵和外延两个方面,对概念加以界定。

一、民事电子诉讼的内涵

关于"民事电子诉讼"的内涵,既有研究中已经有学者尝试进行界定,比较典型的有:

王福华(2016)对民事电子诉讼的内涵进行了狭义和广义两方面划分,从狭义上看,民事电子诉讼主要基于法院与当事人电子化交往而产生的程序和制度,涉及电子提交、视频庭审、电子送达等诉讼过程中的事项,覆盖了从立案、审理到执行的各个环节。广义的民事电子诉讼,除了法院与当事人的外部联系,其内涵还包括法院内部对案件的管理和司法行政管理的内容,包括法院的电子化办公、电子化案件管理、电子化绩效评价等。[①]

侯学宾(2016)认为:电子诉讼是诉讼方式的"电子化形态"。诉讼程序的本质是当事人的沟通过程,目的是解决纠纷和争议。民事电子诉讼可以界定为:诉讼主体运用科技手段进行诉讼活动,解决纠纷和争议的一种方式。[②]

周翠(2017)认为:电子诉讼是指从纸质介质转变为电子化的介质,通过电子化联络的形式进行的诉讼。[③]

张美兴(2019)认为:电子诉讼是诉讼主体线下诉讼程序的

[①] 王福华:《电子诉讼制度构建的法律基础》,载《法学研究》2016年第6期,第88页。

[②] 侯学宾:《我国电子诉讼的实践发展与立法应对》,载《当代法学》2016年第5期,第3页。

[③] 周翠:《中国民事电子诉讼年度观察报告(2016)》,载《当代法学》2017年第4期,第137页。

线上再造,依托信息技术,实现诉讼在线进行。电子诉讼的本质仍是诉讼,当事人与法院可以根据需要,通过在线非亲历的方式,实施传统诉讼行为。①

通过总结以上学者定义的共同点,可以发现民事电子诉讼的内涵应包含以下几个要素:一是行为方式上,强调依托于信息技术的电子化行为;二是行为内容上,仍然是按照诉讼程序进行的诉讼活动。

笔者认为,民事电子诉讼由"民事诉讼"和"电子化"两部分构成。其中,"民事诉讼"的定义,即民事争议的当事人向人民法院提出诉讼请求,人民法院在双方当事人和其他诉讼参与人的参与下,依法审理和裁判民事争议的制度和程序。②"电子化"是一种信息的使用和传播方式。以电子信息技术为基础,以数字化信息为内容,基于电子网络进行传输和传播。将"民事诉讼"与"电子化"二者的定义结合起来理解,包含三个方面内涵:一是当事人通过电子化的方式提出诉讼请求,涉及诉讼材料的电子化提交,以及当事人与法院之间运用信息通信技术实现的电子交往;二是当事人和诉讼参与人通过电子化方式参与人民法院对案件的审理,涉及远程在线审判、电子证据、电子送达、司法公开等内容;三是人民法院运用电子化方式审理和裁判的制度和程序,对外涉及电子诉讼的规则和流程,对内涉及司法管理的电子化以及司法信息化的建设等内容。

在以上学者认识的基础上,笔者结合"民事诉讼"和"电子化"两个内涵要素,将民事电子诉讼内涵界定为:当事人通过电子化方式向人民法院提出诉讼请求,在双方当事人和其他诉讼参与人参与下,人民法院运用电子化方式,依法审理和裁判的制度和程序。

---

① 张兴美:《电子诉讼制度建设的观念基础与适用路径》,载《政法论坛》2019年第5期,第117页。

② 张卫平:《民事诉讼法》,法律出版社2019年版,第5页。

二、民事电子诉讼的外延

从性质上分析,民事诉讼作为一个解决民事纠纷的系统,也是一个多样化和开放的系统。① 民事电子诉讼也可以理解为一个运用电子信息技术解决民事纠纷的系统,该系统所包含的客观事物和形态可以是多元的,即包含若干子系统,也可以与其他相关概念产生交集,包括了民事诉讼电子化过程中的多重形态,具体可以从以下几个视角进行归纳。

(一) 当事人视角下的民事诉讼电子化

当事人作为民事程序的参与者和法律后果的承担者,基于当事人视角分析,当事人通过电子化方式参与审理和裁判程序的内容,可以最为直接地体现民事电子诉讼的外延。通过对已有研究进行梳理,可以包括:诉讼文书电子提交、电子立案、电子送达、电子督促、司法公开的电子化、电子身份识别、电子缴费、电子化庭审等程序,这些内容与当事人诉讼的行为直接相关。

(二) 司法视角下的民事诉讼电子化

司法是国家运用规则解决纠纷的职能。解决纠纷的过程包括两方面重要内容:一是查明事实,二是适用法律和规则。因此,在司法视角下,除了与当事人共同参与的程序外,还应涵盖查明事实和适用法律过程的电子化。查明事实的电子化主要指法官运用信息化技术还原和审查案件事实的程序,可以包括:电子证据收集和认定规则、在线远程审判以及运用信息化技术进行异步审理等审理方式的创新。适用法律的电子化主要涉及法官运用信息化和智能化技术辅助裁判,高效、统一、规范适用法律,具体包

---

① 张卫平:《民事诉讼法》,法律出版社2019年版,第4页。

括：裁判规则和案例的检索、类案的智能化检索、裁判文书辅助生成、裁判结果偏离度预警等系统，以及法院内部管理、辅助和支持审判的内容，比如随机分案系统的运用、庭审语音转文字系统、电子卷宗的随案生成和深度运用、案件的大数据管理等一系列支撑民事诉讼活动的技术系统。

（三）立法视角下的民事诉讼电子化

立法视角下民事诉讼电子化，可以概括为三个方面内容：一是传统诉讼规则的电子化转化，包括：网上立案规则、电子送达规则、电子诉讼审理规则、网上庭审规范等；二是诉讼参与主体的法律地位，包括互联网法院、电子法庭、互联网平台、数据存储机构等在民事电子诉讼中的法律地位；三是民事诉讼电子化设计和实施的技术标准，包括数据的产生、收集、提取、验证、使用、公开的标准，电子诉讼相关系统平台的功能和程序标准等。

（四）法学研究视角下的民事诉讼电子化

民事诉讼法学是研究和揭示民事诉讼规范和现象的客观规律的科学。民事诉讼规范研究，包括诉讼规范的目的、意义、含义、构成、适用条件等内容。民事诉讼现象的研究，主要包括民事诉讼运行以及民事诉讼法适用的相互关系和现象。在民事诉讼法学研究的视角下，民事诉讼的电子化，即包括法律规范层面的电子化研究，也包括法律现象层面的电子化讨论。因此，法学研究视角下，民事电子诉讼的外延，涵盖民事电子诉讼更深层次的理论性内容，具体包括：基本概念、目的论、价值论、基本原则，以及与传统民事诉讼的关系和影响、未来发展的方向等内容。

综上，笔者认为，民事电子诉讼具有较为丰富的外延，涵盖不同主体视角下民事诉讼电子化过程中的各种形态。既包括当事人通过电子化方式参与审理和裁判程序的内容，也包括查明事实和适用法律过程的电子化,还包括传统诉讼规则的电子化转化和在电子化过程中产生的新主体(如互联网法院、电子法庭等)、新事物(如网络诉讼平台)的法律地位,以及学理上关于民事诉讼电子化法律现象层面的研究内容。

第二节 民事电子诉讼的本质

本质是指决定事物性质、形式及发展的根本属性,主要通过一些现象加以反映,而不能简单直观观察。因此,本质必须透过现象才能加以认识。对于民事电子诉讼的研究,应从民事电子诉讼的制度、应用和实践中,探寻其内在的根本属性,发现民事电子诉讼发展的内在规律。民事电子诉讼作为信息社会场景下法律领域中的新生事物,具有法律与科技的交叉性特点。因此,应当从法律和科技两个学科的视角和方法进行分析,才能全面认识其本质和发展规律。

一、法律视角下民事电子诉讼本质论

在法律视角下,民事电子诉讼作为民事诉讼在信息化社会的一种新的表现形式,其本质必然与现代民事诉讼的本质相互联系。已有研究对现代民事诉讼的本质进行多方面的考察。在诉讼功能视角下,可以概括为"通过国家权力的介入来化解社会中的冲突,当事人基于公正和规范的程序,进行有自律性互动的场域"。[①] 在文化进化论视角下,可以理解为"社会冲突发生时,社会权威通

[①] 顾培东:《社会冲突与诉讼机制》,法律出版社2016年版,第43页;[日]田中成明:《现代社会与审判——民事诉讼的地位和作用》,郝振江译,北京大学出版社2016年8月版,第96页;民事诉讼是"当事人在公正且秩序严整程序下相互作用形成自律关系的场所",系日本学者井上治典的观点。

过公开程序或文化仪式主持进行处置的方法和规则,并且是具有通约性的语言,进行直观对话和沟通的方式"。① 在法哲学视角下,可以总结为"对抗与自主"。② 在交往视角下,可以归纳为"通过全面理性的规范沟通,要实现司法信服的沟通结果"。③

综合以上研究观点,民事诉讼的本质可以从以下两个方面进行概括:一是社会治理属性,主要体现为通过国家权力的介入,解决社会冲突,实现社会秩序的治理方式。二是个体沟通属性,主要体现为冲突主体通过平等、全面、理性的规范和程序,实现司法信服结果的沟通方式。由此,法律视角下对于民事电子诉讼的本质,也可以从社会治理和个体沟通两个方面进行分析。

(一)社会的信息化治理属性

社会的信息化治理属性,即国家通过信息化手段,解决网络世界和现实世界中的纠纷和冲突,实现网络空间和现实空间的社会秩序。民事电子诉讼的本质在社会治理属性方面由于信息技术的介入,同传统民事诉讼相比存在以下几方面差异。

一是纠纷的多元性。"纠纷是对有争议事物坚持主张的冲突状态。"④ 根据既有研究分析,纠纷是社会主体之间的一种对立的状态,是诉讼制度(司法制度)存在的基本前提条件,对纠纷加以解决是现代诉讼制度(司法制度)的基本功能和任务。信息化社会中,网络世界与现实世界相互关联和影响,在此过程中产生的

---

① 樊崇义:《诉讼原理》,法律出版社2009年10月版,第74页,系肖建华教授的观点。
② 徐昕:《当事人权利与法官权力的均衡分配——兼论民事诉讼的本质》,载《现代法学》2001年第4期,第74页。
③ 陈文曲:《现代诉讼的本质:全面理性的规范沟通》,载《政法论丛》2020年4月第2期,第134页。
④ 季卫东:《法律程序的意义——对中国法制建设的另一种思考》,中国法制出版社2004年版,第22页。

纠纷，既有对于网络中新生事物价值认知的冲突，也有基于网络行为对现实事物价值造成的影响。因此，社会信息化过程中产生的纠纷的样态更加多元。

二是场景的多样性。信息技术的快速发展，特别是互联网应用的大范围普及，逐步改变了人们的生活方式和交易习惯，越来越多民事纠纷从线下转移到线上，呈现出信息化、网络化、在线化的趋势。根据信息化的过程，对信息化场景进行理论构建可以概括为：信息化将现实生活的物理世界（已经发生、正在发生的事物）通过同态映射变换为数字世界；同时又利用逆变换将数字世界转换为物理世界，成为认识和改造世界的工具。① 民事纠纷既产生于物理世界，也产生于数字世界，纠纷场景的多样和交叉，超越了物质与精神的二分化，兼具自然性、空间性、社会性、历史性、文化性、心理性、观念性和实在性等多样性，成为民事电子诉讼区别于传统民事诉讼的新特点。②

三是秩序的多变性。社会秩序是指社会交往过程中人与人之间形成相对稳定的关系模式。随着互联网对现实社会影响力和改造力的增强，虚拟环境的社会秩序存在失范风险，现实世界的伦理和规则在虚拟空间中被弱化。一方面，网络社会的虚拟主体难以与现实世界的法律逻辑一一对应，对原有的秩序带来了冲击。另一方面，技术的发展也会在数字世界中创造新的秩序。③ 传统秩序的改造和新秩序的创造，是在传统民事诉讼本质属性基础上，影响民事电子诉讼本质的新特征。

---

① 周宏仁：《信息化论》，人民出版社 2008 年版，第 96 页。
② 杨斌：《民事诉讼信息化协同构建论》，载《法大研究生》2020 年第 2 辑，第 410 页。
③ 彭法：《新时代网络善治的建构逻辑》，载《人民论坛》2020 年 19 期，第 112 页。

（二）个人的信息化交往属性

个人的信息化交往属性，即冲突主体通过运用信息技术进行平等、全面、理性的规范和程序，实现司法信服结果的沟通方式。现代诉讼的本质是全面规范的理性沟通。① 民事诉讼可以视为一种沟通的场所或空间，在这一空间下，各主体围绕诉讼权利和审判权利按照程序进行沟通。② 由于民事电子诉讼将传统的面对面交流方式转变为通过信息技术进行的远程交往方式，同传统民事诉讼交往方式相比，民事电子诉讼呈现出以下特点。

一是交往空间的远程性。民事电子诉讼通过远程庭审的方式，使诉讼主体无需聚集在物理意义上的法庭中，而可以根据自身的情况，选择开庭和谈话地点，打破了传统民事诉讼的物理空间限制，避免在路途上耗费时间、精力、财力，提升了交往的效率，降低了交往的成本。

二是交往方式的间接性。传统民事诉讼中，诉讼参与人之间的交往通过"面对面"的方式直接开展。民事电子诉讼中则需要以信息技术的软件和硬件为支撑，主要通过电脑或移动终端等电子设备，依托于网络通信技术，以视频、语音、文字、图片等形式完成诉讼程序，使交往从直接"面对面"到间接"屏对屏"的方式转变。虽然随着技术的发展，基于信息技术的远程交往方式更加趋近于现实交往，但仍然与现实交往之间存在信息传递的差异。

三是交往时间的异步性。民事电子诉讼运用技术的软硬件将诉讼行为的信息加以记录，在此基础上，可以实现诉讼主体非时

---

① 陈文曲：《现代诉讼的本质：全面理性的规范沟通》，载《政法论丛》2020年第2期，第130页。

② 陈文曲：《现代诉讼的本质：全面理性的规范沟通》，载《政法论丛》2020年第2期，第130页。

间同步性的交互。法官和当事人之间可以在同一时期的不同时间行使诉讼行为。异步审判方式打破了传统民事诉讼要求当事人和证人等必须在同一日期进行诉讼的时间限制，当事人可以自行选择时间进行诉讼，进一步提升了诉讼的便捷性。

结合社会的信息化治理属性和个人的信息化交往属性的分析，法律视角下民事电子诉讼的本质可以理解为运用信息技术优化当事人与法院交往方式，以更好地解决多样化的纠纷和冲突，实现网络空间和现实空间的社会秩序。

二、科技视角下民事电子诉讼本质论

（一）科技的概念和本质

科技是科学和技术两个概念的集合。科学一般以理解世界为目的，是人类对客观事物和客观规律认识的系统性总结。科学的发展可能对法律制度产生影响。[①] 技术是为了完成某种特定目标而协作的方法、手段和规则的完整体系。[②] 与科学相比，技术更多地体现了人的主体性。

爱因斯坦的 $E=mc^2$ 质能关系式证明，世界的本源是能量。世界的物质性，比如形状、体积和质量，不过是能量的各种性质而已，特别是在希格斯的理论被证实之后，宇宙的本源是能量已经成为现代物理学的常识。而能量构成世界所遵循的物理学、化学、生物学、信息科学的法则，都是由信息构成。[③] 科学的本质就是通过一套有效的方法发现一些特殊的信息，它们就是宇宙、自

[①] 苏力：《法律与科技问题的法理学重构》，载《中国社会科学》1999年第5期，第3页。

[②] 聂馥玲：《技术本质研究综述》，载《内蒙古社会科学》2003年第5期，第78页。

[③] 吴军：《全球科技通史》，中信出版集团2019年版，第3页。

然、生命、社会构成及演变的奥秘。物质的本质构成是能量。科技的发展，使人类可以更有效地获取和利用能量，解放更多的生产力，推动生产关系的变革和社会的进步。从狩猎时代对工具的使用，到农耕文明对牲畜的使用，再到工业文明对机械和能源的运用，都能反映出人类对能量利用能力的提升。信息的本质是组织和调动能量的法则。① 比如，语言可以传承经验，是比基因更加高效的信息载体。文字使信息可以在空间上更加广泛地传播，并实现了时间上的传承。法律制度，实现了将很多社会个体组织到一起，提升能量运用的总量和效率。因此，科技的本质可以概括为，人类发现世界中存在的能量和信息，并通过更少的信息获取、利用和调动更多的能量。

（二）科技视角下的民事电子诉讼

科技对法律制度影响主要由技术的发展情况决定。科学对于自然现象或社会现象的某种因果关系的确认，往往会影响法律制度的运作。同时，科学发现的因果关系，还会受到技术上的效率、资源、可靠性等因素的限制，不会完全影响法律的运作。科学对法律制度的影响很大程度取决于技术发展。②

从科技的视角认识民事电子诉讼，就是从能量和信息的视角，对民事电子诉讼的制度进行剖析，分析科技对民事诉讼的影响，探究其本质和发展方向。如果将社会看做一个系统，那么根据熵增定律，封闭系统中事物趋于无序，熵值一定增加。③ 减少熵的办法是构建耗散结构，建构一个能和外界不断进行能量和物质交换和流动的开放系统，通过与外界物质和能量的交换，形成一种动

---

① 吴军：《全球科技通史》，中信出版集团2019年版，第5页。
② 苏力：《法律与科技问题的法理学重构》，载《中国社会科学》1999年第5期，第4页。
③ 熵是指一个系统混乱的程度，其物理学意义是指系统混乱程度的度量。

态平衡和稳定的结构。在这个理论视角下，社会中个体之间的纠纷可以视为个体之间某些要素的无序状态，如果这种无序不能及时处理，将会产生更大的混乱。民事诉讼是通过引入国家司法系统，与个体之间进行能量和信息的交换，减少了社会个体之间的不确定性，实现社会系统的整体稳定。而民事电子诉讼，对于整体的社会系统而言，可以视为，借助科技加快信息的交换，减少能量损耗的手段，用更少的能量传递更多信息的制度形式，其运用的结果必然有助于整体社会系统的稳定。

　　在信息维度下，民事诉讼电子化是运用信息技术加强诉讼中信息沟通的纠纷解决新样态。纠纷是诉讼存在的前提，解决纠纷是现代诉讼的基本功能和首要任务。日本法学家兼子一指出：诉讼成立即产生主体交涉的领域，在此基础上所为的种种诉讼行为作为诉讼程序。① 诉讼的过程，本质上是当事人、法院相互之间以传递信息为内容的具有相互作用关系的对话。现代信息技术的运用，如同语言、文字、电报、电话的出现，改变了人与人之间信息处理、传递和交流的方式。运用网络通信技术，实现纠纷解决的远程、实时交流，有利于当事人合意的实现。信息技术在立案、送达、审理等诉讼程序中的渗透和运用，极大地提升了诉讼主体之间的沟通效率，也使传统纠纷解决的样态逐渐发生转变。一方面是电子化转变，即从物理化环境转向虚拟化环境。互联网法院和传统法院的电子化，逐渐削弱传统诉讼的物理特征，不再受限于时间和空间。另一方面是网络化转变。随着移动互联网的应用和发展，个人通过网络开展民事行为成为一种常态，民事诉讼主体期待运用互联网参与民事诉讼程序的意愿将会扩大。依托网络信息技术，未来的诉讼程序将会呈现出更加便捷、灵活、高效的

---

　　① ［日］兼子一、竹下守夫：《民事诉讼法》，白禄铉译，法律出版社1995版，第5页。

特点。传统正义在实现方式、实现效率、实现的公平性上正在向"数字正义"转变。①

在能量维度下，民事电子诉讼通过运用信息技术赋能，进而提升制度的整体社会效益。如上文所述，纠纷解决本质上是信息传递、加工、处理的过程，通过诉讼程序完成这一过程，进而实现纠纷解决的目的。然而，这一过程需要消耗能量才能进行，用经济学的概念，可以理解为收益和成本。民事诉讼的制度价值在于化解社会中的纠纷和冲突，实现提升社会效益。从整体收益角度分析，民事诉讼的社会效益取决于纠纷解决过程中消耗的能量，能量消耗越低，社会效益越高。互联网+、大数据、人工智能技术，本质上是一种新技术对传统社会的赋能，降低原来制度运行的能量损耗。从能量维度考察，民事电子诉讼在本质上也是一种技术对民事诉讼制度的赋能，降低制度的成本和能耗。通过信息技术方式对诉讼程序中数据的归集和分析，可以对可能产生纠纷的行为及其法律后果进行法律指引和行为预防。通过对数据和算法的运用，促进诉讼程序运行的自动化，降低沟通的成本，借助于算法的辅助处理类型化案件，增强裁判的一致性，减少主观偏见，运用技术赋能巩固"正义"，并优化"正义实现的方式"。

科技视角下的民事电子诉讼是通过电子化、网络化、智能化、数据化的技术，强化民事诉讼程序的信息沟通，运用技术为诉讼程序赋能，降低制度中的能量损耗，提升民事诉讼制度的整体社会效益。因此，对民事电子诉讼的研究，需要将传统理论与信息技术的影响和变化相融合，以构建适应新场景的民事诉讼制度。

---

① ［美］伊森·凯什，［以色列］奥娜·拉比诺维奇·艾尼：《数字正义——当纠纷解决遇见互联网科技》，赵蕾、赵精武、曹建峰译，法律出版社 2019 年版，第 244 页。

第三节　民事诉讼与民事电子诉讼的关系

前文界定了民事电子诉讼的概念和本质，为确立基本立场和研究边界，还应当在此基础上对民事诉讼与民事电子诉讼的关系作进一步分析。

一、法理视域下的一致性

民事电子诉讼的概念和本质并没有脱离民事诉讼的基本内涵，两者在法理上仍然具有高度的一致性，具体体现在以下几个方面。

一是诉讼主体的一致性。民事诉讼电子化过程中，虽然会产生新的主体，如互联网法院、AI法官等，但这些主体仍属于传统诉讼中主体在技术环境下的新形态，从法理上并没有脱离民事诉讼的主体类型，仍然受到民事诉讼主体相关原则和制度规范的约束。

二是诉讼客体的一致性。民事诉讼客体是指民事诉讼法律关系的主体之间诉讼权利和诉讼义务所指向的对象。通说认为，民事诉讼客体主要包括案件事实和实体权利请求。虽然民事诉讼的电子化在民事诉讼的证明方式和标准上产生了一定的变化，但是民事诉讼的电子化并没有改变民事诉讼的客体的基础理论，民事电子诉讼也应当遵循民事诉讼的基本理论要求。

三是诉讼关系的一致性。民事诉讼的基本法律关系围绕着诉权与审判权的关系展开，诉判关系是其他诉讼形态的起点。现代诉讼中，防范审判权的滥用和不公正行使，维护和保障诉权已是基本共识。相较于传统民事诉讼而言，民事电子诉讼在法理上并没有改变这种关系，也没有影响理论上的共识。虽然民事电子诉讼借助信息技术，更有利于权利的实现，但不论民事诉讼还是民事电子诉讼，在法理上都没有改变民事诉讼基本关系的内涵。

四是诉讼预定程序的一致性。民事诉讼是严格按照一定的程序和方式进行的。主要包括：设定诉讼标的、提出法律上的主张、关于要件事实的主张、提出证据加以证明、质证确认证据、作出裁判。① 民事纠纷解决需要按照法律规定的上述阶段和程序进行。民事电子诉讼虽然对一些具体阶段和规定进行了调整，发挥了技术赋能优势，提升了纠纷解决的便捷性和灵活性，但从法理上并没有改变民事诉讼预定的基本程序，因此民事诉讼与民事电子诉讼对于诉讼预定程序仍具有一致性。

综上，虽然民事诉讼电子化发展过程中，产生了新的主体形态、客体标准，但从法理上仍没有改变民事诉讼的主体类型、客体内容、基本关系和预定程序。因此，民事电子诉讼并不是脱离于民事诉讼新的纠纷解决形态，仍然属于民事诉讼的范畴之下，与民事诉讼具有法理上的一致性。

二、技术视域下的差异性

技术属于生产力要素。技术的迭代和发展改变了生产方式，提升了生产力，也改变了人与人的行为模式和沟通方式，进而提升了沟通效率，降低了沟通成本。这必然会影响生产关系，社会的纠纷解决需要民事电子诉讼制度根据技术发展和变化进行适应与调整。

科技视角下的民事电子诉讼是通过电子化、网络化、智能化、数据化的技术，强化民事诉讼程序的信息沟通，运用技术为诉讼程序赋能，降低制度中的能量损耗，提升民事诉讼制度的整体社

---

① 张卫平：《民事诉讼法》，法律出版社2019年版，第4页。

会效益。在技术视域下,民事电子诉讼与民事诉讼的差异性主要体现在以下几个方面。

一是信息沟通的时空差异性。在空间差异方面,民事电子诉讼借助于远程信息通信技术,民事诉讼主体之间的信息沟通在空间上突破了物理空间的地域限制。在时间差异方面,依托于信息软硬件系统,民事电子诉讼可以将信息予以记录,使信息的非同步沟通成为可能。

二是信息传递的效率差异性。传统民事诉讼中,诉讼主体之间的信息传递主要由人工完成,而在民事电子诉讼过程中,依托于信息技术,实现了电子化的交往方式,使信息可以由机器复制、传递,系统可以同时向多人传递信息(如电子送达),同传统诉讼相比,极大地提高了传递效率。

三是信息流转的能量差异性。能量是衡量信息流转的基本指标,诉讼活动本质上是一种交往和沟通,需要将信息进行流转。传统民事诉讼中,信息主要记载于物理介质上,信息的流转(如案卷的移送、文书的送达)主要通过人工对物理介质进行传递。民事电子诉讼中信息通过电子数据方式呈现,基于通信技术的传递。两者的流转能量损耗的差异显而易见。

民事电子诉讼可以视为传统民事诉讼适应生产力发展和社会制度变化的新的制度形态。这种新形态主要由于技术的介入,而与传统民事诉讼产生了一定的差异性。信息社会人与人的沟通和行为方式更加数字化、数据化、智能化,民事诉讼应当主动适应这种变化和差异,对于事实查明的方式、程序也应当适应行为变化的特点,通过技术赋能更加快速、公平、高效地解决纠纷。

综合本章所述,民事电子诉讼内涵可以界定为:当事人通过电子化方式向人民法院提出诉讼请求,在双方当事人和其他诉讼参与人的参与下,人民法院运用电子化方式,依法审理和裁判的制度和程序。民事电子诉讼具有较为丰富的外延,涵盖不同主体视角下民事诉讼电子化过程中的各种形态。既包括当事人通过电子化方式参与审理和裁判程序的内容，也包括查明事实和适用法律过程的电子化，还包括传统诉讼规则的电子化转化和在电子化过程中产生的新主体（如互联网法院、电子法庭等）、新事物（如网络诉讼平台）的法律地位，以及学理上关于民事诉讼电子化法律现象层面的研究内容。关于民事电子诉讼的本质，在法律视角下民事电子诉讼可以理解为运用信息技术优化当事人与法院的交往方式，以更好地解决多样化的纠纷和冲突，实现网络空间和现实空间的社会秩序。在科技视角下可以理解为通过电子化、网络化、智能化、数据化的技术，强化民事诉讼程序的信息沟通，运用技术为诉讼程序赋能，降低制度中的能量损耗，提升民事诉讼制度的整体社会效益。虽然民事诉讼电子化发展过程中，产生了新的主体形态、客体标准，但从法理上仍没有改变民事诉讼的主体类型、客体内容、基本关系和预定程序。因此，民事电子诉讼并不是脱离于民事诉讼新的纠纷解决形态，仍然属于民事诉讼的范畴，与民事诉讼具有法理上的一致性。同时，这种技术介入后的新形态与传统诉讼产生了一定的差异性，通过技术的运用和赋能可以更加快速、公平、高效地解决纠纷。民事电子诉讼的研究和实践，需要充分考虑与民事诉讼在法理上的一致性和技术上的差异性，在民事诉讼范式的基础上，结合技术发展带来的环境变化，在解构传统民事诉讼与民事电子诉讼的差异和冲突基础上，建构民事电子诉讼的发展路径和模式。

第二章 民事电子诉讼范式的基本类型

范式是分析科学发展现状及趋势的理论,该理论可以对科学领域的发展过程进行观察、评估和预测。通过运用范式理论对民事诉讼和民事电子诉讼进行分析,可以探究民事诉讼电子化的共识性问题和探索可能的转型路径。

第一节 范式理论的阐释

一、范式的基本概念

"范式"的概念最早由科学哲学家托马斯·库恩提出。库恩指出:"范式是在某一个指定时间内一系列限定某一个科学学科的活动。按既定的用法,范式就是一种公认的模型或模式。""在科学实际活动中某些被公认的范例——包括定律、理论、应用。"[①] 库恩认为,范式是对一个学科或科学领域研究的本体论、认识论和方法论的基本共识,是研究者接受和认同的信念、假设、理论、准则和方法的总和。

---

① [美]托马斯·库恩:《科学革命的结构》,金吾伦、胡新和译,北京大学出版社 2012 年版,第 90 页。

范式可以被认为是科学共同体在其所关注的领域研究时，在共识基础上形成的一整套思维和逻辑体系，具体可以包括三个层面：一是研究的本质内容；二是从本质出发的该领域科学研究的主题内容和体系；三是该领域研究的理论工具和理论方法。

虽然范式理论于自然科学的基础上建构，但实践中，范式理论已经被社会科学引入，并发挥了积极作用。主要原因在于，范式理论是为了描述科学共同体的共同属性而提出的概念，其本质属于社会理论，而非社会存在。

范式理论是科学研究中认识世界的一种方式，属于认识论。科学研究的过程是通过观察发现规律并在此基础上形成科学的理论。因此，范式理论在科学研究中具有普适性。① 在我国，许多社会科学学者把范式理论引入到学科发展中，形成了一股研究潮流，如郑杭生在社会学中将范式理论作为社会学分析的工具。② 教育学等学科也专门就范式理论对学科建设的影响进行讨论，有学者指出，"由于存在独立的范式，一个学科得以独立形成。"③ 时至今日，依然有学者将范式理论引入本学科进行局部性研究。

在民事诉讼法学领域，范式理论虽然没有在学界中受到普遍关注，但已经有一些学者将其应用于研究中。张卫平教授在研究我国民事诉讼范式理论时认为，从历史角度看，苏联的民事诉讼

---

① 李小波：《范式理论的价值及其对社会科学学科的指引——兼论公安学学科范式研究的必要性》，载《公安学研究》2018年第2期，第90页。

② 郑杭生、李霞：《关于库恩的"范式"——一种科学哲学与社会学交叉的视角》，载《广东社会科学》2004年第2期，第119-126页。此外，周晓虹试图对不同的社会学理论进行范式整合，但周文研究的并非学科范式本身，而是针对学派范式，他希望通过对四种竞争性学派范式的整合能够形成关于社会学的基本范式。参见周晓虹：《社会学理论的基本范式及整合的可能性》，载《社会学研究》2002年第5期，第33-45页。

③ 方文：《社会心理学的演化：一种学科制度视角》，载《中国社会科学》2001年第11期，第126页。

理论在一段时间内已经为我们提供了"研究领域的合理问题和方法",给定一种研究的思维的"范式"。在相当长的时间内,我们是在这些研究领域里,围绕给定的问题,利用这些研究方法进行着民事诉讼的研究活动。在我们的研究和教学中,我们有一整套相互能够认同的规则和标准,所有的研究和教学的实践活动都是在这些规范的指引下进行的。库恩对于范式的概念尽管谈的是自然科学实践,但也适用于法学研究的实践。"范式"概念具有固定思维方式、学科研究共同认同的研究方法和研究对象的共同认同的含义。① 刘哲玮副教授在评价民事诉讼模式理论的方法论意义时认为,诉讼模式的兴起是我国民事诉讼的一场范式革命,使我国学者找到了自己的学科共识,这一研究范式建构了宏观和微观研究的理论基础,并对民事诉讼法学的研究领域进行了系统覆盖,使民事诉讼法学研究的影响力得以提升。②

二、范式视角下的科学发展过程

库恩通过分析和总结自然科学的发展历程,勾勒出科学发展的内在结构,建立起"科学革命"的假设,即范式转换理论。该理论通过对科学发展的内在结构规律进行分析,认为科学发展过程遵循"前科学—常规科学—反常—危机—科学革命—新的常规科学"的动态模式。随着这种动态模式的循环演进,研究者的世界观也会随之发生变化,使范式发生转换。③ 库恩认为,不同范式下的研究者对所研究领域的世界观和信仰存在巨大差异,范式的

---

① 张卫平:《转换的逻辑:民事诉讼体制转型分析》,法律出版社2004年版,第464页。
② 刘哲玮:《论民事诉讼模式理论的方法论意义及其运用》,载《当代法学》2016第3期,第20页。
③ 李小波:《范式理论的价值及其对社会科学学科的指引——兼论公安学科范式研究的必要性》,载《公安学研究》2018年第2期,第92页。

转换是研究者信仰的改变。① 按照库恩的理论，科学发展可以分为以下几个阶段。

（一）从前科学到常规科学

前科学是一个学科在尚未发展成熟之前的早期阶段。在这个阶段下，学者对学科需要共同研究的问题还没有形成统一的观点，也没有统一的理论和研究方法作为学科研究的基本遵循。由此，这一时期往往会在学科中形成多个学派，各学派之间的观点冲突也较为激烈。观点的交锋和碰撞，伴随着学科中重大成就的出现而逐渐缓和。学科重大成就会形成公认的范式，使前科学时期过渡到常规科学时期。

常规科学时期的研究是建立在既有科学成就形成的共识基础之上，这一时期研究的目的不是发明新的理论、发现新的现象，而是基于已经形成的研究范式，进一步扩展其理论边界和理论的精确性，即"通过扩展范式下的事实和结论，提升范式下理论预测的准确度，并阐释范式理论产生的结论的合理性"。

（二）反常与危机

在常规科学时期的科学发展过程中，伴随着范式理论的条件变化，不免会发生与范式理论产生结论不相符的反常现象。一般情况下，在遇到反常情况时，科学研究者不会立刻质疑或推翻现有的范式，而是探寻反常发生的原因，并对现有范式进一步修正。当反常对一个学科产生根本性的影响，且现有范式已经难以通过修正方式加以解决时，常规科学下的范式就会出现危机，此时，范式的调整已经不能对反常的问题加以系统性解

---

① 托马斯·库恩：《科学革命的结构》，金吾伦、胡新和译，北京大学出版社2012年版，第94页。

决,唯一的解决之道便是范式的转换,用一种全新的范式来替代旧范式。

(三)范式的转换

旧范式到新范式的转换不是在旧范式的基础上的完善就可以实现的,而是通过科学革命来实现过渡的。当现有的范式在探索自然的某一方面时已不能起到充分的作用,科学革命的条件便逐渐产生。科学革命的过程是科学共同体对竞争范式做出选择的过程,这种选择受到客观标准和主观因素的双重影响,并使范式确立的基本理念、思维、方法发生根本性变化,范式讨论的问题也会发生转变。这种转换发生后,新的范式取代旧范式,科学的发展再次回归到常规科学的阶段,并按照"常规科学-反常-危机-范式转换"的次序周而复始,不断发展和迭代向前。库恩的范式理论没有直接对科学进步的观点进行挑战,而是提出常规科学解决的是其范式内的问题,而范式的转换与常规科学的积累并不冲突。

三、范式理论的功能和意义

范式理论是科学发展和科学共同体形成的基础,具有重要的价值功能和现实意义。

(一)范式的功能

范式的功能是指,范式对科学发展起到的主要作用和影响内容。具体包括以下三个方面。

一是世界观功能。世界观指人们对整个世界的总的看法和根本观点。范式的世界观功能是指其确立了一个研究领域本质的概念、结构和基本问题的观点,在这些本质观点和共识信念的支撑下,研究活动得以不断深入和扩展。

二是价值观功能。范式理论以共识信念为基础，确立科学共同体的终极奋斗目标。在这一目标下，范式理论为科学工作者提供了共识性的认识方向和课题决策上的判断依据和价值标准，当研究出现不确定性的问题时，引导科学工作者做出价值判断和选择，使有限的科研资源得以投入最需要的问题和领域中，提升了一个学科整体的科研效率。

三是方法论功能。在共识信念和评价标准基础上，范式理论在方法论层面上给予科学认识活动过程以理论框架和思维模式等支持，确立科学研究的理论框架和操作模式，包括研究的视角、分析的思路、论证的方法等，为研究提供可遵循的模式和步骤。

（二）范式的意义

范式理论的世界观、价值观、方法论功能，为科学研究提供了多层次的指导结构和思想体系。其中，世界观功能是范式系统的核心，对范式的建构具有基础性意义；价值观功能是范式整体功能发挥的重要保证，确立了范式下研究的主要问题；方法论功能确立了范式的具体研究的内容和方法。围绕着上述三种功能，范式理论对科学研究的意义主要体现在两个方面：一是引领一个学科研究的发展方向，范式理论可以指引和激励一个领域的科学工作者，沿着一个确定的共同目标而努力，在一项工作启动前，就可以对研究的价值和意义有了初步的预判。二是颠覆了科学发展的认识方式。范式理论让人们在审视科学发展的过程时，需要将社会背景、人文特性、科学主体观念等因素考虑在内，开启科学哲学从逻辑实证主义到历史主义的转向，为科学和人类社会的长远发展，开创了一条全新的观察道路。

第二节 范式视角下的民事诉讼

范式理论为一个学科框定了理论体系、理论框架和研究的范围，在一定理论共识的基础上，推进学科研究的深化和细化。从范式理论视角观察民事诉讼，从宏观角度确立研究的主线，对民事电子诉讼研究的方向具有指导意义。我国民事诉讼发展至今，在宏观层面引发学界讨论的，无疑是关于民事诉讼的模式和体制问题。关于体制和模式的分析，最早由张卫平教授提出。张卫平教授认为，民事诉讼体制概念的使用实质是一种分析工具和方法，就是要利用体制分析的比较功能、结构分析功能、基础分析功能和宏观审视功能，对我国民事诉讼规范结构和运作方式进行解剖和分析，意图在这一基础上思考建构一个能够适应中国转型社会发展的一般民事纠纷解决体制。① 经过多年的发展，民事诉讼模式问题已经成为民事诉讼法学研究的主要范式，使民事诉讼法学的研究内容从法律规则的注释、域外理论的借鉴，转向我国民事诉讼理论的体系化建构。

一、民事诉讼范式的形成过程

按照范式理论对一个学科发展的观察，范式的形成和发展主要包括：前学科到常规学科时期、反常与危机、范式转换三个阶段。用这种理论划分方法来回顾我国民事诉讼法的发展，观察民事诉讼法学的发展和流变，可以梳理出民事诉讼范式的形成过程。

---

① 张卫平：《民事诉讼法》，法律出版社 2019 年版，第 19 页。

(一)前科学时期：现行法律的解释和域外理论的借鉴

1982年，我国制定了新中国首部民事诉讼法《民事诉讼法（试行）》，由于缺少经验，《民事诉讼法（试行）》的制定主要依据有限的民事诉讼法知识、司法经验和域外规范制定。一方面，立法过程中主要是对域外国家制度的借鉴，缺少理论上的探究和论证，解释、传播和普及《民事诉讼法（试行）》成了民事诉讼法学的基本任务。另一方面，域外方面主要对苏联的民事诉讼制度进行专门的学习和借鉴。我国还没有结合自身民事诉讼法的发展，形成具有共识性的问题体系和研究方法。随着改革开放、经济体制的转型，社会经济生活发生快速的变化，纠纷数量激增，纠纷样态更加多样，人们对于纠纷解决的公正与效率的追求更加迫切。仅仅根据过去的经验和认识，以及借鉴域外经验所建构的民事诉讼制度，已经不能满足社会变动带来的纠纷解决规范的需要。学者们的研究视角逐步发生变化，开始从苏联民事诉讼的制度和理论转向大陆法系和英美法系的制度和理论。由于缺少理论指引，此时的研究主要集中在具体制度的建议和措施，尚缺少揭示制度背后的理论和原理，整体的民事诉讼法学研究缺少理论性，导致制度建议、对策分析较为孤立，缺少从理论上对制度的背景和制度之间的联系性分析。

(二)常规科学时期：诉讼模式的讨论和理论共识的形成

改革开放后，我国于1982年颁布了《民事诉讼法（试行）》，并于1991年颁布了首部《民事诉讼法》。由于新法的出台，填补了我国民事诉讼中的立法缺失，故研究多围绕于立法规则的贯彻实施，进而使注释法学研究占据主流。在研究法律文本的同时，也有学者从宏观角度用批判的视角分析我国民事诉讼面临的问题。有学者基于比较法的视野，提出当事人主义与职权主义诉讼方式的概念，揭开了学界关于民事诉讼模式的大讨论。这一时期的讨论过程，使民事诉讼法学学者对我国民事诉讼法学的一些基础问题进行了系统的反思，比如诉讼的基本理念、诉讼的文化、诉讼的基本程序等。在这一反思过程中，逐步实现了从审判权本位到诉权本位的观念转变。当事人主义成为学界公认的现代诉讼理念，苏联模式下的超职权主义成为批判的对象。受到市场经济的影响，当事人的程序自主权、参与权和选择权受到广泛认同，以"谁主张谁举证"这样的通俗表达建构起来的证明责任规则体系开始运行。① 以职权主义为起点向当事人主义转型，已经成为民事诉讼理论和实务界的基本共识。

（三）反常阶段：向当事人主义诉讼模式转型的研究和讨论

从职权主义向当事人主义转型目标的实现，需要民事诉讼体制的转换。张卫平教授首次提出诉讼模式的概念，并进一步在其论文《民事诉讼基本模式：转换与选择之根据》中对当事人主义和职权主义两种诉讼模式的基本概念和内涵进行了界定，分析了我国的类型选择和转换路径。② 毫无疑问，这种转换是一种结构性、体制性转换，主要的理由是，两种模式所处的经济体制和社会环境不同。职权主义诉讼模式是计划经济体制的产物，而当事人主义诉讼模式与市场经济体制相联系，由此引发了我国民事诉讼体制转型的激烈争鸣。在民事诉讼模式成为理论共识的基础上，如何对民事诉讼模式进行选择，将模式问题进一步具体化和实践化，出现理论上的分歧和实践上的反复。关于诉讼模式或体制选

---

① 傅郁林：《改革开放四十年中国民事诉讼法学的发展：从研究对象与研究方法相互塑造的角度观察》，载《中外法学》2018 年第 6 期，第 1430 页。

② 张卫平：《民事诉讼基本模式：转换与选择之根据》，载《现代法学》1996 年第 6 期，第 4-30 页。

择与转向大体可以分为转向当事人模式和转向当事人主义与职权主义混合模式。①

（四）危机与范式转换阶段：危机还未形成，转换还未到来

回顾我国民事诉讼的发展历程，从前科学时期法律的解释和对域外理论的借鉴，到常规科学时期以职权主义为起点向当事人主义转型的共识形成，沿着这种范式，民事诉讼法学研究得以逐步细化和深化。从客观发展情况看，向当事人主义转型的过程不是一蹴而就，而是受到政治体制、经济体制、法治观念等多重因素的影响，不免会出现不同观点的碰撞。这种与"范式"观点不一致的"反常"，使民事诉讼的研究进一步深化和拓展。当现有"范式"不能解释和处理"反常"的问题时，预示着"常规科学"形成的范式遇到了"危机"，并通过科学革命向新的范式转换。当前，我国民事诉讼虽然在具体转型的操作方式上存在一定的分歧，但"当事人主义"的转型目标是一致的，民事诉讼发展中的"反常"进一步促进了研究的扩展，还没有出现范式的"危机"。民事诉讼仍将沿着当前的范式发展，新的"范式转换"阶段还没有到来。

二、民事诉讼范式的主要内容

经过长期以来的发展，民事诉讼模式已经从宏观角度搭建了民事诉讼法学研究的理论共识和观念基础，并在当事人主义的目标下，将研究引向更加深入和细化的具体问题，并就如何通过当事人主义实现民事诉讼现代化的目标进行争鸣和讨论，具体包括以下几方面的共识。

---

① 傅郁林：《改革开放四十年中国民事诉讼法学的发展：从研究对象与研究方法相互塑造的角度观察》，载《中外法学》2018年第6期，第1431页。

(一) 民事诉讼范式的理论共识

民事诉讼范式的理论共识主要从三个方面加以体现:一是民事诉讼模式的概念共识。民事诉讼模式体现结构性特征,即民事诉讼程序的结构及各要素之间的关系和特征的总结。二是民事诉讼模式的基础关系共识。即通过当事人处分权与法院的审判权之间的关系及地位进行划分,世界各国的民事诉讼制度可以划分为当事人主义和职权主义。三是我国民事诉讼模式类型的共识。我国由于法院审判权在诉讼程序中居于主导地位,具有较为强烈的职权主体色彩,未来应当进一步发挥当事人处分权的作用,实现模式转型。

(二) 民事诉讼范式的问题共识

在具体问题方面,民事诉讼法学的研究已经基本形成了从民事诉讼模式转型这一基本问题进行开展的问题体系,主要包括:民事诉讼模式的基本含义,划分标准,不同诉讼模式的主要特征,诉讼模式的成因,我国诉讼模式转型的根据、方向、实现路径和实现内容等。通过对以上这些问题研究的深化和细化,形成了民事诉讼范式研究的基本问题。

(三) 民事诉讼范式的类型共识

在范式发展类型方面,目前主要形成"直接转型"和"折衷转型"两类发展思路。"直接转型"发展类型主张果断地从职权主义转向当事人主义诉讼模式,具体选择为"亚当事人主义"诉讼模式。此种观点主要为张卫平教授所主张,这种观点认为,选择当事人主义是必然的趋势,这符合我国社会发展的基本态势。[①] 从

[①] 张卫平:《改革开放以来我国民事诉讼法学的流变》,载《政法论丛》2018年第5期,第8页。

经济、政治、文化、观念等因素的发展来看也的确是如此。考虑我国诉讼制度与大陆法系的天然联系，应当选择大陆法系类型的当事人主义诉讼模式——亚当事人主义模式。在宏观方面，当事人主义在大陆法系与英美法系中存在不同的倾向，英美法系中英国、美国可以视为"绝对的当事人主义"，大陆法系中德国、法国、日本等国可以视为"亚当事人主义"。

"折衷转型"发展类型主张当事人主义与职权主义混合模式或折衷模式。许多后来加入诉讼模式讨论的学者也都是原则上持混合论观点，总体上可以统称为"大混合模式论"，只不过，在具体的表述和论证、论据方面有所差异。在混合论中，有的是从中国法官的素质考虑应当混合，有的是从文化角度考虑应当混合，还有的主张权力与权利的交叉混合。① 混合论总的出发点是考虑和迁就中国的现实情境。这类观点和认识比较典型地反映了普遍的折衷意识，也是一种比较容易论证和成立的观点。也只有持这样的观点才能加入模式问题的讨论，推动这一问题的进一步深入研究。但这类观点受到的挑战在于，折衷使其丧失了改革的鲜明性。从广义上讲，世界上既没有绝对的当事人主义，也没有绝对的职权主义，世界各国的诉讼模式都存在一定的混合，"折衷说"会削弱事物性质认识的意义。

三、民事诉讼范式的影响因素

民事诉讼范式是基于民事诉讼之外更加宏观的视角，对民事诉讼进行结构性分析的理论范式。法律只是制定时社会存在的反映，是人们对当时，同时也是对社会历史的认识和反映。如亚当·斯密所言，法律只是那时环境的需要。民事诉讼模式受到历

---

① 胡夏冰、冯仁强等：《民事诉讼法学：规范的逻辑》，法律出版社2016年版，第3-30页。

史传统、外国理论、经济体制、特定观念等环境因素的作用和影响，形成了特定的类型。同时，由于各种因素的变化，民事诉讼范式也在不断发生类型的转移。

（一）历史传统的影响

新中国成立前，我国民事纠纷的解决以"马锡五审判方式"为主要方式，其主要的特点是注重实地调查和调解，主张裁判者深入纠纷现场，发现纷争证据，并在说服教育的基础上，进行调解和裁判。"就地办案""调查研究"等审判方式，被1982年《民事诉讼法（试行）》吸收。马锡五审判方式注重裁判者的个人品格力量，突出了非中立性和非程序性。这与20世纪40年代陕甘宁边区小农经济特点以及婚姻、家庭、财产、土地为主的纠纷特点相适应，但与现代诉讼中法官消极中立和程序正义的基本要求相背离。

（二）外国理论的影响

受政治和意识形态影响，新中国成立后我国法律理论体系主要基于苏联的法学理论进行建构。体系化的民事诉讼理论教科书，当属阿·克列曼教授的《苏维埃民事诉讼》，该书的理论阐述和论理方法几乎成为一种"理论范式"[①]，是苏联民事诉讼法所认同的概念体系。苏联民事诉讼的理论范式主要有两个特点：一是通过阶级分析的方式对民事诉讼制度进行分析；二是意识形态上强调制度的优越性，在优越性基础上对制度进行完善。苏联的法律制度认为，当事人之间的民事争议不仅涉及当事人自身，也涉及国家和社会利益，法院和检察院具有职权干预的合理性。

---

① 张卫平：《转换的逻辑：民事诉讼体制转型分析》，法律出版社2004年版，第163页。

(三) 经济体制的影响

经济体制作为一种社会存在，对调整人们关系的社会规范和法律制度具有重要影响。改革开放对经济体制产生根本性影响，市场逐渐在资源配置中起主导作用。平等的市场主体关系是保证竞争自由和商品交易的基础。传统诉讼体制中当事人主体客体化机制，必然会遏制经济主体在纠纷解决领域的自主性，导致对当事人处分权的限制和当事人地位的弱化。由于法院的过分职权干预，也使法院地位行政化。在新的经济体制下，商品生产者不再处于行政体系下的附属地位，经济交往中的利益与国家利益不再简单挂钩。民事诉讼的目的转化为通过正当程序维护当事人的"私权"，这种转变逐步影响了民事诉讼的模式，让民事诉讼模式由职权主义向当事人主义转型。

(四) 特定观念的影响

观念是对事物的主观与客观认识的系统化之集合，特定的观念和认识对我国民事诉讼体制也同样有着重要影响。在计划经济的背景下，社会观念对集体主义和国家利益有一种绝对的尊崇，受这种观念影响，呈现出一种强烈的社会本位意识，个体利益需要让位于集体利益。这种社会观念影响下的诉讼观念和审判观念更加倾向于职权主义。随着市场经济的发展，人们的主体意识、权利意识和契约意识逐步增强。这种社会观念的变化，使纠纷解决更加注重权利保障、自由处分、权利救济等诉讼观念，并使诉讼模式向当事人主义的方向转型。[①]

---

① 张卫平：《转换的逻辑：民事诉讼体制转型分析》，法律出版社 2004 年版，第 163 页。

四、范式视角下民事诉讼发展的困境和方向

社会总是不断发展和变化的,"成文法"往往难以伴随着社会发展而及时进行修订和完善。从立法技术看,社会发展存在一定的规律,在立法时,立法者应当把握这种规律的变化和发展,提升法律规范的预见性,这样可以缩小法律与社会变化的间隙,实现适应性与稳定性的平衡。因此,民事诉讼的范式应当对社会发展变化的各项因素进行评估,按照社会发展的方向进行调整和适应,实现法律制度与社会发展的有效衔接和良性互动。这是民事诉讼范式下希望实现的目标,也是民事诉讼范式发展的方向。

(一)范式视角下民事诉讼发展的困境

从范式视角下完成职权主义向当事人主义的转型已是理论共识,并成为民事诉讼法学问题研究的指导性理念。在这一范式下,民事诉讼法学界对民事诉讼模式的界定、划分标准,以及对当事人主义的实现方式和具体制度的实现都进行了长期的研究,并进行观点上的争鸣和讨论。但是,从实施情况看,虽然从法律文本上取得了一定的改观,但在司法实践中,当事人主义的模式并没有系统完成转型,仍然存在一定的困境甚至出现反复。具体表现在:

一是经济发展与转型条件存在差距。在社会主义初级阶段,由于经济发展要求效率优先,集中资源成就国家富强成为一种普遍的政治认同。因此,我国的社会治理和国家治理的方式和理念就完全不同于已经处于发达国家阶段的,实行当事人主义诉讼体制的国家。有学者认为,只有在我国逐步进入到经济、政治和法治的较高级阶段,诉讼体制的转型才有可能。但就原理而言,民事诉讼体制转型是将来的必然结果,即便从程序法与实体法的关系来看也应如此,毕竟程序法应当与实体法具有同样的精神。[①]

---

① 张卫平:《改革开放以来我国民事诉讼法学的流变》,载《政法论丛》2018年第5期,第18页。

二是政治体制的发展与转型预期存在偏差。当前的政治体制仍处于一种全面的社会治理模式，在这种政治体制和治理模式下，司法政策沿着强化调解和职权干预的方向发展。虽然市场经济下，向当事人主义转型已经成为理论上的共识，但由于各种因素影响，转型也没有按照理论设计的目标实现。

三是观念的转变存在徘徊和反复。理论上认识到民事诉讼体制的缺陷、转型的目标和方向，并不等于转型的自然实现。转型的过程必然会涉及理想与现实的差异、理论与实践互动等问题。其中，诉讼观念形成于经济体制、政治体制、司法体制、社会体制之下，并需要人们在实践中逐步认同。由于诸多因素影响，民事诉讼体制转型存在困难。从民事诉讼法修订的结果看，民事诉讼体制的转型并没有取得学者期待的进展，甚至还出现了反复和徘徊。比如，对调解的强化以及对民事检察监督的常态化和全面化，进一步体现了国家的职权干预，而约束性辩论原则、处分原则的实在化、自认制度建立等仍然没有实现。一些司法政策也反映出在观念上与司法体制转型和诉讼体制转型相异的方向，表达了一种发展观念的反复。

（二）范式视角下民事诉讼的发展方向

囿于经济、政治、观念等条件的限制，当事人主义并没有按照主张转型说的学者们期待的进度得以实现。目前，学界较为一致的共识是，民事诉讼体制的转型在理论上虽然是必然趋势，但是转型的实现仍然与外部环境息息相关，需要逐步实现。我国当前职权主义向当事人主义转型已经成为民事诉讼范式的理论共识，成为指导学者进行理论研究的路标。对于如何实现转型，学界存在转型说和折中说两种意见。主张转型说认为，当事人主义是民事诉讼发展的必然趋势，是权利保护和程序保障的必然要求，需要全面系统地加以实现，使民事诉讼体制彻底转型，实现诉权对审判权的制约和监督。① 持混合论或折衷论的大部分学者认为这种转型在现阶段是不现实的,不符合我国现实的国情,主张诉讼体制转型是一种理想化的设想和预测。当事人主义的本质是对辩论主义的深入贯彻,强调维护和保障诉权、规范和限制审判权,其局限性表现为诉讼的控制权赋予当事人可能会导致诉讼拖延和形式上平等实质上不平等等弊端。②

部分学者认为,协同主义是比辩论主义、职权主义更适合我国国情的基本原则。首先,协同主义更加契合司法现实中实体公正的认识和观念。法官消极中立,按照诉讼程序,形成符合程序正义但脱离客观真实的裁判,在当下司法体制下,法官是难以接受的。协同主义通过法官与当事人的协作,保障当事人诉讼中的实质机会,为实体公正提供了保障,更加契合当下司法观念。其次,协同主义在保证实体公正的同时,同样注重程序公正。通过争点的确定,围绕争点有针对性组织举证、质证,查明事实,庭审中法官的释明和公开心证,判决结果形成的过程的展现,使当事人都能够感知到诉讼过程的公正。最后,协同主义在我国已具有实施条件。当前的司法改革措施,正在不断强化对法官审判权力的监督,法官的学历水平和专业化程度也具备实施的人力基础。③

笔者认为,民事诉讼范式的发展方向是明确的,就是通过强化程序正义和诉权保障,实现对审判权的制约和监督,实现民事诉讼的现代化。实现这一目标的方式和路径,需要与外部环境和

---

① 张卫平:《改革开放以来我国民事诉讼法学的流变》,载《政法论丛》2018年第5期,第19页。

② 张卫平:《民事诉讼体制与诉讼正义》,载《复旦法律评论》2015年第2辑,第15页。

③ 杨严炎:《论民事诉讼中的协同主义》,载《中国法学》2020年第5期,第300页;王福华:《民事诉讼协同主义:在理想和现实之间》,载《现代法学》2006年第6期,第140页。

影响因素相契合。不论是当事人主义还是协同主义，保障诉讼权利、实现实体和程序上的公平正义、制约审判权的滥用，都是民事诉讼范式发展的目标和导向。具体制度的设计和完善，应当向实现当事人主义的目标进行改造，同时，也应当秉持实事求是的态度，对于条件和环境不成熟的制度，可以通过协同主义的方式进行设计和过渡，确保理论可以在实践中得以实现。

第三节 民事电子诉讼范式的类型分析

在民事诉讼范式目标下，民事电子诉讼的发展也应当遵循一定的方向和路径进行研究和实践。民事电子诉讼是民事诉讼在信息化社会的新的诉讼形态，基于范式理论对科学发展过程的分析，民事电子诉讼还处于从前科学向常规科学的过渡时期。虽然民事诉讼的电子化转型已经形成了一定的共识，但理论上的研究和讨论产生的共识仍处于片面化、碎片化的状态，还缺少对这些问题进行系统化的整理和分析，形成典型的范式类型。笔者在本节对既有民事电子诉讼研究的问题进行梳理，将相关的共识结论进行归纳，为确立我国民事电子诉讼的范式提供选择的可能。

一、民事诉讼电子化转型的共识性问题

民事电子诉讼范式的建构必然会对民事诉讼现行制度作出调整。这种差异化的安排和系统性解决需要建立于一定的共识性基础之上。通过对电子化过程中共识性问题的归纳和概括，才能明晰民事诉讼电子化转型的方向和可能。笔者通过对既有关于民事电子诉讼的研究进行梳理，主要从观念、理论、制度、技术等层面对民事诉讼电子化的共识性问题进行归纳，为范式类型的确立提供问题导向的基础素材。

（一）观念层面的共识性问题

民事诉讼的电子化过程中，以当事人为中心的基本理念和发展目标已经成为民事电子诉讼范式在观念层面的共识性问题。其一，从理论范式上看，民事电子诉讼作为民事诉讼适应信息社会发展的新形态，本质上仍具有民事诉讼的基本属性。民事诉讼范式转型的理论目标是当事人主导的诉讼模式，民事电子诉讼构建的基本立场必然与民事诉讼范式保持一致。其二，从政治导向上看，坚持以人民为中心是我国人民法院工作的根本出发点和落脚点。[①] 司法机关作为民事电子诉讼建构的主体，坚持当事人为中心是在政治上实现工作目标的必然要求。其三，从司法规律上看，现代民事诉讼的发展不仅是运用现代化的技术手段，更重要的是通过新的技术手段实现民事诉讼的价值和目标。因此，民事电子诉讼的基本理念，必须与现代民事诉讼平等参与、对等沟通、程序正当、程序保障等价值相契合，树立以当事人为中心的基本观念，才不会偏离现代民事诉讼的发展方向。民事诉讼的电子化，在观念层面需要基于以当事人为中心的基本理念，对已有不同层面的研究进行归类和分析，在已有研究的共识基础上，确立民事电子诉讼基本理念的内涵。

（二）理论层面的共识性问题

民事诉讼的电子化对传统民事诉讼理论产生冲击和影响已经成为理论共识，民事电子诉讼制度的构建，需要充分评估电子化转型过程对民事诉讼理论的本质、目的、价值、原则等方面的影响，统筹分析理论概念、条件、内涵的变化，为民事电子诉讼制

[①]《周强在最高人民法院机关党史学习教育专题党课授课时强调 深入贯彻习近平法治思想 坚持人民立场 践行司法为民》，载最高人民法院网站，https：//www.court.gov.cn/zixun-xiangqing-311451.html，2022年2月7日访问。

度构建提供指引。通过整理和分析，学界对于民事诉讼电子化的理论共识主要包括以下几个方面。

1. 关于民事电子诉讼的本质

民事电子诉讼学界并没有统一的概念界定，但如笔者在第一章的分析，民事电子诉讼内涵可以理解为，当事人以电子化方式向法院提出诉讼请求，法院运用电子化方式，在双方当事人和其他诉讼参与人的参与下，依法审理和裁判的制度和程序。对于制度和程序的本质，既有研究主要从两组关系进行把握。

一是"诉权"与"审判权"的关系。诉权与审判权的关系构成了民事诉讼的基本关系。民事诉讼的电子化，没有改变民事诉讼的本质。一方面，民事电子诉讼的建构，仍然围绕着诉权与审判权的关系展开。在传统民事诉讼范式下，民事诉讼的电子化要遵循"以当事人为中心"的司法理念指引，将诉权置于价值主体的地位。另一方面，民事电子诉讼制度的建构是流程"再造"的过程，并不意味着整个构建的过程都由当事人主导，在建构和实施过程中仍然需要诉权与审判权之间的互动，进行更加精细的分析。

二是"人"与"技术"的关系。"技术"要素的介入，使纠纷的形态、纠纷解决的方式和流程更加多样化。在部分应用场景下，甚至出现了"技术"替代"人"的现象。关于民事诉讼中"技术"与"人"的关系，目前学界较为一致的看法是"人"是本质和核心，发挥着主导作用；"技术"是工具和方式，发挥着辅助作用。"技术"在民事诉讼方式中的应用，既不会改写司法规律，也不会颠覆司法秩序。这个观点是从整体的、当下的、静态的视角进行的观察，在当下民事诉讼电子化的发展和转型过程中，无疑具有充分的合理性。但是，笔者认为，从技术发展的历史视角看，每一次技术的迭代，无疑会带来生产关系的变革，进而会影响到法律观念和制度。这种变革的产生往往不是全局性的，而是从某个细小的领域生根发芽，进而影响到整个社会环境的变革。比如，网络信息技术发展，已经从电邮的通信单一运用，延伸成为整个社会中人与人之间必须的交流和信息获取方式，改变人们整体的行为方式，也影响到法律规则的变化。因此，对于"人"与"技术"之间的关系，既要分析当下的一般情况，也要在一些具体的运用场景下，关注"技术"运用带来法律关系长远变化的可能性。

2. 关于民事电子诉讼的目的

民事诉讼的目的是民事诉讼法学的基本理论问题，民事诉讼的电子化转型，必然会对民事诉讼的目的产生影响。就国内外既有学说概括而言，民事诉讼的目的聚焦于公正、迅速、经济地解决民事纠纷。① 在民事诉讼电子化转型过程中，由于出现了"工具理性"与"价值理性"之间的张力，必然会对传统民事诉讼的目的产生影响。技术的基本逻辑是可计算、可预测、可重复，是以效率优先为原则的"工具理性"思维。在"工具理性"思维的主导下，通过逻辑分析、权衡利弊和功能预测，以最有效的方式实现目标。在"工具理性"下，民事诉讼目的强调通过程序和规则制约权力，排除价值判断以及情感和精神因素的干扰。"价值理性"是一种目的理性，将人作为终极目的。一切行为和利益的维护，都是以人的物质和精神发展为基本目的。在"价值理性"视野中，制度不能忽视人的因素，比如，法官不是自动贩卖判决的机器。判决不仅是司法作业的产出结果，也要实现将价值判断和正义理念注入社会生活中，达到引导社会的主流价值观的目的。"工具理性"与"价值理性"的内在逻辑，决定了民事诉讼电子化过程中，需要加以协调和融合。民事诉讼的电子化，依托于技术赋能，可以在迅速和经济的维度发挥明显的效果，但是绝不能忽视和削弱公正的价值考量。如何在"工具理性"和"价值理性"

---

① 张卫平：《民事诉讼法》，法律出版社2019年版，第10页。

之间寻找平衡，实现民事电子诉讼目的的多元性和平衡性，需要在理论上进行更加深入地研究和讨论。①

3. 关于民事电子诉讼的价值

民事诉讼的价值是指民事诉讼对诉讼主体合理需要地满足，民事诉讼制度的价值追求是在特定民事诉讼目的之下，以既定的民事诉讼制度存在为前提所提出的问题。②民事诉讼电子化的转型过程中，"迅速、经济、便捷、效率"可以概括为"效益"的价值追求，"妥当（适正）、公正"可以用涵盖实体意义和程序意义的广义上的"公正"概念加以概括。当前，民事诉讼在电子化实践过程中，通过技术的运用，减少诉判主体耗费的人力、物力、财力和时间资源，主要凸显了其"效益"价值，一定程度上与"公正"价值目标产生了紧张关系，在特定情况下甚至会演化为负相关的矛盾关系。效益的提升可能会减损公正的价值，坚守公正又可能会阻碍效益的提升。民事诉讼的电子化过程中，需要对价值目标进行具体分析，在追求效益的同时，保证公正的基础性地位，重新诠释效益与公正的关系，弥合两者之间的张力。

4. 关于民事电子诉讼的原则

民事诉讼的原则是对民事诉讼过程的根本性和指导性规则。目前关于民事电子诉讼的研究认为，民事诉讼的电子化对民事诉讼的原则产生两个方面的影响，需要进一步研究和考量：一是需要对部分原则进行重新诠释和贯彻，二是产生了建立全新诉讼原则的现实需求，以适应电子诉讼带来的新变化。具体包括以下几个方面。

一是信息安全原则的构建。在传统民事诉讼中，信息安全主

---

① 张卫平：《民事诉讼法》，法律出版社2019年版，第10页。
② 张卫平：《论民事诉讼制度的价值追求》，载《法治现代化研究》2021年第3期，第1页。

要存在于法院内部管理的过程,作为一种审判秘密加以保护,由于诉讼活动的封闭性,信息安全的程序价值并没有特别凸显。在民事电子诉讼中,电子法律交往过程中的信息呈现出高度开放性和流动性的特点,信息安全的重要性显著提升,甚至成为某些民事电子诉讼程序实施的前提条件。信息安全作为民事电子诉讼的基本原则,如何指导和规范民事电子诉讼程序还需要加以系统性的研究。

二是功能等值原则的确立。功能等值理论是指民事诉讼的电子化要以传统民事诉讼程序为参照,不能减损其程序功能。即电子诉讼行为的基础是其与线下诉讼程序在形式上的功能等值性。① 功能等值理论的确立为民事电子诉讼程序建构提供了参照和检验的标准。一方面,民事电子诉讼的程序设计不因技术的运用而发生减损。另一方面,以线下诉讼蕴含的程序意旨为基准评判民事电子诉讼制度建构的具体效果。功能等值原则的确立并不意味着民事电子诉讼与传统民事诉讼在程序和功能上的完全对应,而应当综合分析民事电子诉讼程序对传统民事诉讼程序的优化和弱化情况,进行整体性的评价。

三是诚实信用原则的强化。诚信原则是民事诉讼的基本原则,在民事电子诉讼中具有突出的地位和作用。一方面,民事电子诉讼空间的虚拟性,对诉讼行为、诉讼资料的真实性和有效性提出了挑战,需要通过强化诚信原则的指导作用,提升诉讼活动的真实性和有效性。另一方面,民事电子诉讼的便利性,降低了当事人的权利行使的成本。民事电子诉讼过程中权利的行使应当基于善良目的,应当避免演变为恶意诉讼和权利滋扰的手段。通过诚信原则的规制,避免民事电子诉讼程序的不当使用。

---

① 许多奇:《互联网金融法律评论》(第 3 辑),法律出版社 2015 年版,第 101 页。

四是处分原则意涵的丰富。处分原则要求在程序中保障当事人支配自己实体和程序上的权利。民事诉讼的电子化产生了线上和线下两种并行的诉讼方式，处分原则在两种诉讼方式中均应当予以贯彻。一方面，应当赋予当事人程序选择权，当事人有权选择于己有利的诉讼方式；另一方面，诉讼过程中应当保障当事人的程序转换权，实现两种方式之间的转换自由。此外，还应当明晰处分原则的例外情形和条件，赋予并规范法院的程序审查决定权，实现当事人程序选择权、程序转换权以及法院的程序审查决定权的规范有序行使。

五是平等原则的贯彻。平等原则是程序正义的具体体现，当事人诉讼地位的平等，不仅保障诉讼的实体公正，也是程序正义中人权价值要求和体现。民事诉讼电子化虽然为当事人提供了更加经济、高效、便捷的诉讼方式，但是由于诉讼能力的差异，可能产生当事人之间实质上的不平等。信息技术的运用在带来便利的同时，往往也会产生"数字鸿沟"的问题，当事人占有诉讼资源的差异，导致攻击防御能力存在差异。因此，在民事诉讼电子化过程中，更应当注意保障当事人的实质平等问题，这也是实现程序正义的必然要求。"真正现代的司法裁判制度的基本特征之一必须是：司法能有效地为所有人接近，而不仅仅是在理论上对于所有人可以接近"①，在程序设计和实施过程中，民事电子诉讼应当有效贯彻平等原则，充分考量当事人的民事电子诉讼能力，保障弱势群体的平等参与权。

六是直接言词原则的诠释。直接言词原则是民事诉讼的电子化过程中需要深入研究、讨论和再诠释的一项原则。直接言词原则的贯彻包括两方面，一方面要求"直接"，即诉讼各主体要亲

---

① ［意］莫诺·卡佩莱蒂：《比较法视野中的司法程序》，徐昕译，清华大学出版社2005年版，第72页。

自、直接参与庭审活动;另一方面强调"言辞",法庭上的诉讼行为应当以口头方式进行。从基本的定义出发,民事电子诉讼没有直接否定言辞原则,而是改变了"直接"和"言辞"的实现方式。但不可否认的是,这种实现方式的转换对"直接"和"言辞"所要求的"亲历性"产生了直接影响,对当事人心理和法官的认知产生影响。如何对直接言词原则的含义进行再诠释,并指导民事电子诉讼的适用,需要进一步研究和讨论。

七是司法公开原则的优化。司法公开有利于提升司法公信力,保障公民的知情权、参与权、表达权、监督权,包括审理过程公开和审理结果公开两个方面。民事诉讼的电子化,拓宽了司法公开的范围和形式,从传统诉讼的庭审公开,拓展到审判信息公开、裁判文书公开、执行信息公开、庭审过程公开,极大方便了社会公众了解案件的审理情况。整体而言,民事诉讼的电子化,有效推动了司法公开原则在民事诉讼中的实现。但在实践过程中,如何与当事人的隐私权和个人信息保护权进行协调,以及司法公开的范围和标准仍有待进一步明晰和优化。

(三)制度层面的共识性问题

在制度的建构层面,民事诉讼对现代民事诉讼作出了新的阐释,改变了诉讼形态,具有流程再造和规则重塑的意义。① 因此,民事电子诉讼制度和规则的建构,既要从整体上统筹规划把握构建过程的正当性、阶段性、结构性,也要对民事诉讼程序进行系统化和体系化的梳理,明晰制度构建的具体内容。

1. 关于制度的整体构建过程

民事电子诉讼制度的建构不是局部或单一制度的技术应用和

---

① 张卫平、曹云吉:《民事诉讼法学:聚焦基础理论关注司法实践新发展》,载最高人民检察院网站 https://www.spp.gov.cn/spp/zdgz/202001/t20200105_451997.shtml,2022年2月7日访问。

改良，而是民事诉讼制度运用信息技术进行系统化调整和转化的过程。因此，需要从整体上，对民事诉讼电子化转型过程中制度构建的过程进行统筹，把握转型过程中的边界和路径。民事电子诉讼制度构建的已有研究主要涉及以下几方面。

一是确立正当性的基础。民事诉讼电子化转型过程中制度构建的正当性主要涉及两个方面的内容。一方面是合法性建设。民事诉讼的电子化运用，首先要解决合法性的问题。法律规范的建构是一个复杂而系统的过程，修订周期长、难度大。传统的民事诉讼法律规范已经明显限制和阻碍了民事诉讼的电子化转型；加强加快法律规范的建设，既是当下电子诉讼行为的合法性的解决方案，又为未来技术发展预留制度空间，是需要系统研究的问题。另一方面是合理性考量。即制度构建应当契合民事诉讼的程序法理，要按照民事诉讼的目的、价值追求和基本原则的要求建构制度的具体内容，强化民事诉讼基本理念在制度中的贯彻和执行。

二是明晰结构性的定位。制度构建的结构性定位，主要考量电子诉讼制度与传统诉讼制度在适用位阶上的关系问题。民事电子诉讼与传统电子诉讼之间是并列关系还是补充关系，决定了民事电子诉讼制度构建的定位。民事电子诉讼定位是传统民事诉讼的辅助方式还是传统民事诉讼的平行甚至具有排他性的并列方式，在理论和实践中均未明确阐释。[①] 民事诉讼的电子化转型，对于结构的定位需要进一步厘定。

三是适用阶段的统筹。就电子方式介入诉讼的适用阶段而言，根据适用的深度和广度，可以分为"全程性模式"和"阶段性模式"。"全程性模式"以互联网法院的全程在线化审理为代表，各

---

① 高翔：《民事电子诉讼规则构建论》，载《比较法研究》2020年第3期，第176页。

诉讼阶段原则上全部在线进行，实现全景意义上的流程再造、诉讼全过程的在线化。"阶段性模式"目前运用于传统的法院中，主要根据案件具体情形和现实情况，在立案、送达、审前、庭审中的某个或部分阶段实现电子化。民事电子诉讼制度在建构和实践中，如何统筹两种模式之间的差异，明确不同模式对不同类型案件和程序的适用条件，需要予以综合分析和考量。

2. 关于制度的具体构建内容

民事诉讼的电子化涉及民事诉讼多个程序和环节，通过对既有研究的分析，并结合最高人民法院《关于人民法院在线办理案件若干问题的规定》《关于互联网法院审理案件若干问题的规定》中涉及的具体程序内容，笔者将制度构建的内容概括为四个方面的具体制度性问题。

一是电子化案件受理制度。电子化案件受理制度主要包括以下几方面问题。（1）适用主体的界定。主要包括对一般当事人程序选择权的保障，以及对特殊类型当事人的强制适用的内容，实现制度推广与权利保障的平衡。（2）适用范围的界定。主要从案件类型角度分析哪些案件具有适用的条件，可以或应当先行适用，哪些案件不适宜进行应用，如何在管辖规则中加以明确等问题。（3）当事人身份信息的确认，确定的当事人是民事诉讼启动的前提条件。民事电子诉讼过程中，由于参与诉讼主体主要通过线上方式进行，一般不在现场对其身份进行确认，需要通过技术手段对诉讼主体的身份信息进行确认。此外，纠纷环境的网络化、虚拟化，导致一些诉讼中被告的身份隐蔽化，导致诉讼难以顺利启动，需要通过制度和技术手段加以解决。（4）结构化诉讼请求。民事诉讼的电子化，如何借助信息系统和软件帮助当事人规范诉讼主张，使事实主张遵循一定的结构和条理被提出，使法官清晰高效的整理争议焦点，减少审前程序的工作负担等预期效果。（5）管辖制度的修正。在互联网法院"全流程模式"和传统法院

"阶段性模式"并行的适用环境下,由于纠纷的虚拟性、广泛性、无边界性对传统法院的管辖连接点规则提出挑战,如何适应纠纷网络化带来的变化,根据和利用这种新的技术特征做好制度安排,需要加以考量。

二是电子交往制度。电子交往是在民事诉讼程序进行中诉讼主体之间依托于信息技术软硬件进行沟通和信息交流的方式。相较于传统民事诉讼中的沟通,具有高效、便利、可留痕、可异步等特点。如何发挥出电子交往的优势,更好地实现诉讼制度目的,需要结合电子交往的技术形态和制度要求进行设计。具体结合法院与当事人的互动关系,包括三方面问题。(1)电子送达。主要涉及法院向当事人传递信息和沟通。核心问题是信息技术与传统送达程序在何种程度以及多大范围内融合。① 具体包括确立电子送达的优先地位、电子送达的适用范围、电子送达效力认定的合理化等问题。(2)电子提交。主要涉及当事人向法院传递信息和沟通。核心问题是电子提交的范围和程序、电子提交的效力认定、电子提交的技术保障等问题。(3)电子案卷。主要涉及法院之间的信息传递和沟通。核心问题是电子案卷的形成、移转、公开等管理问题,以及如何通过电子案卷深度运用,促进诉讼进行等问题。

三是电子证据审查制度。民事诉讼电子化过程中,证据的形式和样态发生了诸多变化。由于电子化证据与传统证据的差异化特点,在举证、质证、认证等诸多程序环节需要进行调整,具体包括三个方面问题。(1)电子化证据的概念界定。信息技术与传统证据的融合,产生了多种证据样态和种类,现行法律和司法解释中出现了"电子数据""电子证据""电子证据材料"等概念表

---

① 王福华:《电子诉讼制度构建的法律基础》,载《法学研究》2016年第6期,第99页。

述，需要厘清不同概念的区别和联系，合理界定"电子证据"概念的范围。（2）电子化证据的真实性审查。民事诉讼的电子化要求将传统诉讼中的"物理证据"进行电子化处理。实践中，对电子化的证据材料确立了"视同原件"的审查规则。"视同原件"规则主要解决了电子化证据形式真实性的问题，但对具体的电子化方式进行形式真实性认定的审查标准和条件仍需要根据技术发展和运用情况进行明晰。电子化纠纷中的证据通过电子数据加以体现，虚拟的数字信息使"原件"与"复制件"的界限变得模糊，如何对"电子数据"的"原件"和"复制件"的真实性效力进行合理审查，也是需要进一步研究的内容。（3）电子化证据的支持审查程序。由于电子化证据具有专业性、技术性、多样性的特征，即使确立了审查的一般性标准，在具体情形中，法官出于审慎原则也会存在认定的困难，对民事电子诉讼程序推进产生障碍。实践中，通过一定成熟的技术、标准、机制，对电子证据的效力进行专业化背书，有利于破除法官在证据审查中的顾虑，构建一套高效便捷的外部支持审查程序，有利于电子化证据制度的运用和推广。

四是电子化审理制度。电子化审理制度是指电子化方式进行开庭的准备和庭审的制度安排。基于目前民事诉讼电子化的理论讨论和实践运用，电子化审理制度可以包括三方面问题。（1）审前程序电子化。《民事诉讼法》司法解释第二百二十四条对审前程序进行了制度安排，包括证据交换和庭前会议。在结构化诉讼请求和证据的电子化基础上，电子化的技术手段无疑可以在证据交换和庭前会议中进一步发挥作用，通过技术方式执行举证时限、归纳争议焦点以及进行审前视频会议都具有明显的支持空间，需要制度上加以确认和推广。（2）在线审理。在线审理是民事诉讼电子化最直观的运用方式。通过音频、视频技术，改变了庭审的场域和空间。如何面对"剧场式"向"广场式"的转变，贯彻直接言词原则,保障当事人程序选择权和平等参与权,如何在庭审过程中实现司法公开与个人信息和隐私保护的平衡,如何维持在线审理过程中的司法秩序、庭审规则和庭审礼仪,避免司法权威的削弱,如何防止在线庭审与远程证人作证的制度冲突等问题,虽然现行司法解释都作出了规定,但仍有进一步研究和讨论的空间。(3)异步审理。异步审理是伴随着民事电子诉讼实践发展出现的一种创新审理方式。通过将涉网案件各个环节分布在诉讼平台上,法院与原告、被告等诉讼参与人在规定期限内按照各自选择的时间登陆平台以非同步的方式完成诉讼。异步审理创设的出发点是在时间不能统一情况下,方便当事人开展诉讼。这种审理方式与直接言词原则是否发生冲突,是否会造成诉讼的拖延,① 仍有进一步讨论的必要。

(四)技术层面的共识性问题

技术是民事电子诉讼制度建构的重要前提。没有成熟可靠的技术作为支撑,民事诉讼的电子化转型将成为空想,可以说技术决定了民事电子诉讼制度转型的深度、广度和速度。实践中,司法机关高度重视技术的作用,将法院的信息化工作同司法改革一起,视为新时期推动人民司法事业发展的车之两轮、鸟之双翼。智慧法院工程正在加速推进,为技术发展和运用投入人力、物力和财力资源。在这样的背景下,技术在民事诉讼电子化转型过程中发挥什么样的作用,以及如何发挥作用,是需要分析和讨论的问题。笔者认为,主要体现在技术保障和技术赋能两个方面。

1. 技术保障

技术保障主要从制度实现的角度对民事电子诉讼中的技术因

---

① 张卫平:《民事诉讼智能化:挑战与法律应对》,载《法商研究》2021年第4期,第28页。

素进行观察。规则是抽象的、概括的，规则的技术保障则是具体的、具有操作意义的。笔者认为，从需求满足和保障层次角度看，技术保障包括三个层次的问题。

一是功能性保障。功能性保障主要是对规则实现的基础性需求的满足，建构民事电子诉讼实现的软硬件基础。硬件方面，需要有服务器、电子终端、网络设备、音视频设备等硬件基础设施。软件方面，需要根据民事电子诉讼程序，从主体的功能性需求出发，搭建网络诉讼相关功能性平台，实现网上立案、电子送达、远程庭审等网上诉讼行为。功能性保障是民事电子诉讼实施的前提，功能保障的内容直接决定了实施的深度和广度。因此，有必要对功能性保障的要求进行研究，确立具体保障的标准，以保障技术上的实现。

二是安全性保障。民事诉讼电子化需要以安全性为前提，如果安全性存在问题，那么不仅会影响程序规则的实现，还可能会侵害诉讼主体的实体权利，甚至对民事电子诉讼的正当性产生质疑和冲击，如当事人在诉讼过程中数据的泄露、电子送达被截取或加载邮件病毒、当事人身份信息被冒用、电子证据被篡改等。从概率上看，这些问题虽然不会经常出现，但一旦出现就有可能引发信任危机，社会会对民事电子诉讼技术的安全性提出疑问。因此，安全性保障不仅是一个技术问题，还应纳入到制度层面，做好应对之策。

三是服务性保障。如果功能性保障、安全性保障解决的是技术设施"能用"的问题，那么服务性保障主要解决的是技术设施"好用"的问题。"能用"是民事诉讼电子化的技术前提和基础，"好用"则是最终追求的目标和效果。在"当事人为中心"的基本理念下，服务性保障构成了技术保障中更高层面追求的目标。

一方面是对既有技术功能的支持，对于诉讼主体在使用中出现的问题及时回应，并进行指导和解答。另一方面是对既有功能的优化，对于技术运行和维护中发现的问题及时进行技术处理和改进。一个技术项目从计划到实现，首先需要明确需求，根据需求转化为功能，再经过安全性和稳定性测试后，才能够投入使用。囿于技术的确定性与规则抽象性之间的矛盾，需求一般难以完整提出，即使提出也会是基本的需求。当技术最终实施后，往往会出现需求的新增和调整。这是一个反复磨合调整的过程，在这个过程中，服务性的技术保障是技术得以持续优化的保证。

2. 技术赋能

技术赋能是从技术创新角度对民事电子诉讼中新技术运用的认识和考量。技术发展日新月异，一项新技术的产生和应用可能会对既有的诉讼行为和制度内容产生颠覆性的影响。因此，民事诉讼的电子化必须要对技术变化和技术实践保持高度的敏感性，及时观察和评估新技术运用的可能性。民事电子诉讼制度也应保持一定的开放性、包容性和灵活性，及时将有用的技术通过制度形式加以确认和规范，更好地发挥技术赋能的积极作用。同时，民事电子诉讼制度也要从理论上构建技术赋能实现的原则和程序，实现技术与规范的良性互动。

技术赋能应当确立一定的原则和程序，确保新兴技术在引入民事电子诉讼过程中操作的规范性、科学性和秩序性。关于技术赋能的基本原则，既有研究主要涉及以下几个方面问题。（1）安全性。即新兴技术应当较为成熟，得到业界的认同，技术的使用不会对安全性保障产生不利影响。（2）公平性。新兴技术的应用应当在价值层面对其公平性进行评估，避免造成"技术鸿沟"，对当事人之间的诉讼地位平等性造成冲击，影响诉讼的实质公平。（3）经济性。新兴技术的研发和投入，往往需要较高的资金和人力成本。虽然在价值层面"公正"无法用金钱进行衡量，但也要对"投入-产出"进行评估。技术赋能的本质是通过新兴技术的运用在同等社会投入下产出更高质量的"公正"，抑或是相同"公正"下,产生更低的社会成本。如果失去了经济性,就有可能陷入为了"新技术"而使用"新技术"的误区。(4)便捷性。便捷性既是民众利用、参与诉讼更为便利快捷的需求,也是民众接近司法、实现正义的要求。技术应利用数字化、信息化、智能化手段实现这一价值追求,使得民众更易接近司法,体现司法为民的理想追求。①

关于技术赋能的实施,应当按照一定的程序和步骤进行,使新技术可以按照既定流程规范、有序地应用到实践中。总结目前智慧法院的实践经验做法,基本遵循以下几个流程:一是试点探索。通过选取试点,按照"投入最小但收效最快的目标",通过先行先试的方式,积累评价的依据。二是评估优化。通过一定时间的探索,对试点运行情况进行总结,评估是否具有推广的必要性和可行性,是否具有进一步优化的空间。三是标准化推广。如果新技术经过试点运行具备推广的可行性,在总结经验的基础上,形成标准化的方案加以推广。四是制度确认。当新技术得以普及和应用,并为大部分诉讼主体所接受,形成一定的观念认同后,通过制度形式加以确认和规范。

笔者认为,以下几方面的新兴技术正在受到理论和实践的关注,在民事诉讼电子化的技术赋能方面具有一定的空间:一是时间戳、区块链在证据制度中的赋能。通过时间戳和区块链技术,避免电子证据被篡改的可能。区块链技术已经在《关于人民法院在线办理案件若干问题的规定》中加以确认。二是生物识别技术在当事人身份认证中的赋能。生物识别技术可以通过人的生理特征进行个人身份的鉴定。此项技术可以用于对当事人身份的真实性进行确认,避免身份的冒用。三是人工智能技术在诉讼服务和

---

① 张卫平:《论民事诉讼制度的价值追求》,载《法治现代化研究》2021年第3期,第2页。

辅助审判中的赋能。基于大数据，通过机器学习、自然语言处理等人工智能技术，构建智能化的诉讼服务平台，通过智能问答、智能分析等功能回应当事人的问题，提升诉讼服务水平。通过电子送达平台、智能证据平台、裁判辅助平台、智能法规平台等辅助法官和法官助理办案，提升法官的工作效率。四是移动通信技术在远程审判中的赋能。实现远程审判、调查、取证、执行的实施、记录，实现诉讼行为远程化、便利化。

二、民事电子诉讼范式类型的理论划分

理想的民事诉讼电子化转型过程，应当具有高度共识性的转型信念、一致性的转型认知、具体化的转型目标、可操作的转型方法和体系化的转型内容。从传统民事诉讼的发展经验看，范式对于一个学科或方向研究的初级阶段具有方法上的指导意义。民事电子诉讼应当从我国民事诉讼具体实际出发，构建具有高度共识性的理论范式，在理论范式的框架下，对具体问题进行讨论和互动。当前，民事电子诉讼的理论建构和实践发展仍处于初始阶段，虽然在一些观念层面已经形成了一定的共识，但是在理论研究和具体制度构建层面，对共识性问题的解决思路还没有像传统民事诉讼那样形成成熟的研究范式。从技术发展的趋势看，民事电子诉讼的普及和深度运用是大势所趋，具有"持久性"的研究价值。民事电子诉讼的研究不应停留在"潮流"式的研究上，而应当投入更多的学术资源，从理论上开展更加系统的研究，为实践的发展提供科学的指引。因此，有必要对民事诉讼电子化转型中的共识性问题的解决思路进行归纳和梳理，确立民事电子诉讼的发展类型和模式，构建具有共识性的理论发展和问题解决的范式，并在该范式模式的引导下，对民事电子诉讼进行体系化的建构。

范式作为科学研究的结构性共识，在建构过程中基本的操作

是对研究内容的类型化分析。类型化分析是一种在社会科学研究领域广泛运用的分析技术。[①] 传统民事诉讼范式的类型化分析，就是在民事诉讼纷繁复杂的现实基础上，抽取出最为主要的维度，即从审判权与诉权这一基本关系出发，考量法院与当事人在诉讼过程中地位和作用的发挥，形成了"当事人主义""职权主义""协同主义"等概念和模式类型。学者们在这个逻辑维度下，对核心概念进行定义，并对概念指涉的内容进行区分和比较。在分类、比较和讨论过程中，形成了研究的基本理论范式模式，在范式模式下民事诉讼理论研究逐步走向细化和深化。因此，民事电子诉讼的理论建构也需要以类型化的分析为基础，通过基本的关系确立分类的标准和维度，梳理出核心的概念，并对基本内容进行分析、解构和选择，最终形成具有共识性和指引性的理论范式。

（一）民事电子诉讼基本关系的确立：诉讼地位和技术融合

范式类型的划分需要回归事物的本质，发现核心的关系和维度。前文已经从法律和技术两个层面对民事电子诉讼的本质进行了讨论。在法律视角下，民事电子诉讼的本质可以理解为运用信息技术优化当事人与法院交往方式，以更好地解决多样化的纠纷和冲突，实现网络空间和现实空间的社会秩序。在技术视角下，民事电子诉讼本质主要概括为通过新技术的运用，强化民事诉讼程序的信息沟通，为诉讼程序赋能，提升民事诉讼制度的整体社会效益。基于民事电子诉讼本质中"法律"与"技术"二分视角，民事电子诉讼的类型划分可以从法律和技术两个维度确立划分的基础关系。

[①] 马克斯·韦伯：《社会科学方法论》，韩水法、莫茜译，中央编译出版社1999年版，第40页。

在法律维度下，技术运用的场景基础仍然是法院与当事人的交往。在传统民事诉讼范式中，法院与当事人在诉讼中的不同地位和作用，构成了民事诉讼模式的划分标准。虽然民事电子诉讼是技术运用后的新的范式形态，但参与主体并没有发生根本性变化，对其类型化的划分仍然受到法院与当事人地位和作用的影响。因此，诉讼主体地位之间的关系应当纳入民事电子诉讼类型划分的维度考量。

在技术维度下，民事电子诉讼主要强调技术在融入法律制度中赋能作用的发挥。由于法律的稳定性与技术的快速迭代性具有天然的紧张关系，如何看待技术与制度的融合关系，成为技术介入民事诉讼制度需要考量的基础。因此，基于诉讼主体地位和技术融合的两类关系，可以对民事电子诉讼的基础理论关系进行类型划分。

（二）诉讼主体地位维度下的理论划分：管理型和服务型

传统民事诉讼的中心内容是诉权与审判权之间的关系调整和规制，在范式视角下，按照当事人与法院在诉讼中的主导地位可划分为"当事人主义"和"职权主义"两种主要理论模式，并延伸为"当事人主导型"诉讼体制和"职权干预型"诉讼体制。张卫平教授认为当事人主义主要包括两个方面的含义：一是诉讼程序依赖当事人启动和推进，法官不能依职权进行替代；二是法官裁判的证据资料只能依赖当事人获得，不能在当事人指明的证据范围以外主动收集证据。[①] 因此，在传统民事诉讼领域，"约束性辩论原则"和"当事人处分原则"的贯彻，成为当事人与法官的地位关系的重要衡量标准。

---

① 张卫平：《诉讼构架与程式—民事诉讼的法理分析》，清华大学出版社2000年版，第10-11页。

在民事电子诉讼领域，需要考量技术介入对诉权与审判权的影响。从逻辑上分析，技术的介入对诉权和审判权都会产生一定的影响。具体而言，可以区分为两种情形：一种情形是更加强化审判权在诉讼中的地位；另一种情形是更加保障诉权在诉讼中的作用发挥。从实践上看，技术的运用既可以通过诉讼指挥中的"管理"，进一步强化审判权的地位，也可以表现为一种便民的"服务"，进一步保障当事人诉权的实现。在"管理"和"服务"两种不同的理念下，同一个具体的诉讼制度的技术运用，往往会产生不同的运用形态和运行效果。比如，网上立案的制度，如果以"管理"为导向，技术参与则集中于规范当事人诉讼材料的提交、身份认证、引导当事人同意诉前调解、电子送达等功能。[1] 如果以"服务"为导向，技术参与在功能上则集中于材料提交的便利化、程序和权利的告知和指导、诉讼中问题的解答、相关法律及类型化判例的推送等。"管理型"理念，重点在于通过技术强化法院对当事人的诉讼指挥，提升自身的权力运行效益。"服务型"理念，重点在于通过技术强化当事人的诉权保障和对审判权的监督。技术对两种不同权利（权力）的作用，可以直接影响民事电子诉讼的制度设计和实施效果。

（三）技术融合观念维度下的理论划分：积极型和保守型

民事电子诉讼发展是传统民事诉讼适用并融入新技术的过程，

---

[1] 实践中，存在"管理"异化的情况，有的法院网上立案系统设计复杂，诉讼证据电子化提交过程烦琐，增加了当事人的诉讼成本；有的法院对诉前调解进行"类强制性同意"的设计，如默认进行诉前调解，也没有给出拒绝诉前调解的指引，当事人不同意诉前调解，仍需要到法院实地询问；有的法院基于考核原因通过网上立案控制收案，限定每天立案数量，关闭当事人身份验证功能导致程序操作不能进行，或者程序上设置其他操作步骤，延长立案审查登记时间；对于特定的敏感当事人，在技术上设置壁垒，导致无法立案。

产生了"人"与"技术"之间的新型关系。① "人"对"技术"的认识和态度,以及两者关系的处理,决定了技术融合的深度和广度,以及民事电子诉讼的发展速度和实现效果。基于"人"对"技术"的认识和态度,可以将技术融合划分为"积极型"技术融合观和"保守型"技术融合观。"积极型"技术融合观,对于新技术的制度化融入持积极、开放和包容的态度,主张以"先行先试"的方式主动探索技术运用场景,将技术融入司法实践。"保守型"技术融合观对于新技术的制度化融入秉持更加审慎的态度,并认为技术应当在成熟和充分论证的基础上进行制度转化。值得指出的是,不论"积极型"技术融合观还是"保守型"技术融合观,两者对于技术融入民事诉讼的必然性趋势具有认同的共识,不同之处在于具体操作层面的认识和态度。比如,在认识层面,大数据、区块链、人工智能等技术应当运用于司法实践已经成为共识,但"区块链"技术的运用,是否纳入民事诉讼证据制度规范、"异步审理"技术的运用,是否具有制度合理性、"基于大数据的类案检索辅助系统"在制度上是否以及如何纳入裁判考量的范围等,这些具体问题在讨论中,往往会出现融合观念的分歧。在智慧法院建设持续推进的背景下,司法实践部门特别是互联网法院等技术运用的试点法院,对于技术融合普遍秉持"积极型"融合观,并在这种观念的指导下,结合技术运用场景,进行流程再造和规则创设的探索和实践。"保守型"融合观主要反映在学界对于电子诉讼问题的研究和讨论中。② 对于新技术的担忧,主要原因在于理论上没有充分调和新技术的"工具理性"与传统诉讼的"价值理性"之间关系,导致法律文本的滞后和封闭,缺少对新技术的融

---

① 陈锦波:《论信息技术对传统诉讼的结构性重塑——从电子诉讼的理念、价值和原则切入》,载《法制与社会发展》2018年第3期,第108页。
② 侯学宾:《我国电子诉讼的实践发展与立法应对》,载《当代法学》2016年第5期,第3-13页。

入空间。① 两种不同的技术融合观,对于民事电子诉讼的技术融入过程会产生整体性的影响。

三、民事电子诉讼范式的主要类型

从"法律"和"技术"的本质出发,基于民事诉讼中"法院"与"当事人"的关系的延伸,以技术对"审判权"和"诉权"关系的影响为标准,可以将民事电子诉讼划分为"管理型"和"服务型"两种关系类型。基于技术融合的观念,以新技术融入民事诉讼制度的态度和观念为标准,可以将民事电子诉讼划分为"积极型"和"保守型"两种观念类型。以上两种权利关系类型和技术观念类型,构成民事电子诉讼范式类型的内容要素。将四种要素进行相互组合,可以构成四种范式模式。

(一)"积极服务型"模式

"积极服务型"模式所指涉含义包括:(1)民事电子诉讼的重心是对当事人的诉权的保障。一方面,要突出司法服务的理念,运用技术促进当事人与法院之间的沟通和交往,保障当事人诉权。另一方面,要通过技术手段,规范审判权力运行,畅通救济渠道。(2)积极推动与民事诉讼制度新技术的主动融合。一方面,在立法和规范层面,应当积极拓宽新技术运用的制度空间。另一方面,在实践层面应鼓励"先行先试"和制度探索,为技术与制度的融合积累经验。此外,理论上应主动结合新的技术应用场景对传统民事诉讼的基础理论进行丰富和完善,调和"工具理性"与"价值理性"之间的紧张关系。

---

① 张卫平:《民事诉讼智能化:挑战与法律应对》,载《法商研究》2021年第4期,第17页。

(二)"保守服务型"模式

"保守服务型"模式所指涉含义中,对于当事人诉权的保障,同"积极服务型"模式的认识是一致的。不同之处在于技术融合观念的差异,秉持"保守型"立场。具体而言:(1)新技术的运用应当在法律规范的框架下展开,新技术融入制度中,需要对现行法律进行修改,取得合法性基础。(2)对于技术运用制度化的评估,坚持绝对化的功能等值原则,不应当削弱当事人在传统诉讼中的既有权利。(3)对于技术标准,要求具有绝对的安全性和稳定性,只有已经成熟的技术才能纳入到运用的范围。

(三)"积极管理型"模式

"积极管理型"模式所指涉含义在技术融合的观念上,同"积极服务型"模式的认识是一致的,秉持"积极"的融合态度。不同之处在于,技术作用于诉讼和审判权的态度,更加注重法院对诉讼过程的指挥和"管理"。实践中,虽然"以人民为中心"的理念已经成为公认的政治正确,民事诉讼的电子化实际由司法机关主导和推动。司法机关应当站在"人民"的立场上实施(也就是当事人权利保障的立场),但实践中,司法机关不免有自己的利益考量,例如减少审判资源消耗、减少审判人员精力投入、提高结案效率等。所以有些以"司法为民"为名义的电子诉讼制度和实践,并不当然具有"服务型"的立场,他们在实际操作过程中,更注重实现审判权对诉讼"管理"的目的。

(四)"保守管理型"模式

"保守管理型"模式的指涉含义,同"积极服务型"模式相比,在权利关系和技术观念上都持相反的态度。即在权利关系上,以强化审判权对诉讼"管理"为目的,在技术融入的观念上持

"保守"态度，以立法先行、权利不减损、绝对安全保障为前提来实施民事电子诉讼制度。

需要强调的是，民事诉讼范式、民事电子诉讼范式、民事诉讼模式三个概念之间的关系有必要做进一步厘清：一方面，关于民事诉讼模式和民事诉讼范式，两者都是对民事诉讼的一种理论分类，不同之处在于，民事诉讼范式分类的理论基础是范式理论，并且范式概念下类型化的外延比模式更加具有延展性。但是，"范式论"并不是对"模式论"的颠覆和替代，而是基于不同理论基础的类型化表达，两者内涵具有高度的一致性。另一方面，关于民事电子诉讼范式同民事诉讼范式相比，主要增加了技术融合的考量因素，属于民事诉讼范式下的一种具体化的理论细分，而非对民事诉讼范式的替代。

综合本章所述，范式是对一个学科或科学领域研究的本体论、认识论和方法论的基本共识，是研究者接受和认同的信念、假设、理论、准则和方法的总和。该理论认为科学发展过程遵循"前科学—常规科学—反常—危机—科学革命—新的常规科学"的动态模式。范式理论对一个学科的研究具有世界观、价值观和方法论的功能，可以对研究的价值和意义进行初步的预判。

范式视角下，我国民事诉讼法经过法律的解释和域外理论的借鉴的前科学时期后，已经处于理论共识初步形成的常规科学时期。以职权主义为起点向当事人主义转型，已经成为民事诉讼理论界和实务界的基本共识。虽然，在理论上，民事诉讼转型的具体方式还存在分歧，实务中一些做法出现了职权主义的反复，但是基本共识仍然保持一致，民事诉讼范式没有面临危机和转换。

基于范式理论对于科学发展过程的分析，民事电子诉讼还处于从前科学向常规科学的过渡时期。虽然民事诉讼的电子化转型已经形成了一定的共识，但理论上的研究和讨论产生的共识仍处于片面化、碎片化的状态，还缺少对这些问题进行系统化的整理和分析，形成典型的范式类型。通过从观念、理论、制度、技术四个方面对民事诉讼电子化的共识性问题进行归纳，基于民事电子诉讼本质中"法律"与"技术"二分视角，民事电子诉讼的类型划分仍然可以从法律和技术两个维度确立划分的基础关系。

在法律维度下，技术运用的场景基础仍然是法院与当事人的交往。在传统民事诉讼范式中，法院与当事人在诉讼中的不同地位和作用，构成了民事诉讼模式的划分标准。基于这种法院与当事人交往的基础关系，民事电子诉讼可以在理论上划分为"管理型"和"服务型"两种理念。"管理型"理念，重点在于通过技术强化法院对当事人的诉讼指挥，提升自身的权力运行效益。"服务型"理念，重点在于通过技术强化当事人的诉权保障和对审判权的监督。技术对两种不同权利（权力）的作用，可以直接影响民事电子诉讼的制度设计和实施效果。

在技术维度下，民事电子诉讼主要强调技术在融入法律制度中赋能作用的发挥。如何看待技术与制度的融合关系，成为技术介入民事诉讼制度需要考量的基础。基于"人"对"技术"的认识和态度，可以将技术融合划分为"积极型"技术融合观和"保守型"技术融合观。"积极型"技术融合观，对于新技术的制度化融入持积极、开放和包容的态度，主张以"先行先试"的方式主动探索技术运用场景，将技术融入司法实践。"保守型"技术融合观对于新技术的制度化融入秉持更加审慎的态度，并认为技术应当在成熟和充分论证的制度基础上进行适用。

权利关系类型和技术观念类型，构成民事电子诉讼范式类型的内容要素，将四种要素进行相互组合，可以构成四种范式模式："积极服务型""保守服务型""积极管理型""管理保守型"。民事电子诉讼具体的范式模式选择，应当充分考量我国民事电子诉讼的发展情况，并在对范式影响因素进行分析的基础上，确立符合我国实际和未来技术发展趋势的范式类型。

第三章　民事电子诉讼的发展状况和范式选择

民事电子诉讼的范式选择应当充分考察我国民事电子诉讼发展情况，比较借鉴域外的经验，分析我国民事电子诉讼面临的困境和问题。针对困境和问题的解决，需进一步考量民事电子诉讼范式的影响因素，并最终确立符合我国实际的范式类型和范式建构路径。

第一节　我国民事电子诉讼发展的考察

一、我国民事电子诉讼产生的背景

信息技术的快速发展正在影响和改变着人们的生活方式，推动着社会的进步，引领着未来的发展。同时，伴随着国家战略的实施，以及移动互联网、大数据、人工智能、区块链等技术的应用和普及，人与人的交往方式、交易形式、交易内容也发生着变化，不断催生出新的纠纷类型和纠纷解决的需求。司法机关也在不断适应信息社会的变化，不断调整和改进民事诉讼的相关机制和司法政策，利用信息技术赋能司法工作，以满足人民群众对电子诉讼的新期待、新要求，适应和解决纠纷解决面临的新形势、新问题。民事电子诉讼的产生背景可以概括为四个方面。

（一）国家战略的导向

当前信息技术的发展和运用早已超出了它的物理范畴，正逐步演进为一场全方位的社会变革，需要我们充分认识信息技术带来的历史机遇与挑战，从国家战略层面不断加强统筹和布局。网络强国战略、"互联网＋"行动计划、国家大数据战略、国家信息化发展战略等重要战略举措[1]，调动了更多的国家和社会资源，提升了社会生活的网络化、信息化、数据化、智能化水平。在社会纠纷的解决层面，也催生了纠纷解决的需求和供给，为民事诉讼的电子化创造了技术和资源条件，具体而言主要包括以下几个方面。

一是信息化战略。信息化战略是从国家层面催生和发展民事电子诉讼的政策基础。《国家信息化发展战略纲要》提出了通过信息化驱动现代化，赋能经济发展，建设网络强国的战略规划。《"十三五"国家信息化规划》提出统筹网上网下两个空间，拓展国家治理新领域，在国家规划层面提出了建设"智慧法院"，推行电子诉讼，建设和完善公正司法信息化工程。《"十四五"国家信息化规划》提出全面深化智慧法院建设，推进完善互联网审判模式。[2] 信息化战略从国家层面对"智慧法院"和"电子诉讼"作出

---

[1] 2015年10月29日，党的十八届五中全会通过的《中共中央关于制定国民经济和社会发展第十三个五年规划的建议》提出，"实施网络强国战略，拓展网络经济空间。实施'互联网＋'行动计划，发展物联网技术和应用，发展分享经济，促进互联网和经济社会融合发展。实施国家大数据战略，推进数据资源开放共享。"2021年3月11日，十三届全国人大四次会议表决通过的《国民经济和社会发展第十四个五年规划和2035年远景目标纲要》提出，"加大政务信息化建设统筹力度；加快数字社会建设步伐，适应数字技术全面融入社会交往和日常生活新趋势，促进公共服务和社会运行方式创新，构筑全民畅享的数字生活；深化'互联网＋政务服务'，提升全流程一体化在线服务平台功能。"

[2] 《"十四五"国家信息化规划》，载中华人民共和国中央人民政府网站，http://www.gov.cn/xinwen/2021-12/28/content_5664873.htm，2022年2月23日访问。

规划，为民事电子诉讼提供了政策依据和基础，有助于将更多国家的资源投到"智慧法院"建设中，为民事诉讼的电子化发展创造了经济和社会条件。

二是"互联网＋"行动。"互联网＋"行动为民事诉讼的电子化、网络化转型创造了外部条件。2015年7月4日，国务院印发的《关于积极推进"互联网＋"行动的指导意见》强调，"互联网＋"行动促进互联网与传统产业的深度融合①推动了社会和生活的网络化，也使纠纷和争议解决需求的网络化，网络纠纷的数量快速增长，纠纷形式愈发多样，对民事诉讼法律的实施环境产生深刻影响。

三是大数据行动。大数据行动为民事电子诉讼的智能化、规范化发展提供了重要的数据支撑。2015年8月31日，国务院印发的《促进大数据发展行动纲要》提出，要加强顶层设计，深化大数据在各行业创新应用，促进大数据产业健康发展；完善法规制度和标准体系，切实保障数据安全。②大数据行动，促进了司法数据的公开和相关部门的数据整合，有利于对纠纷和裁判解决提供指引，也有利于民事诉讼行为的实施。大数据为民事诉讼的进行提供了保障和支撑。

四是人工智能发展。人工智能已经深入到人们的工作和日常生活之中，虽然还无法完全替代生物智能，处于弱人工智能阶段，但有助于促进司法效率、公正与便捷，对民事电子诉讼的发展起到了技术支撑作用。2017年，《国务院关于印发新一代人工智能

---

① 《关于积极推进"互联网＋"行动的指导意见》，载中华人民共和国中央人民政府网站，http：//www.gov.cn/zhengce/content/2015-07/04/content_10002.htm，2022年2月23日访问。

② 《促进大数据发展行动纲要》，载中华人民共和国中央人民政府网站，http：//www.gov.cn/zhengce/content/2015-09/05/content_10137.htm，2022年2月23日访问。

发展规划的通知》指出，要以提升新一代人工智能科技创新能力为主攻方向，推进社会治理智能化；智慧法庭要求建设集审判、人员、数据应用、司法公开和动态监控于一体的智慧法庭数据平台，促进人工智能在证据收集、案例分析、法律文件阅读与分析中的应用，实现法院审判体系和审判能力智能化。[①]

综上，党的十八大之后，党中央、国务院高度重视信息化工作。在国家层面通过完善顶层设计和决策体系，加强统筹协调，作出实施网络强国战略、大数据战略、"互联网＋"行动、人工智能发展规划等重大决策，社会经济发展与网络的结合更加紧密，特别是在司法领域提出了将"智慧法院"、电子诉讼等纳入国家战略规划，为民事电子诉讼制度的产生和发展创造了条件。

（二）社会治理的需要

在国家战略的引领和推动下，信息技术迅速发展，各类应用广泛普及，信息产业朝着智能化、系统化、网络化的方向发展，并逐步向社会各领域全面渗透。信息技术的发展和应用，正深刻影响着人们的思维方式、协作模式、生活形式和价值观念，人们在充分享受信息技术带来的便捷、自由的同时，也面临着网络社会规则模糊、网络侵权多发易发、网络权利保护不利等问题，导致网络中的冲突、纠纷和不稳定因素增加，对社会治理提出新的挑战。具体而言：

1. 法律内容的边界需要进一步拓展

以大数据、神经网络、机器学习等为基础构建的人工智能系统，以信息通信技术为基础的互联网空间，以物联网、区块链为

[①] 《国务院关于印发新一代人工智能发展规划的通知》，载中华人民共和国中央人民政府网站，http://www.gov.cn/zhengce/content/2017-07/20/content_521 1996.htm，2022年2月23日访问。

基础的新兴科技领域都需要与之相适应的法律内容，对新型社会关系和价值理念作出调整。从人与人的关系到人与机器、人与智能制造物的关系，从单一对象到整个系统生态，法律内容体系发生着深刻的变革。① 一方面，现行法律规则存在"真空地带"，对信息技术发展和应用带来的权利需求、行为类型、责任承担没有明确的规定，如人工智能制造物的知识产权归属、无人驾驶技术带来的事故责任认定等问题；另一方面，现行法律规则自身适用存在不确定性。由于法律规则自我革新的相对滞后，对于技术发展产生的"新"领域，能否依据"旧"法律进行规范，仍然存在一定的不确定性，比如数据权利问题、虚拟空间的身份权益问题等。

2. 法律规则的认知需要进一步重塑

互联网和人工智能技术的发展，使法律从一种被动的规范性规则转变为主动的认知性规则成为可能。有观点认为，法律系统类似于计算机操作系统中的0与1二值编码，基于合法或非法的二值代码建构，通过人工智能代码和算法，依托于大数据技术的支撑，可以基于充分的信息优势进行自主预测和学习。将技术规则嵌入、技术方法应用、技术标准应用于法律，使法律规则的权威性在一定程度上被消解，但也为社会治理和规则的运用提供了更智能、更开放的解决方案。例如，在智慧法院建设中，已经有法院探索开发类案检索系统、量刑提示预警系统，通过信息系统将裁判规则、生效判例指导未来的裁判。能否以及如何将技术规则融入法律体系，实现法律规则在社会治理中的创新运用，需要进一步研究，并在实践中重塑对法律规则的认知。

3. 新兴权利义务关系需要重定义

一方面，新科技不仅带来新兴权利内容，也赋予了传统权利

---

① 魏浦雅、贺善侃：《论现代科技发展对法律的影响》，载《东华大学学报（社会科学版）》2007年第4期，第352页。

以新的权能。比如,随着信息技术与传统世界的交互和融合,"被遗忘权""数据正义"等新的信息权利和财产权利被提出。再如,随着人工智能技术的发展,智能造物的"著作权"、数字化人格权利等问题也被纳入讨论范畴。[①] 另一方面,责任的归结与认定方式也发生了变化。在责任归结的因果关系中,技术因素的权重越来越大,"技术中立"不再成为绝对的免责事由,责任认定的中心也根据技术的具体运用形态逐步明确和细化。此外,信息技术的发展和运用,对司法裁判在事实认定和法律适用中赋予了更多支持,更有利于明确权利义务,保障公平正义。

信息技术的发展和应用,使人们的社会关系正在发生深刻变化,导致新型纠纷的出现,特别是对法律内容、规则认知和新兴权利义务关系产生了冲击和影响并通过诉讼的方式得以体现。比如,短视频的兴起,导致网络著作权纠纷激增,产生较大的社会影响。因此,网络社会的治理,需要不断优化和完善民事电子诉讼的理念、原则和规则,发挥依法治网、行为指引和纠纷解决的功能,为网络空间治理提供法律依据和制度保障。

(三) 公民的诉讼需求

互联网的普及和应用,对公民的诉讼心理和司法需求产生深刻变化,公民期待更加多元化、便捷化、个性化的诉讼需求。

1. 诉讼方式更加便利的期待

截至 2023 年 6 月,我国网民规模达 10.79 亿人,互联网普及率达 76.4%。其中,手机网民规模达 10.76 亿人,占比 99.8%;即时通信用户规模达 10.47 亿人,占比 97%;网络购物用户规模达 8.84 亿人,占比 82.0%;网络支付用户规模达 9.43 亿人,占

---

① 李晟:《略论人工智能语境下的法律转型》,载《法学评论》2018 年第 1 期,第 99 页。

比 87.4%[①]，人们活动的领域重心逐渐从线下迁移到网上。越来越多的当事人希望通过在线化、数字化的方式进行诉讼，通过电脑或移动终端进行谈话和庭审，减少实际到法院的次数，节约诉讼成本。通过网络支付方式支付诉讼费用，提升诉讼便利程度。

2. 诉讼程序更加高效的期待

近年来我国民事司法的"诉讼爆炸"现象，特别是基于互联网发生的案件，呈现出快速增长的趋势。传统的诉讼程序以严谨、封闭、程式化为特征，在应对网络纠纷时，由于参与主体多、行为高度类型化，涉及利益主体更加广泛、影响力更大，传统法院难以通过经济有效的方式加以解决，特别是基于网络行为产生的新类型纠纷，如网络购物合同纠纷、网络侵权纠纷等。为了化解信息化时代背景下新类型纠纷解决困境，人们希望通过互联网技术优化规则，简化程序、缩短流程，构造更加高效的诉讼程序，提升司法效率。

3. 诉讼沟通更加顺畅的期待

电子技术和应用的发展，使人与人的交流渠道更加畅通。对话和沟通是现代诉讼及纠纷解决的前提。伴随着微信、QQ 等即时通信工具的普及，在诉讼活动中，人们更加期待运用电子化通信工具进行沟通，及时取得诉讼服务、指导和反馈。诉讼中的沟通也由在场性、亲历性向非现场化、虚拟性转变。

4. 诉讼过程更加透明的需求

正义不仅要实现，而且要以看得见的方式实现，因此，诉讼程序在追求实体公正和诉讼效率的同时，也要保障程序公正。通过加强司法公开，及时反馈诉讼信息，可以使诉讼过程更加规范、

---

① 中国互联网络信息中心（CNNIC）发布的第 52 次《中国互联网络发展状况统计报告》。

透明，减少人为干预的空间。人们更加期待借助信息化方式快速、智能、精准地获取诉讼信息，及时与法官沟通，快速查阅诉讼文书和档案等行为，保障自身的程序性权利。面对公民对司法的新需求和新期待，推动诉讼方式的电子化，创新互联网司法，推动信息技术和司法工作深度融合，成为必然的选择。

（四）司法的积极作为

为积极推动国家提出的网络强国战略，主动应对信息化社会带来的机遇和挑战，回应人民群众对司法信息化的新期待，中国法院系统主动作为，推进信息技术与法院工作的融合，将信息技术应用于法院业务工作中，促进审判体系和审判能力的现代化，为民事电子诉讼制度的构建和实施创造了技术条件和政策条件。

1. 信息化建设的统筹规划

2013年，最高人民法院出台《人民法院信息化建设五年发展规划（2013—2017）》。2015年，人民法院已经建成以互联互通为特征的人民法院信息化2.0版，基础设施建设基本完成，形成了由全国四级法院编织的信息化网络。2016年，"智慧法院"建设纳入国家信息化发展战略，最高人民法院制定了《人民法院信息化建设五年发展规划（2016—2020）》，确定了55项重点建设要求，加快建设以数据为中心的人民法院信息化3.0版。截至2017年，人民法院信息系统实现全国3520个法院、9277个人民法庭、39个海事法庭专网全覆盖。最高人民法院对人民法院信息化建设统筹规划和实施，确立了明确的政策导向，全国各级法院持续推动升级信息化基础设施建设，为民事电子诉讼的发展奠定了物质基础。[①]

[①] 李林、田禾：《法治蓝皮书·中国法院信息化发展报告No.1（2017）》，社会科学文献出版社，2018年版，第73页。

2. 智慧法院建设的具体实施

2017年,最高人民法院颁布实施了《关于加快建设智慧法院的意见》,全国各级法院积极响应,开始了多种形式的探索,各种司法应用成果逐步产生。特别是杭州互联网法院正式揭牌,成为全球首家互联网法院,运用互联网探索"网上纠纷网上审理"。2018年,伴随着移动互联网的兴起,全国首个"微法院"集群平台在浙江上线运行。当事人可利用微信小程序,直接参与浙江省三级法院的立案、开庭等诉讼程序。2019年,最高人民法院召开全国高级法院院长会议,会议强调各级人民法院要积极推进人工智能、区块链、大数据等技术成果与司法工作融合,努力攻克关键技术,大力推动"智审、智执、智服、智管"建设,推动智慧法院建设向更高层次发展。

智慧法院建设和实施主要从两个方面推动了电子诉讼的发展:一是依托三家互联网法院探索推进"网上纠纷网上审理"的互联网诉讼新模式,将民事诉讼程序从线下转移到线上;二是推动语音识别、人工智能、大数据、区块链存证等科技创新手段的深度运用,扩展电子诉讼的应用范围,强化新技术与审判程序的深度融合。

3. 疫情的倒逼推进

2020年开始,各地按照疫情防控需要暂停了现场进行的诉讼活动,从线下转移到线上。最高人民法院印发《关于新冠肺炎疫情防控期间加强和规范在线诉讼工作的通知》,对疫情防控期间的在线诉讼工作进行全面部署,为推广和规范在线诉讼工作提供政策支持。各地法院结合本地实际情况和技术条件,制定了加强和规范在线诉讼的实施政策,促进了在线诉讼的实施。疫情期间,依托"智慧法院"的软件和硬件系统,2020年2月3日到3月31日,全国法院累计网上立案70.6万件,网上缴费59.9万次,网上开庭15万件,进行网上证据交换20.1万次,电子送达245.3万次,网上调解30.2万件。"指尖"立案、"云端"办案、"智慧"

执行成为人民法院工作新常态，真正做到全天候、全流程、全方位提供司法服务。① 在疫情的倒逼下，各级法院加快了线上诉讼的装备配置，规范了电子诉讼的操作规程，加强了对当事人诉讼行为的引导，客观上加快推进了电子诉讼的实施，也使当事人和法官逐步适应了线上诉讼。

二、我国民事电子诉讼的发展情况

民事电子诉讼的发展伴随着信息技术的发展逐步开展。在规则层面，民事诉讼法的修订，将信息技术应用于民事诉讼法律行为的方式予以确认。民事诉讼法司法解释则更加灵活，对于相关行为的确认更加具体。民事司法政策则紧跟司法工作的发展导向，进行规划、部署，在现行法律与技术之间做好制度安排，确保民事电子诉讼行为的正当性。在司法实践层面，民事电子诉讼的发展与技术在司法实践中的运用程度紧密相关，经历了从阶段性向全流程的转变。

（一）我国民事电子诉讼规则的发展情况

规则的合法性基础来源于国家法律的承认。伴随着信息技术在民事行为和诉讼活动中的使用，在立法、司法层面，合法性难题逐步破解，民事电子诉讼的规则逐步发展和完善。

1. 立法发展情况

在立法层面，全国人大及常委会在民事诉讼法修订及授权最高人民法院开展的民事诉讼程序繁简分流改革试点工作中，结合电子诉讼的司法实践情况，进一步健全电子诉讼规则。

---

① 《智慧战"疫""云上审执"显身手——人民法院疫情期间运用智慧法院建设成果开展审判执行工作综述》，载最高人民法院网站，https://www.court.gov.cn/zixun-xiangqing-225281.html，2022年2月23日访问。

(1) 2012年《民事诉讼法》的修改。

伴随着技术的发展和普及,为适应电子化的诉讼需求,2012年《民事诉讼法》在证据、送达、庭审等制度中增加了相应的电子诉讼的内容,明确了程序内容和标准。具体而言:一是在证据种类中,增加电子数据的证据类型。① 明确了电子证据在法律上的定位,有利于查明事实,符合信息化社会中民事诉讼电子化的需求。二是认可了证人通过视听传输技术出庭的作证方式。视听传输技术具有即时性、互动性的特点,通过此种作证方式,可以更加全面反映证人作证的现场情况,使询问证人的程序及时展开,通过技术的运用更好地保障证人证言的真实性。三是确立了电子送达制度。随着信息通信技术的发展和普及,人们接受信息传递的方式更加多元,电子信息系统具有传播快、即时性、操作方便快捷等特征,可以作为推进法治发展的重要工具和媒介。2003年最高人民法院发布《关于适用简易程序审理民事案件的若干规定》,其中明确原告起诉后人民法院可以采取捎口信、电话、传真、电子邮件等简便方式随时传唤双方当事人。但由于2007年《民事诉讼法》并未规定电子送达制度,这引起了理论界和实务界对其合法性和有效性的质疑,因此没有得到有效推行。2012年《民事诉讼法》的修正,以立法形式,确立了电子送达的法律效力,回应了司法现实需求。

---

① 2017年修订后的《民事诉讼法》第六十三条:证据有下列几种:(一)当事人的陈述;(二)书证;(三)物证;(四)视听资料;(五)电子数据;(六)证人证言;(七)鉴定意见;(八)勘验笔录。以上证据必须查证属实,才能作为认定事实的根据。《中华人民共和国民事诉讼法条文理解与适用》中指出,电子数据是指由电子手段、光学手段或类似手段生成的传送、电磁、光学等形式或类似形式储存在计算机中的信息作为证明案件事实的证据资料,既包括计算机程序及其所处理的信息,也包括其他应用专门技术设备检测得到的信息。

（2）人大授权最高人民法院开展民事诉讼程序繁简分流改革试点工作中健全电子诉讼的相关规则。

为进一步优化司法资源配置，提升司法效能，2019年12月28日，全国人大常委会通过《全国人民代表大会常务委员会关于授权最高人民法院在部分地区开展民事诉讼程序繁简分流改革试点工作的决定》（以下简称《民事诉讼繁简分流改革试点决定》），随后，最高人民法院制定了《民事诉讼程序繁简分流改革试点方案》和《民事诉讼程序繁简分流改革试点实施办法》，三个文件都对健全电子诉讼规则进行了具体的规定：首先，《民事诉讼繁简分流改革试点决定》明确试点期间，允许试点法院暂时调整适用2021年修订前《中华人民共和国民事诉讼法》第八十七条第一款电子送达的规定，保证了试点期间，最高人民法院健全电子诉讼规则的合法性。其次，《民事诉讼程序繁简分流改革试点方案》提出适度扩大在线诉讼的覆盖范围，推动实现审判方式、诉讼制度与互联网技术深度融合的改革目标。在内容上，明确在网络诉讼平台上的行为效力，电子化诉讼材料对纸质原件的替代效力，在线视频庭审的效力，以及电子送达的标准和适用条件。① 最后，《民事诉讼程序繁简分流改革试点实施办法》对电子诉讼规则进行了更加细化的规定：一是进一步明确诉讼主体的在线诉讼活动与线下诉讼活动具有同等效力，人民法院根据技术条件、案件情况和当事人意愿等因素，决定是否在线完成相关程序；二是进一步明确诉讼材料的电子化提交和电子化交往规则，人民法院根据对方当事人申请或者案件审理需要，要求提供原件的，当事人应当提供；三是进一步明确四种不适用在线庭审的情形；四是进一步明确电子送达的方式、送达内容以及同意电子送达、有效电子送达的标准和条件。

---

① 《民事诉讼程序繁简分流改革试点方案》。

(3) 2021年《民事诉讼法》的修改。

2021年修订版《民事诉讼法》新增了关于在线诉讼的规定，并对电子送达作了进一步规定。从立法层面对在线诉讼进行规定[①]，赋予在线诉讼法律效力，从法律层面为人民法院推动在线诉讼、在线调解提供了立法依据。

2. 司法解释的发展情况

司法解释是最高人民法院根据人民法院在审判工作中具体应用法律的问题，根据法律和有关立法精神，结合审判工作实际需要制定的法律解释。《民事诉讼法》对民事电子诉讼法律适用缺少具体的规定，最高人民法院根据审判工作实际，陆续出台了多个司法解释，指导信息技术在民事诉讼程序中适用的问题。具体而言，主要在2015年《民事诉讼法》司法解释、2018年《最高人民法院关于互联网法院审理案件若干问题的规定》、2020年修改的《最高人民法院关于民事诉讼证据的若干规定》以及2021年颁布的《人民法院在线诉讼规则》《人民法院在线调解规则》、2022年颁布的《人民法院在线运行规则》等文件中加以体现。

(1) 2015年《民事诉讼法》司法解释对电子诉讼的规定。

2015年《民事诉讼法》司法解释主要从电子数据、电子送达、远程审判三个方面，加强了信息化技术与民事诉讼法律规范的结合，进一步实现提高诉讼效率、便利当事人的目标。主要包括以下几个方面内容：一是明确了视听资料和电子数据的内容和

---

① 2021年修订后的《民事诉讼法》第十六条规定："经当事人同意，民事诉讼活动可以通过信息网络平台在线进行。民事诉讼活动通过信息网络平台在线进行的，与线下诉讼活动具有同等法律效力。"《民事诉讼法》第九十条："经受送达人同意，人民法院可以采用能够确认其收悉的电子方式送达诉讼文书。通过电子方式送达的判决书、裁定书、调解书，受送达人提出需要纸质文书的，人民法院应当提供。采用前款方式送达的，以送达信息到达受送达人特定系统的日期为送达日期。"

界限。明确视听资料包括录音资料和影像资料。电子数据是形成或者存储在电子介质中的信息。存储在电子介质中的录音资料和影像资料,适用电子数据的规定。① 二是明确了电子送达的媒介、送达日期及当事人的选择权,增加了网络公告送达的方式。将电子送达媒介限定为传真、电子邮件、移动通信设备等即时收悉的特定系统。送达日期按照到达主义,以到达受送达人特定系统的日期为准。进行电子送达需要经过当事人同意,并应当在地址确认书中确认关联的数据系统地址。公告送达的可以在信息网络媒体上刊登。② 从实践状况看,公告送达一般登载在人民法院公告网或者各地法院的主页,提高了送达效率。三是明确运用视听传输技术的开庭方式。在征得双方当事人同意的前提下,人民法院可以运用视听传输技术的开庭方式开庭,有利于实现便利当事人、提高诉讼效率的目标。③

(2) 2018年《最高人民法院关于互联网法院审理案件若干问题的规定》。

为规范互联网法院的诉讼活动,2018年9月,最高人民法院颁布了《最高人民法院关于互联网法院审理案件若干问题的规定》。该规定较为系统地对民事诉讼中的重要程序进行了探索,推动审判方式、诉讼制度与互联网技术的深度融合。具体而言,一是明确了互联网法院的管辖范围。集中受理互联网特点较为突出且适合在线审理的纠纷。这类纠纷的主要特点是法律行为、主要证据均在网上发生,有利于在线审理。二是确立了身份认证规则。

---

① 《最高人民法院关于适用〈中华人民共和国民事诉讼法〉的解释》(2022年)第一百一十六条。
② 《最高人民法院关于适用〈中华人民共和国民事诉讼法〉的解释》(2022年)第一百三十五条。
③ 《最高人民法院关于适用〈中华人民共和国民事诉讼法〉的解释》(2022年)第二百五十九条。

通过证件信息及国家认证平台核验身份信息,并确立当事人平台账户密码的注意义务。三是确立了在线举证规则。对于线下证据,可以通过将原件电子化转化处理后上传至诉讼平台。对于线上证据,当事人自己占有的可以直接导入诉讼平台,互联网法院可以从第三方平台获取相关案件的数据信息导入诉讼平台。四是改进了电子数据真实性认定规则。改变了公证程序为主的形式审查,转变为通过技术手段,对数据形成过程的审查,并认可了依托于电子签名、区块链等新型技术的存证方式,进一步提升了电子数据的证据适用范围和适用效力。五是明确了在线庭审规则。庭审应当符合亲历性和直接言词原则,并明确庭审的审前程序、庭审纪律等内容。六是明确了电子送达的条件、方式和范围。明确了电子送达的默示同意规则。扩大适用范围和适用频率。在适用条件和范围上,明确以默示同意规则为原则,对电子送达作出过事前或事中的约定,或者事后作出认可,稳妥推进电子送达的适用。七是明确公告案件可以简易程序审理的条件。对于事实清楚、权利义务关系明确的简单民事案件,公告送达案件可以适用简易程序,以提升审理效率。总之,《最高人民法院关于互联网法院审理案件若干问题的规定》在现行民事诉讼法基础上,发挥互联网法院"先行先试"的作用,以全流程在线审理为目标,对电子诉讼规则进行了系统化的设计,为民事诉讼的电子化提供了规则基础和实践基础。

(3) 2019年《最高人民法院民事诉讼证据的若干规定》对电子诉讼的规定。

2019年12月26日,最高人民法院颁布了修正后的《最高人民法院民事诉讼证据的若干规定》。该规定主动适应从"线下"向"线上"转变的行为方式,对电子数据规则作出比较详细的规定,完善了电子数据证据规则体系。主要包括以下几个方面。一是规定了电子数据的类型。[1] 在《民事诉讼法》司法解释第一百一十六

---

[1] 《最高人民法院关于民事诉讼证据的若干规定》第十四条。

条的基础上,将电子数据分为网络平台发布类信息、网络应用服务类通信信息、记录类信息、电子文件和其他数字化形式的信息。根据审判工作需要,针对每一类型电子数据进行了列举,如网络平台发布类的信息,列举了网页、博客、微博客,实际上也包含抖音短视频、朋友圈、贴吧、论坛、网盘等网络平台发布的信息。① 二是规定了视听资料与电子数据提交的原件原则。② 以视听资料作为证据的,应当提供存储该视听资料的原始载体,电子数据为证据应当提供原件,或可视为原件的副本及其他输出介质。法官借助科技、信息手段对其客观性、真实性和完整性进行审查。③ 三是完善调查收集视听资料、电子数据的要求。④ 视听资料、电子数据的调查收集,应当提供原始载体,如提供原始载体确有困难的,可以提供复制件,但要说明其来源及复制件的制作经过,对视听资料、电子数据采取证据保全措施的也按照此要求处理。⑤ 四是规定了瑕疵电子数据证据的补强规则。⑥ 视听资料、电子数据由于具有较高的技术成分,存在被篡改、伪造的可能,因此存有拼接、修改、技术处理等疑点的视听资料、电子数据,不能单独作为定案依据。⑦ 五是规定了判断电子证据真实性的主要因素。主要从电子数据载体的真实性以及电子数据内容的真实性,评价电子数据的完整性与可靠性。⑧ 六是明确了五种可以推定电子数据真实性的情形。⑨

---

① 《最高人民法院关于民事诉讼证据的若干规定》第十四条。
② 《最高人民法院关于民事诉讼证据的若干规定》第十五条。
③ 《最高人民法院关于民事诉讼证据的若干规定》第十五条。
④ 《最高人民法院关于民事诉讼证据的若干规定》第二十三条。
⑤ 《最高人民法院关于民事诉讼证据的若干规定》第二十三条。
⑥ 《最高人民法院关于民事诉讼证据的若干规定》第九十条。
⑦ 《最高人民法院关于民事诉讼证据的若干规定》第九十条。
⑧ 《最高人民法院关于民事诉讼证据的若干规定》第九十三条。
⑨ 《最高人民法院关于民事诉讼证据的若干规定》第九十四条。

（4）2021年《人民法院在线诉讼规则》对在线审理的规定。

2021年8月1日，最高人民法院开始实施《人民法院在线诉讼规则》。该规则对人民法院在线诉讼工作进行了系统化的规范，涉及电子诉讼的法律效力，适用的原则、范围和条件，以及各诉讼环节的程序规则，具体而言，一是确立了在线诉讼的基本原则。以充分尊重当事人审理方式选择权，确保案件审理的质量效率为基本前提，以适宜办理、当事人同意、诉讼主体具备技术能力为基本条件。二是明确了电子化材料的效力和审核规则。确立经审核后的电子化材料"视同原件"的效力，进一步提升诉讼便利，降低诉讼成本。三是建立了在线庭审规范。对庭审的环境、纪律、公开等方面进行了明确要求。四是细化了电子送达的内容和具体规则。包括细化了适用条件、方式、范围和生效标准，确立默示同意规则，对"同意"形式进行了拓展，涵盖了事前约定、事中行为、事后认可等情形，并加大适用力度。兼顾送达的准确性和效率性，明确了"到达生效"和"知悉生效"的生效标准。此外，还明确了区块链存证的效力及审查规则、关于妨害在线诉讼的处罚规则，确认了非同步审理机制效力。

（5）2022年《人民法院在线调解规则》对在线调解的规定。

2022年1月1日，最高人民法院开始实施《人民法院在线调解规则》。该规则对诉前或诉中，依托法院在线调解平台的调解程序进行了规范，主要包括调解的申请、组织程序和结果适用等内容。具体而言，一是明确在线调解的适用范围和形式，包括诉前、诉中依法可调解或和解的纠纷。在调解形式方面，包括音频调解，以及基于调解平台的视频等其他调解方式。二是明确调解的适用前提。即需要征得当事人同意，并考虑案件情况、技术条件等多种因素。三是对调解的组织和人员持开放态度，不仅包括审判人员、调解员，还包括有参与调解意愿的组织和人员。在国籍上，包括港澳台地区人员及外籍人士。四是明确当事人对调解人员及组织的更换权利，以及调解人员和组织的披露义务。五是对在线调解的程序进行了规范，并强调调解中的诚信义务，明确虚假调解的处理情形。人民法院在线调解是司法机关顺应 ODR（在线纠纷（争端）解决机制）发展潮流，推动多元纠纷在线解决的新探索。《人民法院在线调解规则》有利于调动和规范更多社会力量参与到民事纠纷的解决中来。

（6）2022 年《人民法院在线运行规则》的规定。

2022 年 3 月 1 日，最高人民法院开始实施《人民法院在线运行规则》。该规则的主要目的在于指引和规范人民法院运用信息技术和信息系统开展在线司法和诉讼活动，具体包括以下几个方面。一是确立了在线运行的要求和原则。明确了在线运行应遵循高效便民、注重实效、统筹共享、创新驱动、安全可靠原则。[①] 二是对系统建设进行了规范。要求人民法院应当建设智慧服务、智慧审判、智慧执行、智慧管理等智慧法院信息系统，保障人民法院在线运行，[②] 并对各个系统建设的内容和要求进行了明确。三是对在线运行的应用方式进行了规范。包括对账号及身份认证、在线申请和提交、信息的流转、信息的公开、费用的缴纳等当事人在线诉讼行为的保障提出了要求。[③] 四是对在线运行的技术管理提出了要求。包括系统的安全保障要求、数据的安全保障要求、个人信息的保障要求、运维保障要求、应急处理要求、规划发展要求等。[④]《人民法院在线运行规则》明确了在线运行系统的技术内容、标准和要求，从规范层面推动了技术对诉讼程序和诉讼行为的保障，是在线诉讼规则体系中的重要组成部分。

---

① 《人民法院在线运行规则》第二条。
② 《人民法院在线运行规则》第四条至第十三条。
③ 《人民法院在线运行规则》第十四条至第三十三条。
④ 《人民法院在线运行规则》第三十四条至第四十四条。

3. 司法政策的发展情况

司法政策是指国家在司法实践层面，对于具体化问题进行处理的立场和政策导向。广义上的司法政策是指相关的有权机关对于具体司法活动的指引性规则，包括路线、指示、指导、指引等表现形式。① 狭义上的司法政策，是指除司法解释外，各级法院内部制定的政策性文件。为了便于明晰民事电子诉讼规则的发展脉络，本书对司法政策按照狭义性理解，以探究司法政策如何发挥指引、补充、协调、创制和实验的功能，通过实现政治性与司法性平衡，推动民事电子诉讼的发展。

（1）司法改革的顶层设计。

司法改革和信息化建设已经成为人民法院工作发展的鸟之双翼、车之两轮。②《四五改革纲要》和《五五改革纲要》③ 在顶层设计层面进行规划，最大限度调动了政治资源，推动了民事电子诉讼的发展和完善，具体包括以下几个方面，一是推进民事诉讼制度电子化改革。包括推动《民事诉讼法》修改，以及探索与信息技术发展相适应的诉讼规则，推动技术与司法制度的深度融合。二是有序拓展电子化诉讼的覆盖范围。包括拓宽适用范围、提高适用比例、深化适用程度，逐步实现在线立案、在线缴费、电子送达三类应用覆盖全国法院。三是推动送达制度改革，完善送达机制。通过搭建统一的信息化电子送达平台，提升电子送达的规

---

① 李大勇：《司法政策论要——基于行政诉讼的考察》，载《现代法学》2014年第5期，第29页。

② 2017年3月12日，最高人民法院院长周强在第十二届全国人大第五次会议上作的最高人民法院工作报告，载最高人民法院网，http://gongbao.court.gov.cn/Details/9ec8c0cddd12d82ecc7cb653441b36.html，2022年2月3日访问。

③《最高人民法院关于全面深化人民法院改革的意见——人民法院第四个五年改革纲要（2014—2018）》和《关于深化人民法院司法体制综合配套改革的意见——人民法院第五个五年改革纲要（2019—2023）》。

范化水平和便利化程度，拓宽电子送达法律文书的范围。四是深化多元化纠纷解决机制改革。推动建立统一的在线矛盾纠纷多元化解平台，推广线上线下相结合的司法确认模式。五是探索电子化方式司法公开机制。完善公开平台建设，对裁判文书、执行信息和审判流程信息进行全面公开，方便当事人在线获取审判流程节点信息，实现生效裁判文书统一在中国裁判文书网公布，运用音视频和图文等多种技术形式，实现庭审公开规范化、常态化。六是完善诉讼服务中心制度。健全线上"一网通办"的集约化诉讼服务机制。开发具有诉讼服务功能的系统和软硬件，减轻当事人诉累。七是推动人民法院信息化建设，建设现代化智慧法院应用体系。推动以服务法院工作和公众需求的各类信息化应用，构建以云计算为支撑的全要素一体化信息基础设施，加强基础设施建设，减少办案在途时间。强化辅助办案的软硬件开发，完善文书校核、瑕疵提醒、数据推送、信息检索等辅助功能。完善司法大数据管理和应用机制，不断提升数据汇聚、分析、应用水平。

(2) 电子诉讼的实施政策。

除了司法改革纲要的顶层设计，在具体工作实施过程中，最高人民法院也将信息化与司法工作深度融合，相关司法政策也直接或间接推动了民事电子诉讼制度的发展。一是推动在线诉讼发展。《最高人民法院　国家发展和改革委员会关于为新时代加快完善社会主义市场经济体制提供司法服务和保障的意见》以及《最高人民法院关于全面加强知识产权司法保护的意见》均提出，推进网上立案、证据交换、电子送达、在线庭审、在线调解等在线审理程序的适用，提高纠纷解决的便捷性、高效性和透明度。二是规范在线诉讼实施。《最高人民法院关于新冠肺炎疫情防控期间加强和规范在线诉讼工作的通知》《民事诉讼程序繁简分流改革试点实施办法》对规范在线诉讼实施作出要求，在线诉讼的实施既要考虑案件类型、难易程度等因素，对适宜在线诉讼的案件准确适用，又要尊重当事人对案件的程序选择权，全面告知当事人适用在线诉讼的权利义务和法律后果严格依法适用，不得突破现行法律和司法解释规定。此外，还要强化流程指引和服务，积极引导诉讼主体开展在线诉讼。三是深化技术的研发、创新和应用。最高人民法院《关于人民法院贯彻落实党的十九届四中全会精神推进审判体系和审判能力现代化的意见》的提出，加快实施《人民法院信息化建设五年发展规划（2021—2025）》，积极推进现代科技在司法领域的深度应用，提升智慧审判、智慧执行、智慧服务、智慧管理水平，实现司法审判质量变革、效率变革、动力变革。

（二）我国民事电子诉讼的司法实践情况

我国民事电子诉讼的实践，与信息社会的发展相伴而生。技术在社会生活中的运用，也逐步与司法实践相结合。在技术运用的深度和广度上，呈现出"阶段性"向"全流程"的发展模式。

1. 我国民事电子诉讼的实践历程

随着法院信息化建设特别是智慧法院建设的快速推进，我国的民事电子诉讼司法实践迅速发展。2005年，北京市朝阳区人民法院开始尝试，当事人可以将起诉材料发送到法院指定邮箱，立案庭通过电子邮件回复的形式。2017年，福建省沙县人民法院率先运用QQ聊天软件，对一起跨国婚姻案件进行了远程审理。同年，上海市第一中级人民法院率先启用远程审判系统。2015年，浙江省高级人民法院开设了"浙江法院电子商务网上法庭"，为杭州进一步成立互联网法院进行有力探索；同年，吉林省高级人民法院主导建设的"吉林电子法院"正式开通上线。2017年至2018年杭州、北京、广州先后成立了三家互联网法院，进一步促进了

"互联网+"技术和司法审判的深度融合。2018年1月,宁波地市两级法院确定为全国"移动电子诉讼试点"法院,联合腾讯公司成立全国项目组,开展移动微法院的研发、建设和探索。2019年,中国移动微法院试点范围扩大至河北、辽宁、吉林、上海等12个省辖区法院,依托微信小程序等技术手段搭建移动诉讼平台,实现审判执行系统与移动诉讼平台的有效对接,同时探索完善线上线下结合的新型案件审理模式。2020年,各级法院积极依托中国移动微法院、诉讼服务网等在线诉讼平台,全面开展网上立案、送达、庭审等在线诉讼活动,进一步推动了电子诉讼的普及和运用。

总体上,我国民事电子诉讼的司法实践呈现出以下几方面特点。一是由司法公开向全流程全方位拓展。从审判流程、庭审公开、裁判文书、执行信息四大公开平台,拓展到全流程在线程序。二是平台载体由单一维度向多元化系统化延伸。逐步形成覆盖全国法院的内外专网、移动网络和办案平台。三是诉讼形式从单一化、封闭化向多元、开放、智能化转变。电子诉讼的时间、场所、平台、交互更加灵活多样,初步形成了线上线下相互融合新形态。四是工作重点从机制创设转向社会治理。互联网法院的设立,其试点意义明显,一方面是探索建立全流程的在线审理方式,另一方面是提升网络空间的依法治理的能力。[①]

2. 我国民事电子诉讼的实践模式

民事电子诉讼中信息技术的应用一定程度上使诉讼的时空发生了转移,使案件管辖、审理程序、沟通方式都发生了改变。实践中,基于传统法院和互联网法院的差异化定位,以及各法院信息化发展水平,民事电子诉讼逐步形成了传统法院的阶段性电子诉讼模式和互联网法院的全流程电子诉讼模式。

---

① 中华人民共和国最高人民法院:《中国法院的互联网司法》,人民法院出版社2019年版,第7页。

（1）传统法院的阶段性电子诉讼模式。

主要是在软硬件上对传统法庭和诉讼各环节设施进行信息化改造，将信息技术作为一种诉讼工具，更好地服务于诉讼主体，提升各诉讼环节的便利程度，提高诉讼质效。比如，立案阶段，北京法院通过"立体化线上立案系统"提供24小时的在线立案服务；送达阶段，中国审判流程信息公开网设置电子送达专栏，方便当事人查收送达信息、在线签收电子文书；审理阶段，各地法院在疫情防控期间推动上线云法庭系统，推动网上"云法庭"建设，推动网上案件审理；卷宗流转方面，最高人民法院推动电子卷宗同步生成工作，电子卷宗正在逐步替代纸质卷宗，改变了法官的办案习惯，为全流程智慧办案打下了基础。随着相关技术的发展，传统法院逐步从阶段性电子诉讼模式向全流程电子诉讼模式转变。

（2）互联网法院的全流程电子诉讼模式。

互联网法院全流程电子诉讼模式是在传统法院阶段性电子诉讼模式基础上的进一步发展和探索。在技术支撑下，互联网法院将传统分散的信息化建设予以集成。一方面，在诉讼方式上以全流程在线审理为原则，对立案、送达、庭审、证据等具体诉讼制度流程进行优化，实现民事诉讼与信息技术的深度融合，进一步发挥技术赋能司法的作用。另一方面，互联网法院通过对涉网案件进行集中管辖，发挥诉讼纠纷解决功能的同时，发挥诉讼指引作用，通过诉讼总结归纳适合网络空间的规则和制度，为互联网空间的法治治理提供经验，创造清朗有序的网络空间。

第二节 域外民事电子诉讼发展的考察

信息化革命兴起于西方的发达国家，从20世纪90年代至今，司法活动的电子化、网络化已经形成了世界司法改革的趋势和潮流,对诉讼理念、诉讼程序产生深刻的影响。通过考察域外国家的经验做法,有助于借鉴其既有经验和做法,为我国民事电子诉讼制度的研究和实践提供参考。

一、域外主要国家民事电子诉讼发展情况

(一)大陆法系主要国家发展情况

1. 德国

德国为应对民事诉讼的电子化,颁布实施了相应的法律,并修改了民事诉讼法。从发展脉络分析,包括以下几个方面:

一是督促程序的电子化。从1982年开始,为发挥司法减负效果,德国就开始在部分州的法院试点电子督促程序。截至2007年,德国16个联邦州的法院都建立了电子督促程序。① 如今,德国普通法院每年审结150万件民商事案件(不含家事案件),而处理的督促程序却达到600万件左右。电子督促程序已然成为减轻法官负担的主要程序过滤与分流机制。②

二是法律交往的电子化。2001年8月1日生效的《关于私法和其他法律行为形式规定适应现在法律行为交往的法律》和2002年7月1日生效的《送达改革法》,两部法律使德国民事诉讼法新增加了130a条款(以下简称ZPO130a)作为法律交往电子化的基础条款。③ ZPO130a允许以电子形式向法院提交文件,是向

---

① 钟明亮:《"人工智能+在线司法确认"的实践观察与前景展望》,载《法律适用》2020年第15期,第123页。

② 周翠:《德国司法的电子应用方式改革》,载《环球法律评论》2016年第1期,第99页。

③ 2001年生效的ZPO130a条款规定:"当事人通过电子形式提交起诉状、答辩状、其他准备书状及其附件、各类请求和表示,这些电子文书必须适宜于法院处理,并且提交人必须根据《电子签名法》在电子文件上加注得到认证的电子签名。自电子文书被收件法院特定设备记录之时起,电子文书视为提交。"

民事诉讼电子化迈出的一步，但由于缺少案件卷宗电子化的配套规定，以及"认证的电子签名"具有较高的技术要求，影响了法院与当事人通过电子文件交往的便捷性，导致实践中ZPO130a适用度也受到了影响。2018年1月1日生效的《促进与法院间的电子法律交往法》（《电子司法法》）对ZPO130a、ZPO130b进一步修订，[①] 使"电子签名认证"的技术障碍得以化解，增强了法院与当事人沟通方式的安全性和便捷性。不仅法院可以向当事人进行电子送达，当事人也可进行电子提交。此外，ZPO130d对电子送达的适用人群加以设定，自2022年1月1日起，律师、官署或者公法法人递交的准备书状与资料以及应书面递交的申请和声明，均应当通过电子方式传递。这些人员或机构可借助专门的电子邮箱安全、快捷、低廉地向法院递交文书，而无须附认证后的电子签名。[②]

三是庭审方式的电子化。2001年7月27日修订的《德国民事诉讼法》，明确了关于使用视频会议系统进行辩论和询问证人的规定。[③] 如果双方同意，法院可根据申请，准许当事方及其代理人和

[①] 2018年，ZPO130a增加第三款："电子文档必须附认证过的电子签名，或由负责人签名并通过安全的途径传递"，以及在第四款中明确了德邮账户、律师和公证员的专有电子邮箱、电子法院政务邮箱、官署电子邮箱四种安全途径的方式。ZPO130b舍弃了对电子文档亲笔签名的要求："只要本法未规定须由法官、司法辅助官、书记处的书记官或法院执达员亲笔签名，而主管人员在文档末尾添加自己的姓名并加盖认证过的电子签名的，该形式的文档即可被称为电子文档。"

[②] 周翠：《德国司法的电子应用方式改革》，载《环球法律评论》2016年第1期，第104页。

[③] ZPO128a规定，如果双方同意，法院可根据呈请，准许当事方及其代理人和助理在辩论期间在其他地方进行诉讼行为。辩论应同时以视频和音频方式传送到当事方、代理人和助理在场的地方以及法庭。在双方同意的情况下，法院可以允许证人、鉴定人或一方当事人在其他地方进行讯问。讯问应以视频和音频的方式同时传送到证人或鉴定人在讯问中的地点和法庭。双方当事人代理人及助理根据第一款获准在其他地点，讯问亦将以视频及音频方式同时传送至该地点。

助理在辩论期间在其他地方进行诉讼行为。辩论应同时以视频和音频方式传送到当事方、代理人和助理在场的地方以及法庭。在双方同意的情况下，法院可以允许证人、鉴定人或一方当事人在其他地方进行询问。该规定将视频技术引入到言词辩论程序中，在缩短审理时间和降低诉讼费用等方面被寄予厚望，但实际实施效果并不理想。主要原因在于：一方面，当时技术条件在硬件上实现远程庭审还有所欠缺；另一方面，适用该条款需要双方当事人同意，限制了规定的实施。2013年11月1日生效的《加强法院程序和检察署程序中使用视频技术的法律》对 ZPO128 进行了修改，① 修订后的规定取消了双方当事人同意的前提，并赋予了法院可以依职权执行远程庭审的权利。一方面，有关电子庭审的规定适用于所有的言词辩论，而且法官可以依职权命令当事人进行电子庭审，而不再依赖于双方当事人的一致同意；另一方面，对当事人远程参加庭审和远程询问证人（或鉴定人、当事人）设定了不同的规定，对当事人可以依职权命令适用，对证人（或鉴定人、当事人）仅依申请适用。

四是法律案卷的电子化。ZPO130c 引入了具有约束力的电子表格，以及与电子递交和电子送达相适应的电子文档的保存要求。《电子司法法》对 ZPO298 进行了部分修改。一方面，确认了电子提交的文档可以通过非纸质形式保存的例外，如果不能打印准备

---

① 2013年修改后 ZPO128 第一款规定："法院可以依申请或依职权许可当事人、诉讼代理人和辩护人在言词辩论期间停留在其他地点，并在该地点实施程序行为。审理以图像和声音的形式同步向该地点和庭审房间转播。"此处所称的"程序行为"应作广义解释，也包括申请、事实主张、权利陈述以及依据 ZPO141 命令当事人到场等行为。ZPO128a 第二款规定："法院可以依申请许可证人、鉴定人或者一方当事人在讯问期间停留在另一地点。讯问以声音和图像方式同步向该地点和庭审房间转播。而且，如果当事人、诉讼代理人和辩护人依第一款第一句被许可停留在另一地点，也向该地点转播讯问。"

书状的资料或打印将引发不恰当的耗费,可以不进行打印。①另一方面,确认了电子案卷的保存形式和要求②,认可了电子卷宗对纸质卷宗的替代,进而改变法官的工作形态,推进诉讼记录及卷宗的电子化。既为通过信息技术减轻法官工作负担创造了可能,也便利了诉讼参与人及时查阅获取案件的信息。

虽然德国很早就启动了关于民事电子诉讼的改革,逐步完善电子督促、电子交往、电子化庭审和电子卷宗的法律规范,但整个发展的过程仍然较为审慎。2020年12月进行的一项由全德663名法官参与的问卷调查结果显示,约半数受访者认为,仅不到20%的案件适合视频庭审,97%的受访者不同意未来将视频庭审规定为民事诉讼的通常审理方式,并认为仅当涉及法律问题的探讨和不必举行证据调查或者针对大规模纠纷(例如航空旅客纠纷)时,才适合举行视频庭审;40%的受访者认为视频庭审最大的缺点在于更难获得对诉讼参与人本人的印象;25%的受访者认为当事人通过视频庭审更难达成和解协议;37%的受访者认为大多数当事人并不愿意进行视频庭审。也有法官在调查中对推进电子诉讼持支持态度。100名民事法官在2021年2月举行的民事法官大会上开在线研讨,其中91%的与会者赞成引入全德统一的司法网站,2/3的与会者赞同引入快速在线程序和未来继续拓展视频庭

---

① ZPO298规定:"以纸质形式保存案卷的,应当将电子文档打印出来,制作案卷。如果不能打印准备书状的资料或打印将引发不恰当的耗费,可以不进行打印。在此情形,应当持续保存这些文件,并应将存储地点记录在案。电子文档通过安全途径递交的,应当记录在案。电子文档附认证签名但并非经由安全传输途径传递的,打印件须包含如下附注:1. 对文档完整性进行审查的结果;2. 对签名进行审查的结果所显示的签名人的姓名;3. 对签名进行审查的结果所显示的提交签名的时刻。此外,电子提交的文档可以在六个月后删除。"

② ZPO298a第二款规定:"以纸质形式递交的书状和其他资料,应当各依技术现状转化为电子文档,并应当确保电子文档与所递交的书状和其他资料在图像与内容上均保持一致。如果不存在交还义务,可在转化六个月后销毁以纸质形式递交的书状和其他资料。"

审的适用，67%的与会者赞成法官不必非得待在庭审房间举行在线庭审。①

此外，德国在电子提交、电子卷宗和远程庭审等方面缺少统一的电子化系统和设备作为支持，这可能与德国法院经费实行联邦和州两级保障和管理的体制有关。由于实施两级保障，很多州一级法院相应的技术设备经费保障并不充分和均衡，因此，2020年之前德国很少在民事诉讼中举行视频庭审，也没有统一的司法网站。这亦导致许多地方的司法机构在疫情期间几近瘫痪，这一情况在各州紧急购置设备之后有所改善。

2. 韩国

韩国的民事电子诉讼制度起步较早，已经发展了十余年，发展较为全面和迅速，主要体现在以下几个方面。

一是体系化的电子诉讼立法。2010年公布实施的《民事诉讼等电子文件使用法》（以下简称"《电子诉讼法》"）规定了在民事诉讼等中使用电子文件的基本原则和程序。2011年，韩国大法院实施《电子文件在民事诉讼等中的使用规则》。该规则对《电子诉讼法》中电子文件的使用和电子系统运行的必要事项和具体实施问题进行了明确。由于《电子诉讼法》的实施需要以稳定的软硬件设施为基础，《电子诉讼法》在附件中明确了在5年内，根据诉讼类型采取分阶段的方式实施。于2011年5月2日实施专利诉讼的电子化，2013年1月21日实施民事诉讼的电子化；2013年7月29日实施家事诉讼的电子化；2013年9月16日实施行政诉讼的电子化；2014年4月2日实施破产程序的电子化；2015年3月23日实施民事执行、非讼案件程序的电子化。

---

① 周翠：《德国司法的电子应用方式改革》，载《环球法律评论》2016年第1期，第113页；周翠：《德国在线庭审的现状与前景》，载《人民司法》2021年第25期，载微信公众号"人民司法"，2021年9月10日。

二是完备的软硬件设施。在构建电子诉讼法律制度的同时，韩国也加大了各法院信息化的软硬件投入。2009年开通了诉讼文书电子管理系统，实现了诉讼文书、证据材料提交和接收的电子化。随着《电子诉讼法》的实施，在韩国高等法院、地方法院和配套民事法院建立了约450个电子法庭。在电子法庭中，不仅可以通过电脑实时获取电子记录，还可以通过光束投影仪、大型显示器等电子媒体，共享法院及诉讼各方的屏幕，让审判过程的效率和透明度大幅提升。韩国大法院通过创新诉讼程序和透明高效的电子诉讼系统来扩大司法信息共享，提供可以与公众沟通的开放司法服务。目前，《电子诉讼法》已经实施十余年，2019年底的一项统计显示，韩国的专利案件电子化率为100%，民事一审案件的电子化率达到82.3%。有调查显示，81.2%受访者认为节省了提交和送达时间；35.5%受访者认为降低了诉讼成本；25.7%受访者认为电子诉讼方式可以有效进行辩论。① 2019年，韩国在世界银行营商环境评价"执行合同"指标中排名达到世界第二，除刑事诉讼程序外，所有诉讼程序均可以实施电子诉讼，通过电子文件往来、案件电子管理、电子庭审，增加民众获得司法服务的机会，提升司法效率，提高司法透明度。

三是持续的技术创新。在实施现行电子诉讼的同时，韩国大法院也在谋划将人工智能技术引入到电子诉讼中，对系统进行升级。2016年大法院开展新一代审判事务和电子诉讼系统开发的审判事务系统诊断和改进BPR/ISP项目。该项目由60多名年龄在30岁到50岁的法官和法院官员参与，审查了法庭当前的所有业务流程，探讨实现效率和可持续性的最新IT技术，并通过在线和线下反馈提出了关于司法和效率的不同意见。此后，大法院成立了

---

① [韩]全休宰：《韩国民事电子诉讼的成果与展望》。参见成均馆大学法学院全休宰教授2021年7月在《民事电子诉讼的表现与展望十年论坛》上的发言。

一个关于司法信息化系统重组的特别委员会,以审查特别工作组的计划,并征集法官、法院书记员、诉讼当事人、学者和公众的意见。2018年对基于大数据的智能型新一代电子诉讼系统建设进行了初步可行性研究,2020年开始启动"新一代电子诉讼系统建设项目",主要包括:进一步提升便民化;摆脱非计划开发电子诉讼系统带来的复杂、冗余的工作环境;消除系统老化导致的低效运营影响;采用以大数据、人工智能为核心的新版电子诉讼系统。具体而言,该项目主要聚焦"智能综合搜索"和"智能诉讼程序指南"两个方向。"智能综合搜索"将通过机器学习技术和自然语言处理技术,改进关键词检索的不足,提升类型案件检索的准确性,为用户法律判断提供更加精准和充分的依据,并通过可视化技术展现。"智能诉讼程序指南"利用自然语言处理技术,通过聊天机器人等渠道对用户答疑,方便当事人参与司法程序。

3. 日本

日本《民事诉讼法》对于电子化的规定比较早,但并没有系统化的推动和实施。目前,立法部门已经意识到将信息技术引入诉讼程序是一个无法回避和紧迫的问题,正在加快推进相关立法的进程。主要过程如下:

1996年,日本《民事诉讼法》修订,在民事诉讼程序中引入了电话会议系统和电视会议系统。对于居住在偏远地区的当事人、证人、鉴定人以及法官认为当事人在法庭现场陈述会受到压力影响精神稳定的都可以通过电视或电话会议系统参加诉讼,进行争点整理、询问等程序。在实施过程中,电话会议系统虽然得以广泛运用,但是视频会议系统基本没有普遍运用。[①]

2004年,日本部分修改《民事诉讼法》时,在132-10条增加

---

① [日]小林学:《日本民事审判的IT化和AI化》,郝振江译,载《国家检察官学院学报》2019年第3期,第162-175页。

了可以在线提交的规定。2006年，日本在督促程序中导入了"在线督促程序系统"，以东京地方法院为试点运行，并在2010年扩展至全国。每年通过"在线督促程序系统"处理案件数量达到9万件以上。信息技术的使用提高了当事人参与民事诉讼程序的便利性。但是，由于缺少统筹推进，信息技术仅限于部分法院尝试，没有在日本全国统一实施。

2017年，日本内阁通过了《未来投资战略2017》的决议。该决议宣布"为实现迅速且有效率的审判，从审判中的程序保障和信息安全的综合角度，迅速探讨立足于当事人的立场推进审判程序等IT化的方案"。根据该决议，日本于同年10月在内阁秘书处下成立了"审判程序等信息化研究组"。该研究组负责调研并提出实现上述目标的具体实施方案。

2018年3月，审判程序等信息化研究组发布了《迈向审判程序等IT化的总结：以3e实现为目标》的报告书。该报告书结合日本国内需要和国外民事诉讼电子化的情况，提出了"e提出（e-Filing）""e法庭（e-Court）""e事件管理（e-Case Management）"的目标，并就实现该目标的方式和程序进行了设计，提出了三个阶段的实施步骤。阶段1：不需要修改法律，通过现有设备开展电子化探索。阶段2：修改相关法律，在制度上确保电子化的实现。阶段3：在修改法律的同时，对系统和设备进行整体实施，实现民事诉讼程序的全面电子化，全面实现"e提出""e法庭""e事件管理"的目标。

2018年6月，日本内阁通过《未来投资战略2018》的决议，成立"民事审判程序信息技术研究委员会"。该委员会经过15次会议研讨，于2019年12月发布了《民事审判程序等信息技术研究会报告书——面向民事审判程序的信息技术化的实现》，为实现"三个e"的目标，从起诉、案件管理、远程审判、电子文件提交、电子送达、口头辩论、管辖、简易程序等多个角度研究讨论了民事诉讼程序电子化的问题,并在法律规范和具体实施层面提出了解决方案。①

2020年2月,日本立法会第186次会上,时任法务大臣森雅子提出:"民事诉讼制度应顺应信息技术对社会经济发展带来的变化,重新审视电子化提交、诉讼记录、远程审判等相关制度,并进行法律修订工作。"日本立法会成立了专门委员会,从2020年6月起以基本上每月一次的速度进行调研和审议,形成了《关于修订民事诉讼法等的临时草案》,并向公众公开征求意见。截至2021年11月,已经召开20次会议进行审议。②

(二)英美法系主要国家发展情况

1. 美国

美国的电子诉讼起源于20世纪70年代。1970年《联邦民事诉讼规则》(Federal Rules of Civil Procedure,以下简称FRCP)三十四条,允许在发现程序中提出收集计算机中的电子信息。到了20世纪90年代,在美国联邦及各州民事诉讼中使用电子数据已经成为普遍的一种诉讼形式。在规则方面,《联邦民事诉讼规则》在电子提交、电子送达、远程审判等方面对民事电子诉讼程序进行了规范,主要包括以下几个方面。

一是电子送达。美国法院可以实施电子送达,但以征得当事人的同意为前提③。电子送达的范围不仅包括一般的诉讼材料,判

---

① [日]小林学:《日本民事审判的IT化和AI化》,郝振江译,载《国家检察官学院学报》2019年第3期,第162-175页。

② 参见:日本立法会-民事诉讼法(IT)小组委员会公开信息主页https://www.moj.go.jp/shingi1/housei02_003005.html,2022年2月7日访问。

③ [FRCP§5(b)(2)(E)]中规定:"如当事人书面同意,以电子方式发送,发送服务完成,但如服务方得知未送达送达人,则无效。"

决也可以实施电子送达。①

二是电子提交。各地方法院可以根据自身的规则，实施符合国家技术标准的电子提交行为。② 对于"律师代理"的当事人，除非法庭以正当理由允许其提交纸质文件，或者法院规则允许或要求这种方式，否则必须采用电子方式。③ 在律师代理的情况下，联邦法院系统的所有审级法院强制实施电子归档，使电子诉讼的优势最大化。但在本人诉讼的情况下，情况则不同，法庭命令或法院规则允许以电子方式提交，或者法庭命令或法院规则设置合理的例外规定，规定只有在义务性地提交电子文件的情况下才能进行电子归档。

三是电子送达期间的特别规定。对于电子送达的期间计算，设定了比传统送达更长的期间计算方式。④

四是远程作证和庭审。FRCP§43（a）规定："在审判中，证人的证词必须在公开法庭上进行，除非联邦法规、联邦证据规则、这些规则或最高法院采用的其他规则另有规定。在令人信服的情况下，有充分的理由，并有适当的保障，法院可以允许同时从不同地点传播，在公开法庭上作证。"该条规定，除非《联邦法令》

---

① ［FRCP§77（d）（1）规定："在作出命令或判决后，书记员必须立即按照第5（b）条的规定，通知送达缺席的各方。书记员必须把服务记录在案卷上。任何一方也可按第5（b）条的规定送达入境通知。"

② ［FRCP§5（d）（3）］中规定："电子归档、签名或验证。根据地方规则，地方法院可以允许通过符合美国司法会议制定的技术标准的电子方式提交、签署或核实文件。只有在允许合理的例外情况下，地方规则才可能要求提交电子申请。根据地方规则以电子提交的文件是本规则的书面文件。"

③ 2018年修订FRCP§5（d）（3）规定，对于"律师代理"的当事人，除非法庭以正当理由允许其提交纸质文件，或者法院规则允许或要求这种方式，否则必须采用电子方式。

④ ［FRCP§6（d）］中规定："当一方可以或必须在送达后的指定时间内采取行动，并根据第5（b）（2）（C）（邮件）、（D）（离开职员）或（F）（经同意的其他方式）送达时，在第6（a）条期限到期后增加3天。"

《联邦证据规则》《民事诉讼规则》和最高法院通过的其他规则另有规定,证人的证词必须在公开的法庭上进行。在紧急情况有正当理由且有适当保护手段的情况下,法院可以在其他地点以实时传送的方式在公开的法庭上作证。以出席公开法庭作证为原则,但例外允许在其他远程地点作证。在出现"紧急情况(compelling circumstances)""正当理由(good cause)",并具备"适当保护手段(with appropriate safeguards)"要求的情况下,当事人同意在远程视频庭审中出庭,或法院通过发出强制证人在实施远程视频庭审的法庭出庭的传票(subpoena),来执行远程视频庭审程序。各州法院层面设置了类似 FRCP§43(a)的规定,允许远程作证。

一方面,2019 年起美国的常规审判无法进行,因此除了陪审团参与的案件外,仅由法官进行的审判根据上述条款广泛使用了视频审判。联邦最高法院通过电话会议的方式进行口头辩论,联邦上诉法院、纽约州法院、加州法院、得克萨斯州法院、佛罗里达州法院等运用了远程视频审判方式。另一方面,根据美国宪法修正案第一条认可的宪法公开审判原则,一般是通过相应法院的网站或 YouTube 等网站以实时流媒体的方式向国民公开视频审判过程。特别是在得克萨斯州,为一审法院及法官提供官方 YouTube 账号,在得克萨斯州法院流媒体服务网站上,以法官姓名字母顺序上传 YouTube 账号的方式,方便公众实时播放自己所希望的法官审判或观看已经登记的视频审判。

在信息系统保障方面,美国联邦法院已经建立了一个统一的案件管理/电子案件系统(Case Management/Electronic Case Files system,下文简称 CM/ECF),通过 CM/ECF 实现电子文件的提交、送达和交换。CM/ECF 于 1996 年在俄亥俄州北部地方法院实施,并于 1997 年底在密苏里州西部地方法院、纽约州东部地方法院和俄勒冈州地方法院开展了试点项目。2001 年联邦破产法院、

2002年的地方法院和2004年的联邦上诉法院实施之后,逐步在全国范围内实施。2008年,联邦法院启动开发升级后的新一代案件管理/电子案件档案系统(Next Generation of CM/ECF),并于2012年完成开发。截至2019年底,所有上诉法院、32家地方法院和31家破产法院已经完成NextGen CM/ECF系统的过渡,约62%的联邦法院在2019年使用了NextGen CM/ECF系统。2021年,已经有94个联邦地区法院和13个上诉法院将转换为NextGen CM/ECF系统。

2. 英国

英国民事诉讼中电子信息技术的使用比美国迟缓。[①] 为了克服司法程序成本高、效率低下的问题,英国法院通过司法改革,推动诉讼的电子化。[②]

2015年2月,在由Richard Susskind教授担任主席的ODR咨询小组建议提交给民事司法委员会的报告"低价值民事索赔的在线争议解决"中,建议司法部"法院与裁判所事务局(HMCTS)"应建立基于在线网络的新型法院,即英国在线法院(HMOC)。[③] 这种"低价值民事索赔的在线争议解决法庭服务"将分为三个"层级":一是"在线评估",将帮助用户识别他们的问题,了解他们的权利和义务并了解他们可用的选项;二是"在线协助",由辅助人员在线组织当事人查阅文件,组织调解或为其诉讼提供答疑和帮助,引导当事人达成和解,促进纠纷的线上化解;三是"在线裁判",法官通过在线方式对提交的电子文档进行审查,通过远

---

① https://www.infolaw.co.uk/newsletter/2019/06/online-court-digitisation-justice/;https://www.gov.uk/guidance/the-hmcts-reform-programme#modernising-now-to-build-a-solid-foundation-for-the-future,2022年2月7日访问。

② https://www.judiciary.uk/reviews/online-dispute-resolution/odr-report-february-2015/,2022年2月7日访问。

③ https://www.infolaw.co.uk/newsletter/2019/06/online-court-digitisation-justice/,2022年2月7日访问。

程音视频会议系统进行开庭，并作出具有拘束力的裁决。在线审判相较于传统法庭成本更低，进一步减轻了当事人的经济负担。①

2015年7月，英国上诉法院的布里格斯大法官接受委托，为司法部（HMCTS）推行法院改革提供支持，组建研究团队，并于2015年12月发布了《民事法院结构改革中期报告》。同时，公开征集各方意见，并在此基础之上，于2016年7月发布《民事法院结构改革最终报告》。报告提出了英国在线法院的设计理念，主要包括三个方面。一是合理的诉讼成本。在线法院应立足于降低当事人的诉讼成本，即使当事人不聘请律师，也可以获得公平正义。二是革新规则。在线法院应当结合在线诉讼的特点，制定独立的规则，在线法院也应当是一座全新建制的法院。三是分步实施。在线法院应当秉持先行先试的理念，通过试点的探索，逐步加以推广。②

2016年9月，HMCTS发布了《改革我们的司法系统》的报告。报告中提出，为了保持司法系统在世界上的引领作用，应通过改革引入信息技术和流程。政府致力于投资超过7亿英镑用于法院和法庭的现代化建设。具体措施包括：一是通过开发独立的系统，在刑事、民事、家庭等领域引入强大的文件和案例管理系统，取代当今高度低效的文件归档系统，帮助当事人了解自身的权利，提高诉讼效率。二是通过在线方式进行听证。根据案件需要，对于小额诉讼等案件通过在线方式进行听证和审理。三是电子化方式指导诉讼。通过设计清晰、简易的表格，引导当事人明晰自己的诉讼请求，并通过在线方式提交，促进当事人在没有律师的情况下参与诉讼解决纠纷。在民事审判中，将民事金钱索赔

---

① 江和平、蒋丽萍译：《英国在线法院发展报告（节选）》，载微信公众号多元纠纷解决机制，2015年12月30日发布。

② ［英］布里格斯勋爵：《生产正义方式以及实现正义途径之变革——英国在线法院的设计理念、受理范围以及基本程序》，赵蕾译，载《中国应用法学》2017年第2期，第47-55页。

的整个过程实现自动化和数字化,用数字工作取代纸质和邮寄,建立1万至2.5万英镑之间索赔纠纷的快速审理程序,改进小额索赔案件的解决速度。① 随后HMCTS启动了50多个项目,通过信息技术的运用改善法庭和法庭服务,实现了当事人在线申请和管理案件、在线进行听证、在线进行民事小额赔偿案件、在线申请民事执行案件等功能。② 2019年5月,英国上议院公布了《法院和法庭(在线程序)法案》③。该法案旨在通过创建一个在线程序规则委员会,来确保在线司法符合当事人的需求,并改进用户体验。从实践情况看,英国电子诉讼的成效已经初步显现,在1万英镑以下的民事快速索赔程序中,一年时间收到了近60000份申请,平均只需10分钟就可以启动索赔程序,而传统程序则需要15天才能完成,④ 极大提升了程序效率,用户满意度达到87%。⑤

3. 新加坡

1997年,新加坡开始探索使用电子文件提交系统(EFS:Electronic Filing System)。该系统主要功能是电子化立案和文件提交服务。该系统提供新加坡最高法院和初级法院的电子立案服

---

① https://www.gov.uk/government/publications/transforming-our-justice-system-joint-statement,2022年2月7日访问。

② https://www.gov.uk/guidance/hmcts-reform-programme-projects-explained#civil-family-and-tribunals-projects,2022年2月7日访问。

③ https://www.gov.uk/government/news/even-more-people-set-to-benefit-from-online-court-reform;https://bills.parliament.uk/bills/2397;https://assets.publishing.service.gov.uk/government/uploads/system/uploads/attachment_data/file/799299/catop-factsheet.pdf,2022年2月7日访问;https://www.lawworks.org.uk/sites/default/files/onlinecourtsbill%20%281%29%20%283%29.pdf,2022年2月7日访问。

④ https://www.gov.uk/government/news/even-more-people-set-to-benefit-from-online-court-reform,2022年2月7日访问。

⑤ https://assets.publishing.service.gov.uk/government/uploads/system/uploads/attachment_data/file/799299/catop-factsheet.pdf,2022年2月7日访问。

务。从 2013 年开始，新加坡对电子文件提交系统进行了升级改造，开发了新的综合电子诉讼系统（Integrated Electronic Litigation System 即 eLitigation）。综合电子诉讼系统（eLitigation）比电子提交系统更加便捷、安全和人性化。通过该系统，可以实现网上立案、法庭文件查询、电子送达、确定开庭日期等，提高了司法效率，促进了接近正义的实现。

2017 年，在进行充分调研基础上，首席大法官宣布开展未来法院建设（COTF：Courts Of The Future），通过计算机辅助、视频通讯、数据处理等技术应用于申请前、听证会和听证会后的全部流程。

2019 年，为了统筹法院的信息化工作，新加坡成立了转型与创新办公室，负责协调新加坡法院的技术转型和创新工作，旨在缩小司法与当事人在空间、资源和认知上的差距，促进接近正义的实现。

2020 年，为应对疫情，随着安全距离的要求和居家工作安排的增加，新加坡法院大力培训和推动在线进行远程听证会。同时，加强技术安全措施，避免出现故障和错误。

在未来发展方面，新加坡法院希望通过人工智能等技术在三个领域进一步发挥作用。一是促进接近正义。通过 AI 技术，帮助当事人明确诉求，指引当事人举证，辅助提交法律文书，以及胜诉可能性评估。二是促进争议解决。通过 AI 技术，根据既有和解案例进行识别，评估案件和解的可能性，提出可能的解决方案，帮助当事人在和解过程中达成一致。三是辅助法官审理案件。在法官审理前，通过 AI 技术识别相似案例、审理要点、上诉的要点、证据情况、可能的裁判结果，供法官在审理案件时参考。①

---

① 新加坡大法官艾迪·阿布杜拉（Aedit ABDULLAH）2021 年 9 月 3 日在韩国司法政策研究院召开"电子诉讼十年、回顾与展望"专题讨论会上的发言，载韩国司法政策研究所网站：https：//jpri.scourt.go.kr/post/postList.do? lang＝ko&menuSeq=12&boardSeq=8&search=&searchName=&researchYears=&pageNum=2&curPage=10，2021 年 12 月 4 日访问。

二、域外民事电子诉讼发展的比较与借鉴

通过考察上述六个国家民事诉讼电子化发展情况可以看出，不同国家的理念和做法既有一致性也有差异性。通过比较分析，可以对域外民事电子诉讼发展的有利经验加以借鉴。

（一）域外民事电子诉讼发展的比较分析

1. 域外民事电子诉讼发展的理念共识

在司法应对社会技术发展的理念上，各国具有较高的一致性。从各国司法实践看，发展电子诉讼已经成为大势所趋，主动迎合数字化、信息化发展潮流，借助科技改良司法，各国具有较高的一致性。不论是大陆法系还是英美法系国家，都在持续改进本国的诉讼制度和司法设施，以适应信息社会的司法需求。在实施过程中，各国主要通过渐进的方式发展。有的国家先就某类案件进行探索，有的国家先在某一地区进行探索，待运行成熟后，再进行更大范围的推广。

2. 域外民事电子诉讼发展的实施差异

在具体电子诉讼实施的方式上，大陆法系国家与英美法系国家之间存在较为明显的差别。规则层面，大陆法系国家更加注重对电子诉讼规则的建构，对于电子送达、电子交往、远程庭审等，在实施前先对相关法律规范进行修订或单独立法，确保电子诉讼与传统诉讼制度之间的有效契合。英美法系国家在电子诉讼中保留了普通法系的特点和习惯，没有制定单独的电子诉讼法，在传统民事诉讼规则基础上，进行个别规则的调整和完善。实施层面，大陆法系更加强调诉讼规则的规范有效适用，所以对于电子化运动过程中可能与规则出现冲突的情况（如德国对提交材料电子签名的要求，严重影响电子化交往的效率），会优先修改法律规范，

再进一步适用。英美法系国家,在具体实施过程中由于没有专门的规范限制,实施过程更加灵活。

(二) 域外民事电子诉讼发展的经验借鉴

虽然不同法系国家的电子诉讼实施方式不一,但在立法和实践层面均具有一定的参考价值,可以在我国民事电子诉讼建构过程中加以借鉴。

1. 理念层面

德国发展电子诉讼旨在促进诉讼经济与诉讼效率;① 日本旨在实现迅速且有效率的审判;② 韩国旨在实现民事诉讼的高效化、透明化和便利化;英国、美国和新加坡则主要以促进接近正义、解决纠纷和促进审判为目标。整体而言,理念上促进实质正义、司法效率和司法公开等价值追求具有较高的一致性和参考性。

2. 立法层面

大陆法系国家的民事电子诉讼立法经验,对我国具有参考意义,具体包括以下几个方面:一是对民事电子诉讼规则进行专门立法;二是对民事电子诉讼案件进行分步适用,对有利于适用的案件(如韩国优先适用专利案件)先行先试,逐步推广;三是保障当事人程序选择权,对于民事电子诉讼的适用以当事人同意为前提,但是对于律师等特别参与主体,可以强制适用。

3. 实施层面

从各国经验看,民事电子诉讼的发展和有效实施,一方面,

---

① 周翠:《德国司法的电子应用方式改革》,载《环球法律评论》2016 年第 1 期,第 98-114 页。
② [日] 小林学:《日本民事审判的 IT 化和 AI 化》,郝振江译,载《国家检察官学院学报》2019 年第 3 期,第 162-175 页。

需要立法的完善；另一方面，国家对电子诉讼的软硬件设施的保障也至关重要。韩国、美国、英国、新加坡等国家成立专门的部门用于推动电子诉讼的技术实施和保障，并投入了专门的资金用于技术的开发和实施，在试点先行先试后，在国内各法院广泛推广，对民事电子诉讼制度目的的实现，起到了重要的保障作用。此外，韩国、日本、新加坡等国家对于 AI 等新技术在电子诉讼中的运用持积极态度，对于司法及时适应技术发展起到了推动作用。

（三）域外民事电子诉讼发展的范式分析

从范式理论视角下观察，域外国家的范式选择呈现出以下几方面特点。

1. "服务型"电子诉讼范式成为普遍共识

在民事诉讼范式下观察，不论是大陆法系还是英美法系，当事人主义已经成为德、日、英、美等主要国家的范式基础。在民事电子诉讼实践中，域外多数国家会优先保障当事人的诉讼权利和诉讼地位不因电子化的诉讼程序而被削弱，突出服务和便利当事人的基本功能。如果电子诉讼实施过程中，一些措施与服务当事人相冲突，这些措施也会难以实施和执行。

2. 英美法系国家对技术融合的范式普遍持"积极"态度

美国、英国、新加坡等英美法系国家，同大陆法系国家相比，在诉讼程序的实施中更加灵活，加之这些国家信息化起步较早，对于技术融合持"积极"态度。一方面，在诉讼程序中，通过技术的运用，方便庭审和当事人的交流；另一方面，在充分保障当事人程序选择权的基础上，积极推广和运用。

3. 大陆法系国家对技术融合的范式观念不一

虽然大陆法系国家也普遍认同电子诉讼的发展趋势和服务作

用,但是对于技术融入的范式存在观念差异。笔者认为,这主要与大陆法系成文法的法律传统有关。从各大陆法系国家对技术融合实施情况看,一般都会先修改法律,在法律中对技术融入的方式加以确认后再加以实施。

从德国、日本的实践情况看,"保守"的实施方式虽然避免了技术融合中的违法风险,但也存在两方面的弊端,阻碍了电子诉讼的发展。一是立法程序繁琐导致立法周期过长,立法停留在反复讨论的阶段,导致实践中不能将技术加以运用。比较典型的是日本,虽然从国家层面很早就确立了技术融合的目标,但由于对民事诉讼法的修改仍在进行中,相关工作进展缓慢。二是立法不能适应技术场景和司法现实,导致立法难以实施或被修改。比较典型的是德国电子提交中对于电子签名的要求,基于真实性和安全性的考量导致实施程序过于繁琐,不能实现便利当事人的基本目标,此后在法律修订中进行了调整。

从韩国的实践情况看,虽然也是立法先行的实施步骤,但其选择了更加"积极"的技术融合范式,值得学习和借鉴。一是采取"原则性单独立法+详细解释"立法模式。通过对电子诉讼进行单独的立法,确立电子诉讼行为的法律效力。对于具体的立法内容作出较为原则性的规定,对于具体实施中的问题由最高人民法院制定规范加以明确和细化。这种方式既可以赋予电子诉讼实施的法律效力,也避免修改《民事诉讼法》的繁琐程序,还可以保证规范的灵活性和适应性。二是采取"积极分步融入"的实施策略。在立法中,按照先易后难的顺序,对不同类型案件适用电子诉讼程序设定了不同的实施日期,确保诉讼主体可以逐步适应和接受电子诉讼行为,也为技术融入过程中的问题处理保留了空间。

第三节 我国民事电子诉讼的主要困境

我国民事电子诉讼虽然在理论上已经产生了一些研究成果，在司法实践中各地也进行了多种探索尝试，收获了很多经验，但在民事诉讼体系中民事电子诉讼仍然属于新领域、新事物、新阶段，在理论研究、制度规范、实践观念以及技术保障等方面仍存在着诸多困境，需要观察和研究的时间。因此，只有对民事电子诉讼进行体系化的梳理和研究，才能对民事电子诉讼中存在的问题更加有针对性地加以破解。笔者尝试结合民事电子诉讼的理论研究和实践发展现状，对当前民事电子诉讼的主要困境进行剖析，力图使当前民事电子诉讼的问题更加体系化，为系统破解困境和难题树立标准。

一、民事电子诉讼的理论困境

（一）理论概念不统一

研究对象的确定性是理论研究的前提条件。民事电子诉讼作为近些年民事诉讼法学领域的"新生事物"，虽然学界对其有较高的研究兴趣和热情，但以"民事电子诉讼"作为研究对象的相关概念、内涵、外延缺乏共识，导致研究对象不统一、不聚焦。虽然当下很多研究成果都涉及"民事电子诉讼"的范畴，但由于研究视角不同，对概念和对象的界定并不统一：有的研究从制度本身出发，研究"电子诉讼及相关制度"；有的从司法主体出发研究"电子法院""智慧法院""智慧司法""互联网法院"；有的从技术融合角度出发，研究人工智能、大数据、区块链等新兴技术对民事诉讼的智能化、信息化、数据化的影响。虽然相关研究基于不同的视角,可以对民事电子诉讼进行多维度的观察,也存在着研究内容的交叉和递进,但由于研究对象的概念、内涵和外延不统一,导致相关研究成果难以进行有效对话形成合力。如本书第一章所阐释,对于民事电子诉讼的体系化研究,首先要统一研究的概念,对既有的研究对象进行梳理,对研究对象的定义、内涵、外延进行初步界定,并形成初步的共识,在此基础上,对民事电子诉讼相关内容的研究才能形成叠加效果。

(二)理论体系不完整

系统的理论研究需要以明确的研究目标为导向,并基于完整的研究体系展开。当前关于民事电子诉讼研究对象多样、研究角度不一,导致研究目标不够清晰。研究是发现问题、分析问题、解决问题的过程,但是如果研究目标不清晰,可能会导致研究的重点不突出,问题重心出现偏差,进而减损了研究价值,甚至浪费学术资源。笔者认为,从逻辑上分析,民事电子诉讼的研究目标和研究体系,应当分为四个层级。

第一层级是民事电子诉讼必要性层面的研究,即民事电子诉讼的目的论和价值论。虽然在司法实践中,民事电子诉讼已经全面展开,发展民事电子诉讼已经成为理论界和实务界的共识,但是对于民事电子诉讼的目的、价值,以及在理论上期待实现的目标仍不清晰。在传统民事诉讼转型过程中,不是所有场景都能有效适用电子诉讼的方式解决民事纠纷。哪些具有适用的必要,哪些不具有适用的必要,适用电子诉讼需要遵循哪些基本原则,需要在理论上加以划定。

第二层级是民事电子诉讼概念层面的研究,即民事电子诉讼的本体论。只有在确定研究的本体,划定范围的前提下,民事电子诉讼的理论研究才能更加有效地产生学术观点上的互动和创新。

第三层级是民事电子诉讼可行性层面的研究,即民事电子诉讼认识论。虽然技术的发展,为民事诉讼的电子化带来了更多的可能,但在民事电子诉讼制度的设计和实施前,仍然需要对制度的可行性进行充分评估。哪些制度具有可行性,哪些制度不具有可行性,具体评价的标准是什么,需要进一步研究和界定。

第四层级是民事诉讼电子化操作性层面的研究,即民事电子诉讼实践论。当前对于民事电子诉讼的研究,多在这个层面集中讨论民事诉讼传统理论与电子化结合,以及规则层面民事电子诉讼的实现问题。具体还应当分类讨论,一方面要讨论传统民事诉讼制度的电子化的协调,另一方面要讨论基于技术运用产生的新制度的实现。

民事电子诉讼在上述四个层级还缺少体系性的研究,特别是对于各层面问题的研究还缺少观念性的共识,因此需要对各个层级中的关键问题进行梳理,确立共识基础的前提下,构建完整的民事电子诉讼理论体系。

(三)研究方法不全面

民事电子诉讼作为法学与技术的交叉领域,对其进行研究不仅需要法学的研究方法,还需要考虑技术发展的理论和规律。单一方面的研究,难以深入分析信息社会背景下民事诉讼的变化,也难以全面分析其未来发展趋势。因此,在研究过程中,需要从法学和技术两个维度加以分析,综合运用两个学科的研究方法,才能对具体的问题有更加清晰、全面、准确的认识。当前对于民事电子诉讼的研究由于研究主体主要为传统民事诉讼法学学者,其研究方法也以法教义学研究方法为主,多从传统民事诉讼的概念、理论、规范出发,讨论电子化的可能性。由于我国民事电子诉讼的发展主要以司法实践为先导,也有部分学者使用实证研究的方法,对民事电子诉讼的实证问题进行研究。此外,技术是民事电子诉讼发展的重要前提和保障,对于民事电子诉讼的研究,还应当运用技术发展的理论,分析民事电子诉讼发展中的问题。规范法学、实证法学、科技理论和方法是研究民事电子诉讼的"工具箱",单一的研究方法,难以全面分析民事电子诉讼制度构建和发展中面临的困境。

二、民事电子诉讼的规范困境

(一)规范的正当性困境

民事电子诉讼在实践和发展进程中展现出强大的生命力。关于民事电子诉讼发展首先应当解决其合法性和正当性的问题。由于技术在民事诉讼中的发展和运用存在较大变化,因此,当前民事电子诉讼规范的正当性主要通过司法政策和司法解释的方式实现。由于《民事诉讼法》的相关规定在立法时没有充分考虑技术发展对民事诉讼方式的影响和冲击,导致司法解释解决其正当性的空间十分有限。[①] 法律的滞后性对民事电子诉讼的正当性冲击将随着民事电子诉讼的发展和新技术的运用愈发明显。司法实践中,急需对民事电子诉讼的正当性问题,在规范层面提出应对方案。

从当前立法和司法实践情况看,有三种方式来巩固民事电子诉讼的正当性基础。一是对现行《民事诉讼法》进行修订。通过对司法解释、司法政策中运行较为成熟的内容,以法律形式进行确认。但从立法层面,《民事诉讼法》的修订工作周期较长,难以对实践中的制度创新作出及时回应。此外,《民事诉讼法》立法的实践基础是传统方式的民事诉讼,如何在概念、体例和规范上结合电子诉讼进行调整,需要充分的研究和论证。二是制定民事电

---

① 张卫平:《民事诉讼智能化:挑战与法律应对》,载《法商研究》2021年第4期,第16-30页。

子诉讼的特别程序法。对现行的司法解释和审理规范在法律效力上加以确认。这种方式可以解决修改《民事诉讼法》存在的立法基础冲突的问题，但立法周期仍然会比较长，难以解决法律滞后性的问题。三是由全国人大常委会授权最高人民法院制定民事电子诉讼的试行规则，[①] 通过立法程序授权，解决正当性问题，同时最高人民法院作为推进民事电子诉讼的主要机构，可以在工作开展过程中，随时作出调整，实现规范的灵活性。

（二）规范的有效性困境

同传统民事诉讼相比，民事电子诉讼主体的行为空间和交流方式已经发生了重大改变。诉讼行为空间从实体空间转变为虚拟空间，交流传递信息的方式从传统的书面方式转变为电子信息。这种转变必然会与传统民事诉讼规范的价值和原则产生冲突，并造成规范与行为之间的紧张关系，影响了规范实施的有效性。

一是规范的价值平衡问题。实践中，民事电子诉讼的效率价值已经得到凸显，但在具体规范的实施中可能会对传统诉讼中当事人的程序权利造成冲击。比如，要求网上提交诉讼材料，对于证据材料较多的当事人可能带来的不是便利而是负担；以提升效率、减少在途时间为目的的在线庭审，可能由于技术条件的限制，影响庭审效果；在线庭审由于缺少参与渠道方式，难以保障案外人的旁听权利等等。如果当事人的程序利益由于技术原因造成贬损，且贬损利益超过技术为当事人带来的程序收益，电子诉讼带来的程序效益就会受到影响，需要从整体上进行平衡和考量。

二是基本原则的契合问题。民事诉讼基本原则贯穿于民事诉讼的全过程，是民事诉讼基本价值要求的体现和落实。一方面，

[①] 张卫平：《民事诉讼智能化：挑战与法律应对》，载《法商研究》2021年第4期，第19页。

民事电子诉讼应当受制于基本原则的制约。民事电子诉讼可以对具体制度加以调整和变化，但不能挑战和动摇基本原则，否则就会削弱具体规范的效力。因此，民事电子诉讼规范如何遵循平等原则、辩论原则、处分原则、诚实信用原则等基本原则以及民事案件审理中的直接审理原则、言词原则、公开原则等，需要加以分析和研究。另一方面，虽然民事电子诉讼发展丰富了实践的具体情况，但还需要丰富民事诉讼原则的内涵，更加有效地指导规范，提升制度规范的有效性。

三是具体规则的体系化问题。民事电子诉讼规则除了需要在正当性上获得立法上的确认外，还应当建构完整的规则体系。《人民法院在线诉讼规则》首次构建了诉讼全流程的在线诉讼规则体系，但该司法解释还应当结合民事诉讼程序，与现行民事诉讼法做好体系化的衔接和延伸，提升民事诉讼对新技术加以融合的适应性。

三、民事电子诉讼的技术困境

技术保障是民事电子诉讼实施的前提和基础，在民事电子诉讼实施过程中，信息技术的安全性、公平性、经济性是实施过程中不可忽视的重要问题。实践中，这些虽然已经得到重视，但仍面临着多重挑战，需要梳理研究并提出对策。

（一）技术风险困境

技术风险主要指在民事电子诉讼过程中，由于技术保障存在漏洞，导致当事人在行使权利过程中，自身权益受到侵害的风险。

一是技术保障的安全性风险。民事电子诉讼的实施高度依赖技术公司的服务和保障。在技术公司深入介入的同时，如何确保司法数据和信息的安全性，既要防止外部原因导致的信息和数据泄露（比如网络攻击、数据窃取和非法的数据爬虫），也要防止内部信息的不当使用（外包公司的不当使用），需要构建完整的信息安全制度体系加以保障。

二是技术操作的可靠性风险。民事电子诉讼的实施需要依托技术手段实现，对于操作流程的设计是否可靠、便捷，关系到当事人诉讼权利的实现。这需要对操作流程进行周密的设计，避免出现利用程序漏洞冒名诉讼、身份盗用、虚假诉讼的风险。

三是信息使用的规范性风险。在民事电子诉讼实施过程中，必然会收集使用涉及当事人的数据和信息，其中，一部分属于公众信息可以被公众知悉（开庭公告、裁判文书公开），一部分属于个人信息、个人隐私或商业秘密；有些需要被其他国家和机构共享（如失信被执行人信息、涉及犯罪的线索），有些仅限在诉讼过程中使用（当事人提交的证据、当事人在法庭中陈述的个人隐私）。如何规范界定不同信息和数据的使用范围、方式和保护程度，事关当事人权利的保障，需要加以明确和规范。

（二）技术伦理困境

技术伦理是指科技创新活动中人与人、社会和自然的思想和行为准则，其划定了科技工作者在工作中应恪守的价值观、行为规范和社会责任。2019年，国家新一代人工智能治理专业委员会发布《新一代人工智能治理原则——发展负责任的人工智能》，从和谐友好、公平公正、包容共享、尊重隐私、安全可控、共担责任、开放协作、敏捷治理8个方面提出了伦理规范。民事电子诉讼推进过程中，对于技术的开发和运用，应当也遵循相应的伦理要求。在当前实施过程中，学界和实务界对以下几个问题较为关注：

一是数字鸿沟问题。数字鸿沟是指现代信息工具的不同拥有者之间在信息可及性上的差异，体现了技术获益在分配上的不均衡。① 随着民事电子诉讼相关系统功能的愈发全面，使用方式也更加复杂。这对于部分参加诉讼群体会造成障碍。一方面，对于不具有电子诉讼硬件条件的主体，如何在程序设置上保障其选择权；另一方面，对于具有硬件条件但缺少诉讼能力的主体，如何对其加以保障，弥补技术壁垒产生的鸿沟，使其也能享受到电子诉讼带来的程序利益，这需要在制度设计和程序开发中加以考量。

二是算法正义问题。在民事诉讼向智能化、数据化转型过程中，一些技术场景需要通过大数据和算法加以实现，比如面向法官的类案推送、裁判偏离度预警、面向当事人的裁判结果预判分析等。这些场景和应用都需要基于大数据和人工智能算法加以实现。现实的问题是，一旦相关技术的结果运用于司法实践之中，就关系到当事人的切身权益和实体正义。那么从程序上分析，在使用技术产生的结论前，应当明确以下几个问题：一是数据是否客观、全面；二是算法是否科学；三是结论是否准确并合乎情理。如果没有制度层面的保障机制加以确认，那么技术在民事诉讼中的繁荣将是"虚假"的，将直接减损其价值，也会对民事诉讼的中部分技术应用的公正性产生挑战。

三是技术侵权问题。好的制度需要好的实施才能发挥出制度价值，民事电子诉讼在推进过程中，还应当防止被不当使用。特别是在技术层面，要防止技术上对当事人诉权的侵害，比如系统操作缺少详细说明和解答，导致系统无法实现诉讼行为，再如故意设置技术障碍拖延立案、规避公开开庭等损害当事人诉权，等等。对于此类问题，应当在技术开发过程中加以充分考量，加以防范。同时，要设置救济方式，充分保障权利的救济。

---

① 王悠然：《多角度思考数据科学与数字鸿沟》，载中国社会科学网，http：//ex.cssn.cn/hqxx/202108/t20210823_5355115.shtml，2022年2月7日登陆。

（三）技术效益困境

制度的建构和实施都需要一定的社会投入和成本，民事电子诉讼制度也是如此。特别是在技术层面，需要投入大量的人力、物力、财力将相关的诉讼行为电子化。因此，需要在实施过程中及时对相关技术的收益情况加以评估，节省社会资源，实现更高的社会效益。其中，应重点关注以下几方面问题。

一是需求回应问题。技术的开发和使用的前提是提出明确需求。现有技术开发以法院和技术公司为主导，有些功能没有充分回应民事诉讼参加人的实际需求，给当事人的使用造成障碍，有的功能操作需要法官新增很多额外的信息输入工作，[①]加重了法官的工作负担。

二是信息孤岛问题。由于民事电子诉讼的信息化开发工作不可能通过一次开发就可以完成，实践中往往是分阶段、分功能、分系统逐步进行开发和迭代。有时不同的系统分属于不同的技术公司实施，导致系统之间信息不能共享，形成信息孤岛，对数据的整合和深度开发运用造成了一定的障碍。

三是重复开发问题。基于先行先试的推进思路，民事电子诉讼由各地法院率先尝试。实践中，不可避免地出现重复开发的问题，同样的程序功能各地法院都开发独立的系统，并没有有效地集成和推广，造成重复开发和资源的浪费。

四是评价缺失问题。随着法院信息化建设的推进，依托于技术支持，在民众体验和对外宣传上，民事电子诉讼的制度取得了极大成效。可不容忽视的一个问题是，在取得收效的同时，也付出了巨大的成本。成本与收益如何进行评估，有助于整体

[①] 刘艳红：《大数据时代审判体系和审判能力现代化的理论基础与实践展开》，载《安徽大学学报（哲学社会科学版）》2019年第3期，第97页。

上评估民事电子诉讼的经济效益。同时，建立一套科学的评价体系，有利于对不同地区、不同法院进行横向比较，提升资源的利用效率。

综上，通过考察我国民事电子诉讼的理论和实践发展情况可以看出，我国民事电子诉讼的研究已经形成了一定的理论积累，并且在司法实践中开展了多种探索和尝试。民事电子诉讼的必要性和可行性已经逐步被接受。在未来的纠纷解决中，民事电子诉讼的重要性将愈发凸显已经成为共识。但从民事电子诉讼的发展方向看，我国民事诉讼还在理论、规范和技术应用中存在诸多困境。笔者认为，在范式视角下，这些困境产生的原因，主要在于民事电子诉讼仍处于起步阶段，不论是理论还是实务对于这个"新生事物"，还没有形成共识基础。如果用范式的发展阶段进行评估，还处于前科学时期。按照范式理论，民事电子诉讼的快速发展和上述问题的系统化解决，需要从"前科学"向"常规科学"阶段转变，在一定的共识基础上，凝聚理论和实务资源，实现范式的目标。由此，我国民事电子诉讼的发展，应当确立自己的范式模式，并在此基础上，对理论和制度中的问题进行系统化的解决。

第四节　民事电子诉讼的范式选择

一、民事电子诉讼范式的影响因素

为系统化解决民事电子诉讼发展中遇到的困境和问题，前文基于主体地位关系和技术融合关系对民事电子诉讼进行类型化内容分析，可以确立"积极服务型""保守服务型""积极管理型""保守管理型"四种建构的模式类型。民事电子诉讼范式的确立，是系统化解决问题的前提和基础。民事电子诉讼范式确立过程中如何对模式类型进行取舍和选择，需要进一步分析范式的影响因素，作为模式选择和范式确立的基础。

从范式视角下观察，我国民事电子诉讼规范和实践还停留在一种范式混同的状态，没有形成清晰明确的范式类型。例如：《人民法院在线诉讼规则》第二条明确了公正高效、合法自愿、权利保障、便民利民、安全可靠的基本原则；第八条规定了人民法院、特邀调解组织、特邀调解员可以通过诉讼平台、人民法院调解平台等开展在线调解活动；第十一条规定了当事人提交电子化材料确有困难的，人民法院可以辅助当事人将线下材料作电子化处理后导入诉讼平台；此外，在电子诉讼的司法实践中，法院通过电子化方式提醒当事人答辩、举证，也体现了积极运用电子化技术服务保障当事人行使诉讼的"积极服务型"范式行为。

与此同时，司法实践的很多做法具有鲜明的"积极管理型"范式的色彩。比如，有的法院为了推动案件的调解，对于网上立案的案件，未经当事人同意直接进入多元调解程序，在系统中也未设置当事人程序选择和转换的选项，当事人如果希望转换程序，仍然要到法院现场提出，如此设置虽然便于法院的管理，但是变相增加了当事人的负担。再如，有的法院在推动电子送达的过程中，采用"弹屏短信"等方式，强制当事人接受信息，对此种送达方式及其效力引发一定的争议，在提升送达管理能力的同时，对当事人的诉权也产生了一些消极影响。

因此，我国需要根据民事电子诉讼的范式影响因素，确立自身的范式类型和发展方向。

笔者认为，民事电子诉讼的范式影响因素可以从三方面加以考量：首先，从内容和性质上分析，民事电子诉讼是民事诉讼的一种新形态，其本质仍是一种基于国家强制力为基础的纠纷解决制度。因此，民事诉讼的范式对民事电子诉讼范式具有基础性的影响作用。其次,从理论形式上分析,民事电子诉讼范式应当在理论上符合"范式"的基本特点。"范式"具有两个最主要的特点:一是一定程度的公认性;二是具有理论上的整体性。因此,当前对于民事电子诉讼问题的体系化共识对民事电子诉讼内容和发展方向具有决定性的影响作用。最后,从内容特性上分析,民事电子诉讼是技术与制度的融合,不论是技术还是制度都存在社会环境中,都不是孤立存在的个体,技术和制度的融合也不仅是两套系统的简单相加,在融合过程中必然会受到经济、社会观念、文化观念等外部环境因素的影响。因此,外部环境因素也应当作为范式建构的考量重要因素。民事电子诉讼的范式需要在综合分析传统民事诉讼范式、当前民事电子诉讼问题共识以及民事电子诉讼外部环境的基础上进行选择。

(一)传统民事诉讼范式的影响

传统民事诉讼范式在诉讼模式的统一性概念基础上,以当事人诉讼行为和法院审判行为的关系为观察切入点,确立了模式的内涵、划分标准、与具体制度的关系。通过对我国民事诉讼的模式类型、选择和转型方向进行分析,确立了由法院主导型诉讼体制向当事人主导型诉讼体制的转型目标。由于民事电子诉讼本质仍是一种基于国家强制力为基础的纠纷解决制度,仍具有民事诉讼的基本属性,因此民事电子诉讼的发展导向应当在民事诉讼的范式下展开。对于法院与当事人关系之间的基本立场,应当是强化和发挥当事人的主导作用,逐步减少审判权对诉权的干预。在确立当事人主导立场的同时,也要考虑到我国当前民事诉讼的现实,民事电子诉讼的范式建构应当结合传统民事诉讼的范式目标和当前的模式转型现实进行类型化选择。民事电子诉讼模式的建构既不意味着与传统民事诉讼的范式目标保持绝对的同步,也不意味着当下民事诉讼现实具有完全的契合性，应当从有利于实现民事诉讼电子化的目标的角度，在当下与长远之间寻找平衡点。

（二）民事电子诉讼共识性问题的影响

范式的公认性要求研究的基本问题具有理论上的共识性。范式的整体性要求范式的基本内容具有体系性和完整性。在范式体系具有公认性和完整性的前提下，研究和讨论的问题对学科领域发展才具有更加有效的推动作用。因此，民事电子诉讼的范式应当对问题进行体系化的分析，并将问题的主要共识作为确立民事电子诉讼范式的观点基础。前文已经从观念、理论、制度、技术四个层面对民事诉讼电子化转型过程中的问题进行了梳理，有的问题学者们已经达成了较为一致的共识，有的问题由于研究的立场、视角不同，还没有形成统一的观点。

在观念层面，树立"以当事人为中心"的基本理念，已经成为普遍接受的共识。这一共识的确立，主要还是受到民事诉讼范式下，民事诉讼的发展应当向当事人主义转型观念的影响。但对这一基本理念的理解，目前研究并没有形成统一的意见，什么是以"当事人为中心"的民事电子诉讼、应当具备哪些特征、法院在其中介入的程度等，并没有清晰认识，需要在范式建构中加以考量。

在理论层面，既有研究可以概括为本质论、目的论、价值论、原则论四个方面，关注的重点是技术和电子化的运用对于理论的具体影响，哪些应当作出适应以及如何作出适应。关于理论适应主要是基于"实践立场"出发的反应和应对，而不是基于"基本范式立场"进行的创设和延伸。因此，需要在共识性问题的基础上，进行反向推演，发现范式类型的理论逻辑。

在制度层面，既有研究包括构建的整体过程和具体内容两个方面的问题。制度构建的整体过程主要涉及对正当性、结构性和适用模式的统筹。范式的类型划分会对整体制度产生结构性的影响，这种影响直接决定了范式对制度和实践的指导作用的发挥。因此，应当将制度构建过程中正当性、结构性和适用模式的问题作为范式类型的考量因素。在制度构建的具体内容方面，涉及受理、交往、证据、庭审等多方面的程序，整体可以归结为操作层面的技术融合问题。这些问题应当作为范式建构过程中需要考量的具体因素，作为验证范式有效性的实践素材基础。

在技术层面，主要涉及既有技术的保障实施和新兴技术的创新引入。这两方面的实现，直接影响技术融合的速度、深度、广度和效果，应当作为范式理论和制度建构中考量的重要因素。

（三）民事电子诉讼外部环境的影响

当今世界正在经历一场前所未有的信息革命，信息技术与各行业的不断深入融合推动着互联网应用的飞跃发展，深刻改变了人们的生活、社会和经济面貌。在技术与社会生态系统互动的过程中，会对环境、社会和人类观念产生影响。这些影响甚至超过技术设备和实践自身的直接目的。民事电子诉讼就是适应和应对这种环境变化而产生的，其建构的过程也必然受到这种外部环境的影响。在民事诉讼领域，可以概括为数字化社会变革、多样化纠纷场景、数字正义观念三个方面影响。

1. 数字化社会变革

随着网络化、数字化、智能化的发展，信息资源的处理逐步转变为智能计算机软件识别和处理。智能互联网对传统社会各行业进行改造，催生出信息的经济关系和社会关系并引发社会形态的变革。主要表现为三个方面。

一是双层空间、虚实同构。技术不仅拓展提升了人类物理空间的活动能力，还创设出了一个虚拟化的数字空间，形成了物理世界与数字世界的双重空间形态。两种空间相互影响、相互嵌入、相互塑造，形成了虚实同构的行为样态，基于线上/线下融合发展的业态和商业模式，既深刻改变了人们的生产生活方式和社会关系，也产生了新的纠纷样态，带来了新的问题、机遇和挑战。

二是人机协同、智能互动。人工智能带来的技术革命，一定程度上颠覆了人与工具的关系，使机器可以"类人化"操作，智能互联网将人的行为和认知与机器融合在一起，进而引发了法理上关于法律主体、法律责任、权利关系等方面的变革与冲击。

三是算法主导、数字生态。在算法主导的数字时代，人类置身于大数据的环境之下，人类的行为在算法下产生数据，形成了以算法为核心、以信息和数据为资源、以网络为基础平台的数字生态。在这种新的数字生态下，数据和信息成为重要的新型资产，塑造了以数据和算法为基础的新型法权关系。

以上三方面的变革，产生了新的经济、社会和法律关系，新型关系逐步并对传统关系加以替代、覆盖甚至颠覆，对传统法律体系和法律制度也带来很大的冲击和挑战。①

2. 多样化纠纷场景

社会中必然有纠纷存在，为了解决民事纠纷，对权利进行救济，国家设立了民事诉讼制度。传统民事诉讼制度产生于传统的物理世界，其理论和实践的发展也基于物理世界的社会制度和观念。信息化社会中，民事纠纷既产生于物理世界，也产生于数字世界。两个世界的民事纠纷是否适用相同的诉讼理论和规则进行处理，是信息化社会中司法必须回应的问题。基于信息化的理论模型和当前已经开展的司法实践，民事诉讼的信息化存在三种纠纷场景变化。

---

① 马长山：《智能互联网时代的法律变革》，载《法学研究》2018年第4期，第30页。

一是民事纠纷产生于数字世界，并在数字世界中解决。主要体现在数字世界中不同主体的权利冲突、秩序的维护以及诉讼制度的重构。在数字世界中，权利形态主要呈现为数字化的数据和信息，数字权利的产生，使诉讼主体、诉讼标的、诉讼的证明、诉讼程序等都会在虚拟的数字空间中发生变化。在数字世界与物理世界中的争议有何不同，诉讼是否为最为合适的争议解决方式，诉讼的标的发生什么样的变化，证明的标准和方法如何在系统中数字化实施，诉讼的程序如何数字化进行等一系列问题需要在民事电子诉讼范式的建构中加以考量。

二是民事纠纷产生于物理世界，借助于数字世界的技术解决。主要体现在物理世界中的民事诉讼借助信息化的技术来提升诉讼的质效，以达到更好的诉讼效果。例如：在庭审中应用网络直播技术，更好地实现司法公开；借助技术对裁判文书进行大数据分析，避免同案不同判，保障裁判的既判力；将电子通信技术应用于送达和庭审中，提升诉讼主体之间的沟通效率；区块链、可信时间戳技术在证明中的使用，提升证据的真实性和时效性。实践中，民事电子诉讼的既有经验对民事电子诉讼范式的建构具有重要的参考意义。

三是民事纠纷产生于数字世界，在物理世界解决。主要是在数字世界向物理世界的逆变换过程中产生的纠纷。此类纠纷与数字世界和物理世界均发生联系，需要分析厘清其类别和特点，明确适用的理论和程序加以解决。比如，电子商务的模式具有多样性，民事主体、民事行为在物质世界和数字世界之间反复作用时产生的纠纷，应当通过哪个场景下的民事诉讼制度加以解决；在民事电子诉讼范式建构过程中，需要理论上进行界定和厘清。

3. 数字化正义观念

在数字化社会变革和多样化纠纷场景下，纠纷解决如何实现正义成为新的命题，使"数字正义"的观念得以产生和发展。①"数字正义"观念，旨在厘清科技如何产生纠纷，致力于运用技术解决和预防纠纷的产生。技术的发展和运用，为"接近正义"运动目标的实现提供了重要的支持。通过技术的辅助，可以提升纠纷处置的效率，降低解纷成本；通过人工智能和算法的运用，可以提升争议解决程序的自动化程度，为"接近正义"提供了技术助力。② 我国的民事电子诉讼司法实践中，通过新技术的运用，使司法逐步呈现出智能化新样态，进一步重组物理空间的资源，提升资源使用效率，破解正义实现的困境，实现"数字正义"的迭代。③ 民事电子诉讼的范式建构，应当考量"数字正义观"的期待和要求，注重技术的运用，纠纷的解决和预防，促进正义的"接近"和"实现"。

二、"积极服务型"范式的成因分析

民事电子诉讼类型化的内容分析和影响因素分析，为民事电子诉讼的范式选择提供了内容基础和分析基础。通过类型化分析，可以形成范式内容的选择类型。通过影响因素分析，可以明确范式类型的内容考量因素。在此基础上，进一步对民事电子诉讼范式的内容进行分类，并明确范式的实现路径和具体的建构思路。

（一）"积极服务型"范式的基本内涵

在类型化内容和影响因素分析的基础上，从范式内容的类型

---

① [美]伊森·凯什，[以色列]奥娜·拉比诺维奇·艾尼：《数字正义——当纠纷解决遇见互联网科技》，赵蕾、赵精武、曹建峰译，法律出版社2019年版，第75-80页。

② [美]伊森·凯什，[以色列]奥娜·拉比诺维奇·艾尼：《数字正义——当纠纷解决遇见互联网科技》，赵蕾、赵精武、曹建峰译，法律出版社2019年版，第64-65页。

③ 马长山：《迈向数字社会的法律》，法律出版社2021年版，第186页。

上分析，民事电子诉讼应确立为"积极服务型"的范式类型，其基本内涵可以概括为：通过积极主动加强理论和实践层面技术的融合和运用，强化诉权保障、审判权监督和司法服务，推动诉权在诉讼中的主导地位，促进纠纷解决并实现"数字正义"。积极主动加强理论和实践层面技术的融合和运用是基本特征，也是民事电子诉讼制度区别于传统民事诉讼制度在实现方式上的主要差异。强化诉权保障、审判权监督和司法服务是主要方式，也是技术作用于民事诉讼制度过程中的主要内容。推动诉权在诉讼中的主导地位，促进纠纷解决并实现"数字正义"，是民事电子诉讼实现的最终目的。

(二)"积极服务型"范式确立的原因

"积极服务型"民事电子诉讼范式的成因主要包括以下几个方面。

1. "服务型"范式与民事诉讼范式转型方向相契合

民事电子诉讼作为民事诉讼在信息社会的新的纠纷解决形态，其范式内容应当与民事诉讼的范式发展方向相一致。技术的运用应当对诉权保障发挥积极作用，而不能相背而行。民事电子诉讼实施过程中，司法机关作为主要的设计者和推动者，不免站到自身的立场对电子诉讼的实际操作系统和操作流程进行设计，容易导致系统虽然提升了诉讼的经济性和便利性，但主要获益者是司法机关而非当事人，甚至可能出现加重当事人负担的情形。这种情况应当在民事电子诉讼理论和实践之初避免，否则民事电子诉讼的发展将会与民事诉讼的转型方向相冲突。因此，应当通过"服务型"的范式类型，明确民事电子诉讼发展的基本方向和立场。

2. "积极型"范式与民事司法现实发展情况相适应

通过前文考察我国民事电子诉讼的发展历程，可以清晰地看出,顶层设计层面正在积极推动民事诉讼与技术的深度融合和运用。一方面,这与我国信息化社会整体发展相关,司法作为社会制度的重要组成部分,必然会受到信息化的影响;另一方面,这与我国司法面临的现实问题也有密切联系。疫情刺激了公民通过电子诉讼进行纠纷解决的现实需求,法院也希望借助技术手段,提升司法效率和司法效果。特别是智慧法院建设的深入推进,全国的法院都已经在"先行先试"的政策导向下开展了一段时间的探索,也取得了一定成效。"保守型"的技术融合观念显然难以满足当下司法对电子诉讼发展的现实期待。

3. "积极服务型"范式具有较为成功的经验和范例

通过考察域外主要国家民事电子诉讼发展过程发现,大陆法系国家中德国、日本初期选择了"保守型"的技术融合范式,韩国选择了"积极型"的技术融合范式。通过近十年的发展和相互对比,韩国的电子诉讼取得了显著成效,而德国、日本在诉讼中的技术融入和适用上进展缓慢。近些年,德国和日本也逐步意识到诉讼程序与技术发展的脱节,并逐步转变观念,强化技术的融入和运用。

4. "积极服务型"范式符合"数字社会"发展趋势

从社会发展趋势角度观察,信息化和数字化社会发展进程是不可逆的。数字化社会背景下会产生新的"数字正义观",需要司法加以保障。加大技术的投入,主动融入数字社会的新形态,有利于发挥司法的能动作用,提升社会治理效能,增强人民群众在数字社会场域中对公平正义的获得感。

综上,我国民事电子诉讼的范式需要与传统民事诉讼范式转型方式相契合,秉持"服务型"的范式模式,为技术作用于民事诉讼制度提供方向指引。智慧法院的快速推进构成了"积极型"民事电子诉讼范式实践共识,《民事诉讼法》的修改和相关司法解释的出台,确立了在线诉讼行为与传统诉讼行为具有同等的法律效力,形成了技术融入司法的制度共识。数字化社会变革和多元化的纠纷场景已经从外部环境上对技术融入诉讼制度形成了一种倒逼,成为一种外部环境的驱动力。在多重因素的作用下,我国应当确立"积极服务型"的民事电子诉讼范式。

三、"积极服务型"范式的建构思路

民事电子诉讼范式内容的确立,也使民事电子诉讼范式的实现思路得以逐步清晰。民事电子诉讼范式建构过程,就是从理论、制度、技术等多个维度向"积极服务型"的民事电子诉讼模式进行转变的过程。确立范式建构的基本步骤,应当从以上维度对范式建构的思路进行分析。

(一)"积极服务型"范式建构的基本内容

民事诉讼的电子化过程是对民事诉讼理论、制度作出的系统性调整,涉及与既有基本理念、基本理论、具体制度的适应和协调,应当借鉴民事诉讼体制转型的经验和方法,从宏观视角对民事诉讼电子化进行观察,通过范式理论方法,对主要问题进行体系化的建构,形成一定的范式体系。在此基础上,对具体问题加以研究和展开。这种研究思路使转型的路径更加清晰,有利于聚焦关键问题,并对具体问题加以系统化的处理和解决。范式理论通过在共识基础上对一个学科或研究领域的理论、准则和方法进行限定,可以突出研究问题的本质,聚焦研究的资源,产生良性的互动。

在民事诉讼领域,关于诉讼体制和模式的研究是范式思维的典型运用。民事诉讼体制(模式)的讨论,从仅仅围绕当事人与法院在诉讼中的关系问题,逐步向民事诉讼基础理论和具体制度延伸和展开,理论资源在这一范式下得以聚合和互动,并推动了理论研究的创新和司法实践中问题的解决。范式思维的成功运用,

可以为民事诉讼电子化转型提供方法论意义上的指导和参照。从实施路径看，范式思维主要包括两方面内容。

一是共识性问题基础上范式的确立。在理论问题相互交叉、实践问题不断演变的过程中，对问题进行梳理和整合的基础上，形成问题共识，在问题共识的范围内分析建构基本的范式类型，并结合内部和外部的多重影响因素对范式类型进行选择，明晰范式的主要内容。前文中通过对民事电子诉讼的主体地位关系和技术融合态度的分析，基于民事诉讼范式、司法实践和数字社会的发展观念等共识，确立了"积极服务型"的范式类型，明晰了我国"积极服务型"的范式的主要内涵。

二是范式基础上的体系化建构。在确立我国"积极服务型"的范式类型和内涵基础上，对民事电子诉讼的理论和实践问题进行系统化梳理和观察，构建与范式相契合的理论体系和制度体系。理论体系应当以民事诉讼理论体系为基础，重点聚焦于范式背景下的理论适应问题。制度体系应根据司法实践情况，重点梳理制度体系与技术实践的协同与融合问题。此外，在理论适应和技术融合中还应结合范式对技术融合立场进行观察，确立"积极"的技术融合观。基于建构的理论体系、制度体系，对相关具体问题进行系统化分析和研究，确立范式建构的基本思路，发挥范式的指导作用，对具体问题的解决作出指引。

（二）"积极服务型"范式建构的基本思路

"积极服务型"范式建构的基本思路可以包括以下几个方面。

1. 理论适应的基本思路

民事电子诉讼理论对民事电子诉讼范式的建构和实现具有基础性指导意义，需要在民事诉讼电子化过程中的问题共识基础上，结合民事电子诉讼范式建构的基本模式进行体系化的梳理和续造。具体可以从基本理念和具体理论两个层面展开。在基本理念层面，不论是传统民事诉讼还是民事电子诉讼，已经形成了"以当事人为中心"的基本共识。民事电子诉讼场景下如何对"以当事人为中心"进行理解，如何与"人民中心""司法为民"等政策进行联系和对接，进而指导制度建构和司法实践，需要进一步研究和考察。在具体理论层面，围绕"目的论""价值论""基本原则"中的理论共识展开，以适应"积极"技术融合的民事电子诉讼为导向，丰富民事电子诉讼目的内容，调整价值考量，并对基本原则的内涵进行丰富和完善，最终形成"积极型"民事电子诉讼范式理论体系。

2. 制度协同的基本思路

民事电子诉讼制度是民事电子诉讼范式建构的具体内容，对民事电子诉讼实践具有规范作用。具体可以从制度实施和制度建构两方面展开，实现民事电子诉讼制度与传统民事诉讼制度的系统化协同。在制度实施层面，以司法实践中智慧法院建设为主要内容，目前已经形成"积极"的推进态势，需要对实施过程的协同性进行考量，完善积极稳妥的制度推进模式。在制度建构层面，由于我国仍处于法院主导型的民事诉讼体制环境下，应注意避免"以当事人为中心"的理念在具体制度设计和实施中的变形和异化，防止形成名义上"服务"当事人，实际"管理"当事人的制度样态，实现"积极服务型"民事电子诉讼制度的实效化。

3. 技术融合的基本思路

技术是民事电子诉讼范式实现的关键因素，技术保障和赋能的支持作用，决定了民事电子诉讼理念的贯彻和民事电子诉讼制度执行的效果。当前司法实践对于技术融合和赋能表现出较高的期待性，并表现出"积极"接纳和尝试新技术的基本态度。对于技术保障建构基本思路，融入与理论适应和制度协同过程中，在技术实施层面保障制度落地，实现"管理"模式向"服务"模式的根本性转变，更加凸显技术的高效、便利赋能优势和服务优势。

总之,"积极服务型"民事电子诉讼范式建构的基本思路可以从理论适应、制度协同、技术融合三个方面展开。在理论适应层面,将"以当事人中心"理念共识的意涵具体化,在具体理论建构中,实现"保守型"向"积极型"的转化,以更加开放和包容的立场,为技术融入民事诉讼制度提供理论支持。在制度层面,继续秉持"积极"的实施立场,在具体制度构建过程中,防止以"管理型"制度替代"服务型"制度的情形,实现"服务型"制度的实在化。在技术融合层面,在理论适应和制度协同过程中,要以"积极"的态度引入新技术,规范化探索技术赋能的可行性,为"服务型"制度做好技术保障,推动制度实施的高效、便利和精细化。

综合本章所述,在国家实施网络强国、"互联网+"行动、大数据战略、人工智能等重大决策的战略导向,强化网络社会空间治理的需要,以及人民群众更加多元化、便捷化、个性化的诉讼需求的大背景下,我国司法机关主动作为,推进信息技术与法院工作的融合,将信息技术应用于法院业务工作中,促进审判体系和审判能力的现代化,为民事电子诉讼制度的构建和实施创造了技术条件和政策条件。特别是在新冠疫情影响下,电子诉讼的推进速度加快,也使当事人和法官逐步适应了线上诉讼的新趋势。

从域外国家民事电子诉讼的发展情况看,"服务型"电子诉讼范式成为普遍共识。电子诉讼推进过程中,如果一些措施与服务当事人相冲突,将会难以实施和执行。对于技术融合的态度,两大法系国家在观念上存在差异。美国、英国、新加坡等英美法系国家,同大陆法系国家相比,诉讼程序的实施更加灵活,加之这些国家信息化起步较早,对于技术融合持"积极"态度。大陆法系囿于成文法的法律传统,技术融合实施过程一般都会先修改法律,在法律中对技术融入的方式加以确认后再加以实施。

我国民事电子诉讼虽然在理论上已经产生了一些研究成果,

在司法实践中各地也进行了多种探索尝试，收获了很多经验，但在民事诉讼体系中民事电子诉讼仍然属于新领域、新事物、新阶段，在理论研究、制度规范、实践观念以及技术保障等方面仍存在着诸多困境：在理论层面，存在理论概念不统一、理论体系不完整、研究方法不全面等问题；在规范层面，存在规范正当性和有效性的问题；在技术层面，存在着技术风险、技术效益、技术伦理等问题。

民事电子诉讼范式的确立，是系统化解决问题的前提和基础。民事电子诉讼的范式影响因素应当从三方面加以考量。其一，民事电子诉讼虽然是民事诉讼的一种新形态，但其本质仍是一种基于国家强制力的纠纷解决制度，因此，民事诉讼的范式对民事电子诉讼范式具有基础性的影响作用。其二，民事电子诉讼范式应当在理论上符合"范式"的基本特点。"范式"具有一定程度的公认性和理论上的整体性的显著特点。因此，当前对于民事电子诉讼共识性问题的研究，对民事电子诉讼内容和发展方向具有决定性的影响作用。其三，民事电子诉讼是技术与制度的融合，不论是技术还是制度都存在社会环境中，并不是孤立存在的个体，技术和制度的融合也不仅是两套系统的简单相加，在融合过程中必然会受到经济、社会观念、文化观念等外部环境因素的影响，因此，外部环境因素也应当作为范式建构的重要考量因素。

综上，我国民事电子诉讼应当确立"积极服务型"的范式模式。其确立主要有四方面的考量。其一，"服务型"范式与民事诉讼范式转型方向相契合。民事电子诉讼作为民事诉讼在信息社会的新的纠纷解决形态，其范式内容应当与民事诉讼的范式发展方向相一致。技术的运用应当对诉权保障发挥积极作用，而不能相背而行。其二，"积极型"范式与民事司法现实发展情况相适应。通过考察我国民事电子诉讼的发展历程，可以清晰看出顶层设计层面正在积极推动民事诉讼与技术的深度融合和运用。其三，"积极服务型"范式具有较为成功的经验和范例。其四,"积极服务型"范式符合"数字社会"发展趋势。数字化社会背景下会产生新的"数字正义观",需要司法加以保障。加大技术的投入,主动融入数字社会的新形态,有利于发挥司法的能动作用,提升社会治理效能,增强人民群众在数字社会场域中对公平正义的获得感。

在确立我国"积极服务型"的范式类型和内涵基础上,需要对民事电子诉讼的理论和实践问题进行系统化的梳理和观察,构建与范式相契合的理论体系和制度体系。理论体系应当以民事诉讼理论体系为基础,重点聚焦于范式背景下的理论适应问题。制度体系应根据司法实践情况,重点梳理制度体系与解决技术实践的协同融合的关键性问题。在理论适应和技术融合中还应结合范式对技术融合立场进行观察,确立"积极"的技术融合观。基于建构的理论体系、制度体系,对相关具体问题进行系统化分析和研究,确立范式建构的基本思路,发挥范式的指导作用,对具体问题的解决作出指引。

第四章　民事电子诉讼范式的理论适应

民事诉讼理论是关于民事诉讼法的制定、运用相关的系统性认识和论述。科学的民事诉讼理论应当是对民事诉讼法制定、运用规律的认识和论述，是人们长期以来民事诉讼实践活动的经验总结和概括[①]，可以把握实践规律性，指导人们的实践活动，成为实践的行动指南，避免摸着石头过河，做到事半功倍。[②] 如前文所述，从传统民事诉讼范式和当前民事电子诉讼问题共识出发，"积极服务型"民事电子诉讼范式是与当下理论和实践现实相适应的民事电子诉讼发展的模式。"积极服务型"民事电子诉讼范式的建构和实现，首先需要在理论层面展开分析，使民事诉讼理论与范式目标相适应。为此，应当确立理论适应的基本理念，框定适应原则和边界，使调整的过程既不突破传统民事诉讼的价值基础，也不削弱民事电子诉讼研究的共识基础。在此基础上，对涉及调整的具体理论内容进行梳理，按照"积极服务型"民事电子诉讼范式的建构目标，进行适应和优化。

[①] 张卫平：《法学教育与研究方法论》，法律出版社2017年版，第3页。
[②] 张卫平：《我国民事诉讼法理论的体系建构》，载《法商研究》2018年第5期，第112页。

第一节　基本理念的确立

在概念上，"理念"常与"观念"相互联系。"观念"是指人们对事情的主观与客观认识的系统化集合。"理念"是建立在概念的基础之上的，是通过概念这个逻辑形式在人脑中所构成的一种理论框架，也可以说它是观念的结合或重构，是一种更高级的思维形式。因此，理念是对观念理性化的结果，比观念更具有系统性、共识性和指导性。从理念的概念出发，民事电子诉讼的基本理念基于长期理论研究和制度实践中形成的观念基础之上，并对建构过程中的理论以及制度具有重要的指导作用。①

一、民事电子诉讼基本理念的确立基础

民事电子诉讼是技术与传统民事诉讼相结合的新的诉讼形态，既受到传统民事诉讼理念的影响，也与民事电子诉讼实践中的观念和经验相联系。因此，确立民事电子诉讼范式建构的基本理念，应当以传统民事诉讼的基本理念和民事电子诉讼的观念共识为基础。

（一）传统民事诉讼的基本理念

从法院主导型诉讼体制向当事人主导型诉讼体制转型是传统民事诉讼范式最基本的模式特征。虽然，在转型过程中，采用"当事人主义"还是"协同主义"在理论概念的界定、标准的划

---

① 张凯：《证据制度的完善思路与网络虚拟社会的和谐——以电子证据规则为视角》，载《河南师范大学学报（哲学社会科学版）》2007年第5期，第115页。

分、制度的运作等方面还存有认识上的差别，但在基本理念上，弱化法院在诉讼中的主导作用，保障当事人诉权转型的目标已经确立，并已经形成了一定的共识。由此模式转型过程应当秉持的理念应当是：程序的本位性、自治性、契约性和协同性。①

1. 程序的本位性

程序的本位性指的是在逻辑上诉讼程序保障诉讼结果正义性的决定性作用。程序的本位性更加强调和突出程序的自身独立价值。在程序本位视角下，审判是一个理性的论证和辩论过程，获得公正审判的权利具有其独立的内在价值。这种内在价值表现为，公正程序能够营造出当事人之间、当事人与法官之间顺畅对话的制度空间，同时使当事人充分参与诉讼成为真正意义上的程序主体。② 与程序本位相对的理念是程序工具主义，强调程序法的价值源于实体法的价值，程序的作用是最大限度保障实体法的实现。当前民事诉讼范式的模式转化，也是程序工具主义向程序本位理念转化的结果。

2. 程序的自治性

程序的本位性虽然对民事诉讼范式转化在观念层面提供理论支撑，但程序本位论没有解决，起码没有正面解决的问题是：程序本位所体现的独立价值，应当如何通过制度加以体现？由此，有理论认为，在诉讼过程中需要秉持程序自治性的理念并加以实现。李浩教授、刘敏教授认为：程序的自治性体现在司法程序对于裁判结果的确定性作用。法官的裁判必须且只能按照司法程序遵循法律进行，不应受到任何外界干扰，不能先定后审走过场，

---

① 汤维建：《理念转换与民事诉讼制度的改革和完善》，载《法学家》2007年第1期，第81页。

② 邵明：《现代民事诉讼基础理论：以现代正当程序和现代诉讼观为研究视角》，法律出版社2011年版，第56页。

未经参与的审判人员不得影响裁判。① 汤维建教授认为，程序的自治性体现在当事人相对于法院而言的诉讼主体地位，当事人应当主导诉讼程序，程序自治体现在当事人主导诉讼结果的正当性的赋予前提和基础。综上，程序的自治性在基本理念上体现了诉讼程序对于法院的约束，以及凸显对当事人程序权利的保障作用。

3. 程序的契约性

诉讼契约系大陆法系理论中的概念。日本三月章教授认为，诉讼契约系指在发生诉讼法效果的当事人合意。② 日本林田学教授认为，诉讼契约系裁判以外的当事人间具有诉讼法效力之合意。③ 张卫平教授认为，诉讼契约是指当事人采取协议的形式实施的诉讼行为。④ 程序契约体现了诉讼中当事人的自治和处分权。当事人在诉讼中的主体地位，不仅体现在对抗方面，也体现在两方的合意上。诉讼契约具有综合性的内涵，体现在实体法、程序法、证据法等多个方面。⑤ 在实体法层面，其主要体现在处分原则中，如诉讼和解契约；在程序法层面，其主要体现在管辖契约、撤诉契约、不起诉契约、程序选择契约等；在证据法层面，其主要体现在辩论原则中，如自认契约、证据限制契约、委托鉴定并受鉴定结论约束的鉴定契约，等等。综上，程序契约理念对诉讼法公法性质产生了直接的冲击，从原则和制度上强化了当事人的主导地位，缩限了法院职权干预的空间。

---

① 李浩、刘敏：《新编民事诉讼法学》，中国人民公安大学出版社2003年版，第13页。
② ［日］三月章：《日本民事诉讼法》，汪一凡译，五南图书出版公司1997年版，第329页。
③ ［日］林田学：《民事诉讼法》，早稻田出版社1986年版，第404页。
④ 张卫平：《民事诉讼法教程》，法律出版社1998年版，第61页。
⑤ 汤维建：《论民事证据契约》，载《政法论坛》2006年第4期，第76页。

4. 程序的协同性

"协同主义（Kooperationsmaxime）"起源于德国，从古典辩论主义发展而来。古典辩论主义是自由资本主义发展的产物。在诉讼中，体现为当事人形式上的无差别平等，包括机会平等及武器对等。秉持古典辩论主义的诉讼程序，裁判所依据的基础资料由当事人提出，法院不予以干预和影响。与古典辩论主义对应，协同主义建立在垄断资本主义时期出现的社会性诉讼观基础上。社会性诉讼观由奥地利民事诉讼法学者克莱恩（Klein）提出，其理论的关注点是当事人之间的不平等以及民事诉讼中的公共利益。① 协同主义追求法院与当事人之间协作互动的社会诉讼观，更注重实质平等，以求更好地实现民事诉讼的效率与公正。②

在我国民事诉讼范式下，从法院主导型诉讼模式向当事人主导型诉讼模式转型是基础性的范式共识。但实现转型的方式存在两种不同的观点：一种观点是基于"辩论主义"，认为应当对标"当事人主义"模式的理想目标，果断从"职权主义"向"当事人主义"转型。另一种观点认为应当基于我国国情和司法现实，实行折中式的转型，在理念上从"职权主义"向"协同主义"转变。虽然两种观点在模式实现的路径和理念上存在差异，持第一种观点的学者对"协同主义"能否具有独立性和操作性提出质疑，但也认同转型过程中需要考虑保障诉讼过程的实质平等、保护弱者的"修正的辩论主义"，并且需要考量我国现阶段的政治权力框架、国家治理理念以及政府、权力在中国社会的特殊情形。③

---

① 任重：《民事诉讼协动主义的风险及批判——兼论当代德国民事诉讼基本走向》，载《当代法学》2014年4期，第112页。

② 杨严炎：《论民事诉讼中的协同主义》，载《中国法学》2020年第5期，第291页。

③ 张卫平：《改革开放以来我国民事诉讼法学的流变》，载《政法论丛》2018年第5期，第15页。

在当事人主义转型过程中，协同主义作为缓和当事人主义的诉讼类型，已经得到理论界和实务界的认可。协同主义中，当事人仍居于主体地位。协同主义指的是对辩论主义的补充，并对诉讼资料提出的原则进行了修正。法官的提示不构成对当事人主体地位的削弱和干预，而是可以在法官的引导下，更加精确地表达自己的主张。① 因此，从当前我国民事诉讼的实际出发，程序的协同有利于缓解诉讼过程中的激烈对抗，通过法官与当事人之间的协同合作，使诉讼过程更加体现人文关怀。此外，程序的协同有利于促进法律交往，以及不同主体之间的信息沟通，使法官的裁判更容易得到当事人的理解和认同，也有利于维护司法权威。② 当事人主义和协同主义两种观点虽然在模式转型的方式上存在差异，但是对于追求实质平等和保护弱者的理念却是相通的。随着当事人主义与职权主义相互借鉴与接近，可以进一步发现法官与当事人在程序进行过程中的局限性，因此二者需要走向协同合作。③ 只有充分发挥各方诉讼主体的积极作用，才能促进和推动诉讼程序的有序进行。综上，程序的本位性、自治性、契约性和协同性是当前传统民事诉讼范式下形成的基本理念，四个方面的理念是有机联系整体，从本质上看，这四个方面密不可分，是民事诉讼制度社会化的实际表征和最终归属，④ 对民事电子诉讼范式建构具有指导意义。

（二）民事电子诉讼研究的观念共识

在传统民事诉讼的基础上对民事电子诉讼进行范式建构的同

---

① [德] 罗森贝克、施瓦布：《德国民事诉讼法（上）》，李大雪译，中国法治出版社 2007 年版，第 526 页。
② 王福华：《民事诉讼的社会化》，载《中国法学》2018 年 1 期，第 29 页。
③ 王福华：《民事诉讼的社会化》，载《中国法学》2018 年 1 期，第 29 页。
④ 汤维建：《理念转换与民事诉讼制度的改革和完善》，载《法学家》2007 年第 1 期，第 81 页。

时，需要充分考量当下民事电子诉讼已经形成的观念共识。观念共识是当前民事诉讼观念的认同基础。由此，民事电子诉讼的基本理念的确立，需要基于观念共识才具有更高的认同度，构建的范式模式才具有理论上的交流空间和制度实践中的认同基础。前文基于民事电子诉讼的理论和实践，已经对民事诉讼转型过程中的观念共识进行了梳理，从理论范式的本质、政治导向和司法规律分析，目前学者在民事电子诉讼的研究中，最为集中的观念就是：民事诉讼电子化的过程要以当事人为中心。这一观念不论是在整体民事诉讼电子化的影响，还是在具体制度的调整和适应中都有所体现。具体包括以下几方面内容。

1. 突出服务当事人的理念定位

电子诉讼应当突出服务理念。司法的人民性是中国特色社会主义法治的本质特征，并与当事人主义的转型目标相一致。民事电子诉讼研究也体现了当事人的主体性，特别是运用电子化技术为当事人提供司法服务，并给予技术赋能的优势，建立一种更加便利、高效、快捷的司法理念，使当事人更容易触达司法，接近正义。

2. 增强当事人诉讼参与度和协同性

电子诉讼的设计促进增加当事人参与度和与法院的协同。技术的运用应当使当事人以一种更加容易的方式参与到诉讼之中，以增加诉讼的参与度，比如通过技术手段提升程序的透明度，使当事人及公众更加便利地了解司法程序、查阅司法信息，更加平等地享有诉讼的机会。更重要的是，当事人和法院在享受到电子诉讼便利条件的同时，进一步改善了法院与社会之间的关系。①

---

① 汤维建：《理念转换与民事诉讼制度的改革和完善》，载《法学家》2007年第1期，第81页。

3. 贯彻以当事人为中心理念，不排斥法院的职权参与

电子诉讼应当以当事人的诉权保障为正当性前提。一方面，电子诉讼的程序、流程、操作应当以当事人为中心，注重当事人的实际体验，突出便利、安全、易用的特点，帮助当事人在使用中切实获益。另一方面，电子诉讼的程序建构离不开法院的主导作用，不能绝对化地排斥法院的职权参与，需要结合诉讼行为的性质，对电子诉讼程序的权利和权力加以合理化的配置。①

4. 突出"人"的主体地位和"诉权"的保障作用

电子诉讼与传统诉讼的显著差异在于，需要特别关注和处理好"人与技术"的新型关系。比较一致的观点是，应当秉持"以当事人为中心"，警惕"技术中心"主义。"当事人中心主义"和"当事人主义"二者虽然在内涵上都有当事人有权自由处分自身程序利益的内容，但两者从不同视角对当事人权益的概括仍存在一定差异："当事人中心主义"主要强调诉权相较于审判权的主体性地位，以及对诉权的保障。"当事人主义"是与"职权主义"相对应的诉讼模式，在于突显当事人在诉讼程序中的主导权。②

综上，综合既有理论观点和实践的经验，民事电子诉讼已经初步形成观念共识：以当事人为中心的基本立场。这一共识的内涵主要体现为：在理念定位上，凸显从"管理"到"服务"的转变。在当事人与法院的关系上，突出当事人的参与、法院的制度推动以及两者之间的协同配合。在诉权与审判权的关系上，突出对诉权的保障作用。在人与技术的关系上，强调人的主体地位，技术服务于人。

---

① 张兴美：《电子诉讼制度建设的观念基础与适用路径》，载《政法论坛》2019年第5期，第119页。

② 陈锦波：《论信息技术对传统诉讼的结构性重塑——从电子诉讼的理念、价值和原则切入》，载《法制与社会发展》2018年第3期，第109页。

二、民事电子诉讼基本理念的内容和作用

现代诉讼理念在现代科技的影响下,具有了更加丰富的内涵。诉讼是用于解决社会冲突的社会机制,是由国家司法机关主持程序,当事人参与解决社会冲突的活动,需要在一定观念的指导下,对诉讼活动进行规范。① 传统民事诉讼基本理念和民事电子诉讼观念为民事电子诉讼基本理念的确立奠定了基础。"积极服务型"民事电子诉讼范式的基本理念,应当在此基础上明晰其主要内容并发挥其指导作用。

(一)民事电子诉讼基本理念的内容

如前文所述,在基本理念层面,不论是传统民事诉讼范式还是民事电子诉讼实践,强化当事人主体地位以及保障当事人权利已经成为基本共识。民事电子诉讼范式建构基本理念的确立,需要在此基础上进行深化和细化,笔者认为,具体应包括程序保障性、程序服务化、程序电子化、程序协同化四方面理念。

1. 程序保障性

程序保障性是传统民事诉讼范式理念的继承,是现代民事诉讼范式建构的基本要求。程序保障性理念涵盖了传统民事诉讼的程序本位、程序自治、程序契约的基本要求,突出程序的独立价值,通过程序约束法院职权,保障当事人诉权,通过诉权的行使和处分,发挥当事人的积极能动作用,实现范式模式转型目的。程序保障性要求在理论和制度建构过程中确立程序的独立价值,

---

① 张凯:《证据制度的完善思路与网络虚拟社会的和谐——以电子证据规则为视角》,载《河南师范大学学报(哲学社会科学版)》2007年第5期,第115页。

法院和当事人都应严格按照程序进行诉讼，当事人有权决定诉讼程序的启动、终结以及对实体权利的裁判范围和证据资料。

2. 程序服务化

"服务"指的是为他人做事，并使他人从中受益的活动，具有无形性、同步性、异质性等特征。从文意上分析，程序服务化指在诉讼过程中贯彻让法院为当事人做事，并使当事人获益的基本理念。在司法活动中，"以当事人为本"的人本主义理念，曾在党和国家倡导"以人为本"的科学发展观时就有学者进行过讨论，并认为审判权和诉权是民事诉讼程序中的基本矛盾概念，诉权应当处于主要方面。审判权的权力来源于人民的赋予，应当服务于保障人民的诉权。"以当事人为本"的司法服务化理念的提出与当时社会和政治环境有关，虽然学界和司法机关对"以当事人为本"具有高度的认同性，但是由于司法资源的有限性和法院"案多人少"的现实压力，这种理念在实践中大多停留于口号和个案的宣传，难以系统化地贯彻和执行。民事电子诉讼通过技术的引入，可以极大地解放法官的"生产力"，缓解司法资源有限性的困境，为司法服务化的实施创造了条件。因此，民事电子诉讼应当作为贯彻司法服务理念的试验场，通过技术手段，完善审判权对诉权的服务方式，维护当事人诉讼权利，强化当事人的程序主体地位。

3. 程序电子化

程序电子化是从技术融合角度对民事电子诉讼实现的基本要求和态度。电子化是民事电子诉讼区别于传统民事诉讼的最显著的特征，也是民事电子诉讼范式建构关注的重点内容。一方面，不论是理论界还是实务界，对于信息化社会发展以及对诉讼制度产生影响已经形成高度的共识。传统诉讼需要积极适应信息化社会中人们的行为、诉求、纠纷形态、影响等方面的变化。另一方面，民事诉讼的电子化过程需要投入大量的资金和人力，且需长期投入，民事电子诉讼是一项基础性建设，需要信息产业与司法机关、学者、专家之间的深入合作。① 因此，民事电子诉讼范式理念应当对程序的技术融合秉持一种积极的态度。一是对新技术的探索和运用持积极态度；二是理论和制度主动适应和调整自身的内容，以适应技术带来的诉讼纠纷形态的变化；三是强化技术对制度的保障，及时将新技术融入制度运用，充分发挥技术在民事纠纷解决中的赋能作用。

4. 程序协同化

程序协同是传统民事诉讼范式实现过程中，从法院与当事人关系出发，充分发挥法院与当事人的作用和推进诉讼进行的理念要求。在民事电子诉讼范式下，各类诉讼主体协同解决纠纷的效果将进一步显现。基于电子诉讼平台，法官可以引导和服务当事人行使诉讼权利，形成高效便捷的信息沟通交流平台。此外，由于电子化纠纷很多产生于线上，当事人具有网上参与诉讼的能力，纠纷产生的过程会在网络中留痕和记录。在民事电子诉讼的推进过程中，还应当根据纠纷发生的场景，引导第三方网络平台、数据公司、鉴定机构、调解机构的介入，协同还原案件事实，化解纠纷。

（二）民事电子诉讼基本理念的作用

民事电子诉讼范式建构的基本理念是在传统民事诉讼范式和实践观念积累之上，对于"积极服务型"民事电子诉讼范式建构过程中应当秉持的基本观念，是传统民事诉讼理论和制度电子化过程中思维和行动的意识形态与精神指导，支配着理论建构、制度创设、技术融入等各方面的行动方向。这不仅有利于技术在诉讼中的深度运用，也构成了发挥技术赋能的软环境。民事电子诉

---

① 张卫平：《民事诉讼智能化：挑战与法律应对》，载《法商研究》2021年第4期，第17页。

讼中现代诉讼的理念，应当体现在三个方面：一是通过技术的运用使司法民主观得以强化；二是通过技术的运用使程序公正观得以提升；三是通过技术运用，在保证司法民主、公正基础上，对诉讼效率加以兼顾。①"积极服务型"民事电子诉讼范式从理论、制度和技术三个层面促进了民事诉讼理念的现代化。

首先，在理论层面，传统民事诉讼的理论如何适应民事电子诉讼范式发展的要求，需要在民事电子诉讼基本理念的指导下展开。一方面，继续秉持程序保障的立场，拓展电子诉讼场域的理论内涵。另一方面，以程序的服务化、电子化、协同化为指引，适应电子诉讼实践需求，创设新的理论。具体而言，要在基本理念下，丰富民事诉讼目的内涵，明确民事诉讼价值追求的顺位，丰富诉讼原则的内容和含义。

其次，在制度层面，民事电子诉讼基本理念确立了信息化社会下纠纷解决的诉讼制度建构和实施的基本方向。在制度建构方面，以程序保障为前提，突出程序的协同化，形成一种诉权保障基础上信息充分沟通、协同推进的诉讼场域。在制度实施方面，突出程序的服务化和电子化，通过技术赋能，将"以当事人为中心"的理论设想和司法目标，真正落实到制度实施过程中。

最后，在技术层面，民事电子诉讼基本理念确立了对于技术与民事诉讼融合的基本态度，通过信息产业与司法机关、学者、专家之间的深入合作，及时将新技术应用于民事电子诉讼制度的实践之中，最大限度地发挥技术在诉讼程序中的赋能作用，为纠纷的解决和当事人诉权保障提供技术支持。

---

① 张凯：《证据制度的完善思路与网络虚拟社会的和谐——以电子证据规则为视角》，载《河南师范大学学报（哲学社会科学版）》2007年第5期，第115页。

第二节　具体理论的协调和重塑

民事诉讼理论是人们对民事诉讼实践的认识和总结，民事诉讼理论具有实践的指导作用。理论和实践是一种相互作用的关系。理论产生于实践的积累和总结，并指导实践按照一定的规律进行发展和运作。在民事电子诉讼领域，一方面，民事电子诉讼实践和发展不能脱离现有的理论。理论上看，技术的运用有利于实现民事诉讼的目的、价值，符合基本原则和制度要求，就应当对其运用加以大力支持，法律不应对技术的应用产生障碍和阻力。① 另一方面，民事电子诉讼实践也在影响和重塑民事诉讼理论的具体内容，使民事诉讼理论发生变化。智能化对民事诉讼的形态具有显著影响，并对现代民事诉讼的内涵作出了新的诠释，促使民事诉讼的发展产生革命性变化。现代民事诉讼理论中，民事诉讼目的和民事诉讼价值在民事诉讼（法学）领域具有基础性地位。符合时代发展的目的论和价值论能够为民事诉讼法学其他理论的发展提供更高层次的理念，也是衡量诉讼程序和个案是否正当的重要标准。② 法律原则是法律规范中基础性、本源性的原理和准则。法律原则指导和协调某类社会关系的规范调整机制，对于法律规则的创设、解释、适用均有指导性作用。③ 基于理论与实践的相互关系，并结合民事诉讼理论体系和电子诉讼的实践，笔者认为，

---

① 张卫平：《民事诉讼智能化：挑战与法律应对》，载《法商研究》2021年第4期，第21页。

② 邵明：《现代民事诉讼基础理论：以现代正当程序和现代诉讼观为研究视角》，法律出版社2011年版，第2页。

③ 张文显：《规则·原则·概念——论法的模式》，载《现代法学》1989年第3期，第27-30页。

理论层面的民事电子诉讼范式建构,具体应当从民事诉讼目的、价值、原则三方面展开。

一、民事电子诉讼目的的厘清

"民事诉讼目的"是民事诉讼立法论和解释论的指导理念,①主要讨论民事诉讼为什么存在,要达到什么样的效果。在民事电子诉讼范式的建构过程中,民事诉讼目的仍然具有重要的指导性意义。基于民事诉讼目的的多元性特定,一方面,应当结合民事电子诉讼范式目标、理念和实践,综合考量各方面因素,厘清民事电子诉讼领域不同目的之间的关系,确保民事电子诉讼范式与民事诉讼不发生偏离。另一方面,要结合民事电子诉讼的范式目标,丰富民事诉讼目的内容和实现方式。

(一)民事诉讼目的的基本内容

从20世纪90年代末开始,随着我国实体法与程序法关系的重新定位,诉讼程序理念的加强,对民事诉讼目的论的研究日益受到学界的重视。②"目的"一词隶属于哲学范畴,是指主体需求与客观对象间的联系与反应。目的不属于客观的因果关系范畴,而是以观念为中介,从意识出发到行为所指向的结果。③ 因此,民事诉讼目的是一种主观意志的体现。在民事诉讼发展过程中,经过不断深入研究,关于民事诉讼目的的学说在理论上主要有以下几种。

---

① 邵明:《现代民事诉讼基础理论:以现代正当程序和现代诉讼观为研究视角》,法律出版社2011年版,第13页。
② 张艳丽、于鹏、周建华:《民事诉讼理论与制度》,法律出版社2016年版,第29页。
③ [美]博登海默:《法理学——法哲学及其方法》,邓正来、姬敬武译,华夏出版社1987年版,第104页。

一是权利保障说。权利保障说认为民事诉讼的目的是保护实体法所规定的实体权利。其理由是，民事诉讼制度建立旨在克服自力救济之弊端，以国家强制力保障的民事诉讼制度，旨在取代自力救济的范式，进行私权的保护。该观点系德国学者倡导，至今仍有相当大的影响。①

二是私法秩序维持说。权利保障说认为民事诉讼制度是基于国家维护司法秩序的目的而设立的。国家通过制定私法的法规，确立私法的秩序。这种私法秩序，需要通过民事诉讼制度维持才能保持稳定，发挥出秩序的实效性。民事诉讼制度的目的仅从个人的私权保护进行设置是不妥当的，应当从国家对权利秩序维护的立场来诠释民事诉讼目的，私权保护是在客观上起到的作用，而不是民事诉讼的目的。②

三是纠纷解决说。纠纷的请求是先于实体法的，即使是实体法相当完备的今天仍然存在缺少实体法依据的情况，法院不能因此拒绝作出裁判，因此不能认为民事诉讼是为了维护现有的司法秩序，而且实体法也不是民事诉讼制度所设立的最初目的。民事诉讼的最终目的在于纠纷的解决。纠纷解决说，既从当事人立场考虑了原告利用民事诉讼的目的，也从民事诉讼制度设立者的立场考虑了国家利益，该学说在日本具有通说地位。③

四是程序保障说。程序保障说从一种全新的诉讼观念和诉讼理念来思考民事诉讼制度的目的，强调了正当程序，并根据正当程序原理提出了程序保障说。④ 程序保障是对当事人在诉讼中提出

---

① ［日］新堂幸司：《民事诉讼法》，弘文堂1990年版，第1页。转引自：张卫平：《民事诉讼法》（第5版），法律出版社2019年版，第9页。
② 张艳丽、于鹏、周建华：《民事诉讼理论与制度》，法律出版社2016年版，第33页。
③ 张卫平：《民事诉讼法》（第5版），法律出版社2019年版，第9页。
④ 刘荣军：《程序保障的理论视角》，法律出版社1999年版，第105页。

主张并加以证明的机会进行保障,主要体现为当事人的辩论权落实和保障。从大陆法系观念看,程序保障是手段而不是目的,而程序保障说对这种观念提出了挑战。该学说认为,保障当事人在程序中的平等进行攻击和防御才是目的,法官作出的判决仅仅是程序保障结果。[①] 诉讼的正当性不在于判决的结果,而在于过程本身。程序不再是实体法实现的工具,具有自身的独立价值。因此,衡量民事诉讼价值的标准不再唯一,除结果公平性之外,程序正当性更为重要,在民事诉讼过程中应注重当事人诉讼权利的保障,赋予双方当事人平等对抗的权利。程序保障说在程序正义理论基础上建立,强调程序的独立价值,对于提高程序地位具有重大价值。此外,还提供了衡量民事诉讼价值的新标准,除了实体结果公正,程序公正同样重要。该学说的弊端在于其片面性。[②] 有学者指出,程序保障目的化,会影响法院判决的解决纠纷功能。此外,判决结果所依据的实体法可能也会失去价值,迅速审理、发现真实等诉讼理念也将被否定。[③]

除了以上四种学说外,还存在"多元说"和日本高桥宏志教授提出的否认民事诉讼目的"搁置说"的观点。多元说主张对民事诉讼目的的观察和认识应当基于制度制定者(国家)和制度使用者(国民)两个角度进行分析,将权利保障、秩序维护、纠纷解决都作为制度的目的,不同目的价值可以在立法、解释、司法运行中调整和侧重。搁置说,又称否定说,认为民事诉讼目的过

[①] [日] 井上治典、伊藤真、佐上善和:《新民事诉讼法》,日本评论社1989年版,第365页。转引自:张卫平:《民事诉讼法》(第5版),法律出版社2019年版,第9页。

[②] 张艳丽、于鹏、周建华:《民事诉讼理论与制度》,法律出版社2016年版,第35页。

[③] [日] 伊藤真:《民事诉讼法(一)》,有斐阁1995年版,第15-16页。

于抽象，没有明确的优劣基础，与其争论不休，不如将时间和精力用于具体显示的问题。①

民事诉讼目的问题具有高度的抽象性，学者基于不同的认识角度、出发点和重心会得出不同的观点。民事诉讼目的的科学界定还涉及国家的地位和作用、与宪法的关系、与诉权的关系、与诉讼程序的价值等诸多问题，因此在短时间内难以形成统一的学说。但是，这并不能否认民事诉讼目的意义和作用。其一，民事诉讼目的论在理论体系中居于基础性地位，对其他诉讼理论建构具有指导意义。其二，民事诉讼目的具有立法论的意义，影响着民事诉讼制度设计的基本理念。在不同目的论下设计的制度和规范侧重点不同。其三，民事诉讼目的具有解释论的意义，是法官适用、解释法律的理论基础。目前，我国学者主要持"多元说"，认为现代民事诉讼价值具有多元性，这也决定了民事诉讼目的多样性的特点，应当在各种冲突的价值观念中找到平衡点。② 民事诉讼目的不是静止不变的，而是随着时代发展变化的。在某项法律制度的设立和某个具体问题的司法实务运作过程中，要基于特定的价值取向来设定其诉讼目的，不同的目的论可以用来说明或解释不同的具体制度构造和不同法律关系主体诉讼事件的解决。③ 由此，民事电子诉讼范式的理论建构和制度设计，需要对多元目的进行厘清，发挥其理论和制度建构的指导作用。

---

① ［日］高桥宏志：《民事诉讼目的论（一）（二）》，载《法学教室》第1045号，第53-54页。

② 邵明：《现代民事诉讼基础理论：以现代正当程序和现代诉讼观为研究视角》，法律出版社2011年版，第26页。

③ 张艳丽、于鹏、周建华：《民事诉讼理论与制度》，法律出版社2016年版，第38页。

(二) 民事电子诉讼中多元目的的厘清

民事电子诉讼范式下目的论的确立,需要综合考量民事诉讼目的多重影响因素,厘清电子化诉讼场域下不同诉讼目的之间的关系,对多元目的进行选择和合理定位。

1. 民事电子诉讼目的的影响因素

(1) 诉讼观的影响。在传统民事诉讼范式下,程序的地位正在从附属性向本位性转变,理论上已经形成了"实体-程序二元论"的诉讼观,在二元诉讼观的影响下,民事诉讼的目的将体现出实体与程序兼顾的特点。

(2) 主体立场的影响。传统民事诉讼范式下,主体立场正在发生从国家为主向当事人为主的转变,使民事诉讼目的学说的内涵在当事人的范围内不断扩大。比如"纠纷解决说",除了从社会安定性的需要进行考量外,还强调当事人纠纷解决程序的公平、高效、便捷和可选择性。

(3) 现行民事诉讼法的影响。根据我国《民事诉讼法》第二条,民事诉讼的任务[①]从文本上体现了四方面的目的:一是保障诉权;二是解决纠纷;三是法治教育;四是维护秩序。虽然,在内容上出现多元化的特点,但带有浓厚的"重实体,轻程序"的倾向和明显政治色彩的法外目的。[②]

(4) 民事诉讼电子化司法政策和司法实践的影响。《人民法院

---

① 《民事诉讼法》第二条规定:"中华人民共和国民事诉讼法的任务,是保护当事人行使诉讼权利,保证人民法院查明事实,分清是非,正确适用法律,及时审理民事案件,确认民事权利义务关系,制裁民事违法行为,保护当事人的合法权益,教育公民自觉遵守法律,维护社会秩序、经济秩序,保障社会主义建设事业顺利进行。"

② 江伟:《民事诉讼法学关键问题》,中国人民大学出版社,2010年版,第16-19页。

在线诉讼规则》《最高人民法院关于加快建设智慧法院的意见》中对民事电子诉讼的目的也进行了相关规定和表述。① 从内容上分析，这两个法律文件主要体现了四方面目的：一是推进和规范在线诉讼活动；二是权利保障，维护当事人私权；三是公正高效审理案件，实现纠纷的解决；四是电子化实施过程中，服务审判、方便当事人以及优化管理。整体而言，体现出国家通过对民事电子诉讼的推进、规范，使审判程序公正高效运行，并保障当事人权利的目的。

2. "积极服务型"民事电子诉讼范式下诉讼目的的厘清

当前我国民事诉讼的目的影响因素呈现出多元化多主体的特点，由于民事诉讼范式仍处在职权主义向当事人主义的转型过程中，民事诉讼目的内容仍然侧重于国家立场。虽然在目的上也有保障当事人权利的内容，但整体上距离当事人本位的立场仍存在较大差距。在多元说的立场下，纠纷解决、私法秩序维持、权利保护、程序保障都可以视为民事诉讼的目的，但在目的实现过程中，不同目的之间存在相互对立的紧张关系，需要在不同的领域和阶段进行选择和侧重。在民事电子诉讼领域，建构"积极服务型"民事电子诉讼范式，应当从以下三个方面厘清。

---

① 《人民法院在线诉讼规则》规定："为推进和规范在线诉讼活动，完善在线诉讼规则，依法保障当事人及其他诉讼参与人等诉讼主体的合法权利，确保公正高效审理案件，根据《中华人民共和国刑事诉讼法》《中华人民共和国民事诉讼法》《中华人民共和国行政诉讼法》等相关法律规定，结合人民法院工作实际，制定本规则。"《最高人民法院关于加快建设智慧法院的意见》第二条对工作目标的规定："建设智慧法院，就是要构建网络化、阳光化、智能化的人民法院信息化体系，支持全业务网上办理，全流程审判执行要素依法公开，面向法官、诉讼参与人、社会公众和政务部门提供全方位智能服务，使信息化切实服务审判执行，让司法更加贴近人民群众，用先进信息技术不断提高各级人民法院的科学管理水平。"

第一,"积极服务型"民事电子诉讼的基本理念是"以当事人为中心",因此"当事人"作为主体立场的权利保护目的应当作为首要考量的因素。在民事诉讼中,当事人是私权的享有者和私权的追求者,从实践上看,民事主体具有独立的利益,理性当事人提起诉讼是为了维护自己的合法权益。理性当事人行使诉权的最终目的,也是从自身维权出发的。因此,从理性当事人角度出发,民事诉讼的目的应是私权保护,而不是秩序维护、纠纷解决、程序公正等。为了保护私权,当事人希望程序具有公正性,因此对于程序公正性的追求最终也是服务于私权保护的。如果脱离实体上的私权保护,对当事人而言,其他的目的将不存在意义,也不能成为当事人进行诉讼的独立目的。① 因此,从当事人立场出发,民事电子诉讼应当是权利维护和程序保障的双重目的。基于权利维护的目的,民事电子诉讼应当将技术融入审理程序,发现案件事实和正确适用法律。比如,通过技术和数据,还原网络上民事行为的内容,提升证据的证明效力;通过类案分析和法律检索,统一裁判尺度,正确适用法律。基于程序保障的目的,应当强化程序的公正、公开和高效便捷。比如,基于诉讼平台公开审判流程信息,通过电子化交往方式,方便当事人、法官之间的沟通,通过庭审和裁判文书的公开,强化对审判过程的监督,实现程序过程的公正性、便捷性,进而保障实体权利主张的实现。

第二,"积极服务型"民事电子诉讼改变了法院的工作理念,进而也会影响到诉讼目的的内涵。法院作为行使审判权的国家机关,审判权力的行使首先体现在私法秩序维持,当事人应当在法院的"管理"下,有序参与诉讼程序,并实现自身期待的权利结果。在实现私法秩序的同时,通过纠纷的解决,实现私法秩序维

---

① 段厚省:《民事诉讼目的:理论、立法和实践的背离与统一》,载《上海交通大学学报(哲学社会科学版)》2007年第4期,第39页。

护、私法权利实现、社会和谐安定的统一。基于法院的主体立场，私法秩序和纠纷解决是民事电子诉讼实施过程中的主要考虑目的，从《人民法院在线诉讼规则》再到当下以提高审判效率为导向的改革和实践，无不显现出一种"管理"诉讼程序，加快纠纷解决的鲜明色彩。这种目的和导向与当下我国公民"权利意识"增强的社会发展状况和"案多人少"的司法环境不无关系。维系司法运作，适应当下的司法现实情况，以强化效率的纠纷解决和强化管理的秩序维持已经成为法院司法实践中的主要目的。这种目的显然会与当事人本位的目的产生冲突，而民事电子诉讼通过技术赋能，为缓解这种紧张关系提供了契机。因此，民事电子诉讼领域中，法院立场下私法秩序维护和纠纷解决目的应逐步让位于在当事人立场下权利维护和程序保障。对于当下法院面临的现实问题，应当通过探索技术赋能的方式进行解决。比如，通过诉讼平台告知当事人权利，规范当事人诉权行使，进行电子送达；通过技术手段促进当事人自动履行判决义务；通过对既有判例的整合和推送，帮助当事人评估分析诉讼结果减少纷争；通过网络连接纠纷解决主体，开展多元化纠纷解决等。

第三，"积极服务型"民事电子诉讼确立了"积极"的技术运用观念，也会对民事电子诉讼目的产生影响。民事电子诉讼同传统诉讼相比，其特殊价值在于通过技术的融合，更好地实现民事诉讼的目的。因此，在当下及未来民事电子诉讼的探索和发展阶段，应当确立其"技术融合"的独立目的。首先，"技术融合"为的是更好实现民事诉讼的电子化转化，为民事诉讼范式转型提供新的方法和进路。其次，"技术融合"应当权衡技术与法律之间"工具理性"与"价值理性"的关系，应当立足于当下的共识，即技术是为人服务的。因此，"技术融合"目的应当在当事人及法院目的之后。最后，"技术融合"的过程并不像民事诉讼其他目的在诉讼进行过程中就可以实现，而是需要程序之外的保障和程序之中的运用。在初始建构阶段往往需要投入很大的人力、物力、财力，并且需要经过制度和实践的磨合和适应。如果没有积极推进的态度和明确的目的导向，民事电子诉讼制度很难顺利建构，并在民事诉讼范式转型中发挥作用。所以，有必要在民事电子诉讼领域，确立"技术融合"的目的，积极探索和实施技术应用的场域，丰富技术运用的制度实践，进而推动"积极服务型"民事电子诉讼范式的形成。

二、民事电子诉讼价值的协调

民事诉讼的价值是人们对民事诉讼制度的理想和期望。作为人们对民事诉讼的期待和要求，民事诉讼价值对民事诉讼立法和具体制度的建构都具有重要意义。不同的纠纷性质、不同的社会时期、不同的司法境况、不同的期待和要求都涉及民事诉讼价值的定位、调整和完善，这也是民事诉讼理论研究的重点内容。[①] 在民事电子诉讼范式建构过程中，需要考量不同主体对制度的价值期待，以及不同价值期待之间发生冲突时如何进行协调和取舍。

（一）民事诉讼价值基本内容

民事诉讼价值是指民事诉讼的客体对诉讼主体的有用性或功能性，即诉讼客体对诉讼主体的诉讼目的和诉讼需要的满足。[②] 从逻辑上讲，民事诉讼制度的价值追求形成于特定目的之下，目的

[①] 张卫平：《转型时期我国民事诉讼法学的主要任务与重心》，载《北方法学》2016 年第 6 期，第 118-125 页。

[②] 江伟：《民事诉讼法学关键问题》，中国人民大学出版社，2010 年版，第 20 页。

论与价值论的联系主要体现在不同的目的论对价值追求的理解差异。① 通说认为，民事诉讼价值包括程序价值和实体价值两个方面。

1. 程序价值

程序价值是民事诉讼程序的内在要求，主要包括程序公正和程序效率。诉讼的本性是"过程性和交涉性"。② 这一交涉过程就是不同主体之间进行充分对话和说服的过程，③ 应当遵循程序公正和程序效率原理，一方面要充分、平等地保护当事人的诉讼权利和程序主体地位，另一方面要在保障法官独立行使司法权的同时还要限制法官恣意妄为。④

（1）程序公正。主要包括三个方面的价值要求。一是确立和维护法官的独立性、消极性和中立性要求，以实现司法公正。独立性要求法官只对自己对于法律条文的意义和正义准则负责，不应受到不当的干预，法官应当亲自审理案件，并作出独立判断，遵循司法亲历性，贯彻直接言词原则，并为法院和法官的独立性提供制度保障。消极性主要体现为"不告不理"和"有告必理"，法官既不能主动寻找案件，也不能以没有相应实体法依据拒绝审判。对于私益诉讼，应当遵行当事人处分主义和辩论主义。中立性主要体现为法官在诉讼中的超然地位，与处理案件之间没有利害关系，执行回避制度。尊重当事人程序主体地位，基于实质正义的要求，在制度运行中给予弱者一定程度的"偏护"，"偏护"的限度应等于诉讼强者的优越条件与弱者之间的差值，为弱者提

---

① 张卫平：《论民事诉讼制度的价值追求》，载《法治现代化研究》2021年第3期，第2页。
② 季卫东：《法治秩序的建构》，中国政法大学出版社1999年版，第20页。
③ 张卫平：《我国民事诉讼辩论原则重述》，载《法学研究》1996年第6期，第47页。
④ 邵明：《现代民事诉讼基础理论：以现代正当程序和现代诉讼观为研究视角》，法律出版社2011年版，第60页。

供行使诉权的便利条件，使结果上弱者和强者具有相对公平、顺畅的行使诉讼的权利。①

二是维护当事人在诉讼程序中的参与性和平等性。参与性要求保障当事人的诉讼知情权和诉讼听审权，通过通知、送达、公告制度保障当事人及相关程序主体及时充分了解与自己相关的诉讼程序进行情况，以便及时作出诉讼行为，并在诉讼设置上保障当事人表达意见的权利。法院应当平等保障当事人的程序参与权，不得突袭裁判。平等性要求贯彻平等原则，保障当事人的平等对抗，并强调遵循直接言词原则和公开审判原则。②

三是实现程序公开性和程序比例性。程序公开性主要是贯彻公开审判原则，对法院而言，在形式上公开诉讼过程和结果，也要在实质上公开裁判的思维过程、依据和理由。对当事人而言，贯彻对席审判原则和言词辩论原则，"对席言词辩论"使辩论在公开场合进行具有了可能性。③ 对不公开审理案件，应当符合法定条件，宣布理由并赋予当事人程序异议权。程序比例性主要指民事诉讼及其具体程序制度目的与实现手段之间必须具有客观的对称性，包括适当性要求（即手段有助于实现目的）、必要性要求（即采用对当事人损害最小的手段）和相称性要求（即采用诉讼手段获得的利益大于其弊害）。比例性具体在诉讼程序的设置和运作，限制当事人诉权和程序基本权、证据规则、强制措施、执行程序等诉讼程序制度中予以体现。④

---

① 邵明：《现代民事诉讼基础理论：以现代正当程序和现代诉讼观为研究视角》，法律出版社 2011 年版，第 67 页。

② 邵明：《民事争讼程序基本原理论》，载《法学家》2008 年第 2 期，第 113 页。

③ 王亚新：《论民事、经济审判方式的改革》，载《中国社会科学》1994 年第 1 期，第 4 页。

④ 邵明：《现代民事诉讼基础理论：以现代正当程序和现代诉讼观为研究视角》，法律出版社 2011 年版，第 89 页。

（2）程序效率。程序效率是对诉讼中投入与产出关系的评价。在保证程序公正的前提下，审判活动应当注重降低当事人的诉讼成本，节约司法资源，特别是要尽量缩短诉讼周期，以减少时间、金钱和精力损耗。程序效率还要求立法机关在进行立法过程中，合理设计程序规则，实现社会资源配置效益的最大化。①

（3）程序公正与程序效率的关系。培根曾言："法官不公平的判断使审判变苦，迟延不决则使之变酸。"② 程序公正和程序效率对于程序价值都具有重要的影响。一方面，程序公正与程序效率具有高度的一致性。公正的审判程序能降低纠正错误的成本，是保证程序效率的前提。缺乏效率的程序本身会提高正义的成本，削弱公正的价值。同时符合公正与效率要求的诉讼程序才是正当程序。另一方面，程序公正与程序效率在制度设计和运行中，不可避免存在冲突，审慎的程序需要更多的成本付出，而简易的程序在实现效率时，也可能会存在减损公正的可能性。目前对于两者之间冲突的缓解，学界持有的基本立场是：公正是诉讼程序的最高价值，诉讼效率需要保证以程序公正和实体公正为前提条件。

2. 实体价值

实体价值主要指实体公正。民事诉讼运行或追求的逻辑结果是作出判决，以此为角度，民事诉讼的实体价值或实体公正主要包括判决结果公正和执行名义内容的完成。③ 具体体现为以下几点。

---

① 江伟：《民事诉讼法学关键问题》，中国人民大学出版社，2010年版，第21页。

② ［英］培根：《培根论说文集》（第2版），水同天译，商务印书馆1983年版，第193页。

③ 邵明：《现代民事诉讼基础理论：以现代正当程序和现代诉讼观为研究视角》，法律出版社2011年版，第92页。

（1）法院判决认定事实真实。主要指"在现行有效法秩序的框架内能够理性地加以证立",① 通过诉讼原则、证据规则、证明规则等程序设置,使"裁判实施"尽可能接近"客观真实"。从常理分析,如果不能保证大部分案件中所认定的事实是高度真实的话,那么该制度恐怕很难长久地存立下去,② 也会使实体价值丧失。

（2）法院判决适用法律正确。主要指法院根据实体"要件事实"相应的实体规范,对案件"诉讼标的"和"诉讼请求"是否符合该实体规范作出裁断。若法院适用了与本案实体"要件事实"不一致或者相冲突的实体规范,则成为上诉的理由和再审的理由。对于判决结果的公正要求法院担负附判决理由的义务,应当逻辑清晰并有说服力地阐释判决结果事实上和法律上的依据,同时对于"相似案件应当作相似的处理"。

（3）执行名义内容得以完成。主要指法院按照法定程序,适时采取妥当、充分的执行措施,履行执行责任,尽可能使权利人的实体权利得到满足和实现。

3. 实体价值与程序价值的关系

基于现代民事诉讼二元诉讼观以及正当程序的视角,民事诉讼实体价值与民事诉讼程序价值各有独立性,两者相辅相成,相互关联共同促进民事诉讼目的的实现,同时又因独立性而存在冲突,需要在具体制度和个案中进行权衡和选择。

其一,就两者的关联性而言。实体价值与程序价值具有一致性,程序公正对实体公正具有保障作用,包括:保障当事人平等、充分陈述主张、提出证据、充分辩论等权利。这有利于发现案件

---

① ［德］罗伯特·阿列克西:《法律论证理论——作为法律证立理论的理性论辩理论》,舒国滢译,中国法制出版社 2002 年版,第 355 页。
② 王亚新:《社会变革中的民事诉讼》,中国法制出版社 2002 年版,第 55 页。

的客观事实,也使诉讼各方对裁判结果表示服从和认同,即使是对己方不利的结果。程序效率促进实体权利能够以更迅速和更低成本的方式实现。通过诉讼程序及时实现实体价值有利于强化对正当程序的重要性和必要性的认识,进一步促进人们对程序价值的积极追求。

其二,由于两者的价值独立性,在具体制度设计和运行过程中,不可避免出现冲突和矛盾。比如,举证期限是为了提高程序效率设置的制度,如果当事人无正当理由超期举证,该证据对案件事实认定具有真实性和关联性,可否加以采用,就会面临程序效率与实体公正产生的冲突。再如,个案中通过合法的诉讼程序认定的法律事实如果发现与客观事实存在偏差,是否应当进行纠正,推翻原来的判决,如此就会面临程序公正与实体公正的冲突。

综上,民事诉讼价值包括民事诉讼的程序价值和民事诉讼的实体价值。民事诉讼的程序价值主要包括程序公正和程序效率两个方面。实体价值即实体的公正,包括法院判决结果的公正和执行名义内容的完成。程序价值和实体价值具有一致性和独立性,在现代诉讼二元诉讼观下和正当程序框架下,整体上具有相互促进的关系。在具体制度和个案中也会出现相互冲突的情形,需要协调处理。

(二)民事电子诉讼中多重价值的协调

民事诉讼制度的价值作为人们对民事诉讼制度的理想和期望,在不同的社会时期、社会环境、司法制度下存在差异。就价值指向而言,对于实体正义、程序正义和程序效率的基本要求是不变的,这就需要根据实际情形对制度建构和运行方面进行调整。无论是立法还是司法解释都应当作出反应,适时调整以使人们能够真切地感受到自己的理想和期许得以实现或体现。① 因此，民事电子诉讼范式建构需要考量人们的期待，在具体制度建构中实现诉讼价值的协调统一。具体应当从两方面加以考量：一是促进既有民事诉讼价值的实现；二是弥合不同价值之间的冲突。

1. 民事电子诉讼价值的实现

当前，民事电子诉讼更多体现在程序效益的价值。为了应对"案多人少"的审判压力，在线诉讼被作为提升司法效率的技术方案应用于司法实践中。据统计，截至 2019 年 10 月 31 日，杭州、北京、广州三家互联网法院在线庭审平均用时 45 分钟，案件平均审理周期约 38 天，比传统审理模式分别节约时间约 3/5 和 1/2，一审服判息诉率达 98.0%。② 从以上数据看，电子化的诉讼方式对于缩短审判时间，加强诉讼中的沟通，提升审判质量具有促进作用。

对于实现民事诉讼程序正义和实体正义的价值，民事电子诉讼亦有发挥作用的空间。对程序正义的作用，主要包括：（1）程序实施的电子化，有利于保障法官的独立性和中立性地位。比如：网上立案审查、审限的延长、开庭时间、判决时间等都在审判管理系统中被客观记录，既严格从程序上约束法官审理案件，也从客观上减少了人为不当干预的空间。（2）对于当事人及诉讼参与人，民事诉讼电子化促进了当事人的诉讼听审权和诉讼参与权。通过电子诉讼平台告知诉讼参与人的权利义务及救济方式，使当事人及时了解自己诉讼的情况，保障知情权。通过远程庭审方式，方便当事人及时参加诉讼，保证当事人的听审权。（3）程序公开方面，审判流程、裁判文书、庭审过程的公开，实现法官对于事

---

① 张卫平：《论民事诉讼制度的价值追求》，载《法治现代化研究》2021 年第 3 期，第 10 页。
② 最高人民法院：《中国法院的互联网司法》，人民法院出版社 2019 年版，第 6 页。

实认定和法律适用的方式的公开，有利于公众监督，发挥个案的指导和引领作用。（4）程序比例方面，基于信息化的手段调取、认定证据、查询被执行人财产信息能够降低法院和当事人的程序实施成本，用更小的成本实现程序目的。对实体公正的作用主要包括：（1）事实认定方面，电子数据和区块链证据方式和规则，有利于还原案件事实。运用大数据和人工智能技术，通过技术对请求权、请求权基础、抗辩权基础的识别，结合既有案例，辅助法官对争点进行整理。通过案件事实的比对分析，向当事人进行类案指引，有助于确立当事人对实体权利实现的预期。（2）法律适用方面，通过电子化的法律库和案例库检索，以及智能推送，辅助法官及时查找适用最新的以及更加具体的法律依据和指导规范，提升法律适用的准确性和统一性。

综上，民事电子诉讼对于实现民事诉讼价值具有促进作用。因此，需要以更加"积极"的立场对民事电子诉讼范式进行建构，探索更多实现民事诉讼价值的可能性。

2. 民事电子诉价值冲突的弥合

民事电子诉讼由于实现方式和实现场域发生了变化，在具体实现和操作过程中，可能与既有民事诉讼价值产生一定的冲突。具体包括以下几点。

（1）诉讼程序电子化对法官工作的替代，可能削弱当事人对程序公正性的感受。技术的运用以可计算、可预测、可重复、可置换为基本逻辑，强调客观规范可操作性。虽然整体上有利于保障程序的实施，但是由于诉讼的过程本身内含明情析理和定分止争的功能，因此，纠纷解决过程中，需要当事人通过自己认为值得信任的中立者用心倾听、感同身受并加以消弭。① 技术将机器介入这一沟通过程，使这一过程更加强化规范性和效率性，减少了

---

① 徐骏：《智慧法院的法理审思》，载《法学》2017年第3期，第60页。

综合考量价值判断、道德体系、正义理念的空间。当事人在程序进行中不是与法官沟通而是与机器沟通,客观上削弱了司法权威的影响力,容易使当事人对机器和程序的公正性产生怀疑。

(2)诉讼程序电子化对诉讼过程的精准化管理,可能削弱法官的司法自主性。审判系统将诉讼过程电子化,使法官的行为被系统固定、记录和监控。系统借助强大的运算和分析,对法官的程序行为进行管理、考核和监督。司法过程中法官应当依据专业素养和道德操守审判案件,但是在各种指标监测下,法官裁判将受到各种指标的影响,如果指标的设计与实践中的考量存在冲突,法官不免会丧失自主性,选择趋利避害,以规避自身风险,影响了最终诉讼价值的实现。

(3)诉讼电子化的去在场性,可能削弱直接言辞的审理效果。电子诉讼通过远程审判方式审理案件,使诉讼参与各方不再相聚于一个有形物理空间开展诉讼,而是借助于网络设备传递信息,表达意见。这种信息传递主要以电子化文件、音频和视频为主,同在场进行诉讼相比,信息传递的形式受到限制。特别是物证的电子化展示、书证的电子化处理,都有可能与现场呈现所传递的信息之间存在差异。法官通过远程设备对当事人攻击防御以及法庭指挥的效果也可能被削弱。

(4)诉讼电子化的去仪式性,可能削弱司法裁判的法律教化功能。司法教化功能要求程序法的剧场化效果不被减少。越是剧场化效果浓厚的审判,越能够吸引观众的注意乃至参与,其对争议的展示也就更加充分,司法裁判的法律教化功能也就被发挥得更为充分。① 电子诉讼利用互联网双向视频技术进行远程审判,法庭的"空间"感被削弱,对于当事人心理上的教化影响也被削弱。

---

① 段厚省:远程审判的双重张力,载《东方法学》2019 年第 4 期,第 110 页。

因此，民事诉讼的电子化范式不能局限于既有诉讼程序的网上实现，还应当结合新的场景和形态，弥合技术工具与诉讼价值之间的冲突。在"积极服务型"范式模式下，应当从以下几方面加以消解。

一是对电子化过程中的效益提升与既有价值减损之间的关系进行评估。在保证既有价值基础上，如果具有效益提升的显著价值，民事诉讼的电子化过程应当得到一定程度的容忍。简单来说，我们可以把这种减损视作改革与创新的必要成本，就好像修路会暂时影响人们的通行，但是路修好后会大大促进人们通行的便利。①

二是重构在场性和仪式性的内涵。一方面，通过积极的技术运用，尽可能将远程诉讼的情境与现场诉讼情境相契合。另一方面，对诉讼场域的内涵进行丰富，诉讼之"场"不再被认为只能局限于物理的法庭，而被扩张到信息网络设备所能够延伸的空间，诉讼程序参与人只要被保证有不低于面对面辩论所能够提供信息的充分度，以及同样充分的表达意见的机会，就被认为属于"在场"。②

三是强化电子化系统的服务功能。通过增强交互和辅助等功能，使电子化系统功能不能只局限于管理法官和指挥当事人，而应当为民事诉讼主体提供便利化、个性化、实时化的服务功能，弥合机器的理性缺陷，赋予电子化民事诉讼更多人性化的情感属性。

三、民事电子诉讼原则的贯彻

"原则"在词典中的定义是指说话、行事所依据的准则。民事

---

① 段厚省：远程审判的双重张力，载《东方法学》2019 年第 4 期，第 111 页。

② 段厚省：远程审判的双重张力，载《东方法学》2019 年第 4 期，第 111 页。

诉讼原则的含义可以界定为民事诉讼活动依据的准则。民事诉讼原则对民事诉讼活动具有指导作用，是民事诉讼价值的体现和落实。同具体制度规范相比，民事诉讼原则具有不确定性和模糊性，因此，可以指导民事诉讼主体正确适用具体制度规范，并克服既定规范的有限针对性，为审判人员发挥主观能动性提供了依据，也为民事诉讼制度的调整提供依据。民事电子诉讼范式建构既会对现有民事诉讼原则意涵进行重塑，又会根据民事电子诉讼范式的需要建构新的指导原则。民事电子诉讼范式建构需要在既有原则进行分类基础上进行分析和研究，保障原则在电子化诉讼程序中的贯彻和实现。

（一）民事诉讼原则的基本内容

民事诉讼基本原则是贯穿民事诉讼过程和民事诉讼法律规范的根本性、指导性原则，对适用民事诉讼规则具有指导意义。从实践上看，民事诉讼的电子化过程会对民事诉讼基本原则的贯彻和实施产生一定影响，在"积极服务型"范式下，评价这种影响需要在对民事诉讼基本原则进行体系化梳理的基础上进行分析。

对于民事诉讼基本原则的识别标准，学界存在多种观点。肖建国教授认为，对民事诉讼基本原则的识别标准有三个：一是必须高度概括法院和当事人关系的准则；二是效力贯彻始终，内容具有根本性；三是承载民事诉讼程序价值。以此为标准，民事诉讼基本原则体系由辩论主义和处分主义构成。田平安教授认为，上述标准不够全面，识别标准应当包括以下三项：第一，内容的根本性与效力的贯彻始终；第二，能够反映民事诉讼本质或者立法政策，承载民事诉讼价值和目的的要求；第三，能够反映民事诉讼主体关系和权限配置内容。以此标准，民事诉讼基本原则体系可以由平等、辩论、处分、诚信、调解五项原则构成。① 张卫平教授认为，就调解在民事诉讼中应有的地位和民事审判关系来看，作为基本原则是不合适的。民事诉讼原则应当包括三方面内容：一是基本原则效用必须贯彻民事诉讼全过程；二是基本原则必须承载民事诉讼特有的目的和价值功能；三是基本原则体现民事主体关系和权利分配。在这个标准衡量下，平等、辩论、处分、诚信四项原则作为民事诉讼基本原则具体内容具有高度的共识性。

民事诉讼的电子化会对民事诉讼的原则产生两个方面的影响：一是丰富了既有基本原则的内涵，二是针对电子化的诉讼程序产生新的一般性原则，以适应电子诉讼带来的新变化。

（二）民事电子诉讼中基本原则的贯彻

基于"积极服务型"民事电子诉讼范式建构的影响，需要对民事诉讼基本原则进行分析，结合电子化的新特点加以贯彻和实施。同时，还要结合范式建构的需要丰富既有原则的内涵，并创设民事电子诉讼的一般性原则。

1. 基本原则的贯彻

（1）平等原则的贯彻。

平等原则的含义主要包括三个方面：一是当事人诉讼地位的平等，每个人都有平等的机会进入司法程序；二是当事人在诉讼中的诉讼攻击和防御平等，在诉讼过程中能够真正实现平等的交流与对抗；三是法院应保障当事人平等行使诉讼权利。现代诉讼中，平等原则是独立的诉讼法原则，从形式上的绝对平等发展到实质上的平等，并要求在诉讼制度的结构上赋予其新的内容。

---

① 田平安：《民事诉讼法：原则制度篇》，厦门大学出版社2006年版，第22页。

民事电子诉讼范式建构中贯彻平等原则，应当从实质上促进当事人平等参与诉讼，保障诉权的平等行使。从实践情况看，民事诉讼电子化过程中产生的"数字鸿沟"，容易对实质平等原则产生冲击。民事电子诉讼无疑对当事人接近正义产生了巨大的助益，但不具有实施设备以及不具备相关操作技能的当事人将会失去这种益处，扩大当事人之间的不平等。受教育程度较高的人和年轻人更懂得通过技术手段进行诉讼，受益程度远高于受教育程度较低的人和老年人。因此，在民事电子诉讼范式建构过程中，应当加以重视。在规则层面，应当明确对于特殊群体的诉讼服务，使其也可以平等参与到电子诉讼程序中。在技术实施层面，应当强化技术的"服务"理念，技术设施的开发和保障中更加注重功能的便捷性和易用性。在实施层面，应当强化制度保障，比如对于不具备电子诉讼条件的当事人可以要求在附近方便的基层法院电子法庭参加远程审理，该法院应当予以保障。

（2）辩论原则的贯彻。

辩论原则是指当事人所主张的事实和提出的证据必须在法庭上提出，并要求经过法庭辩论，否则不能作为裁判者判案的根据。[①] 在大陆法系国家，辩论原则对当事人和法院均有约束力，对两者之间的关系进行了界定，所以称为"约束性辩论原则"。约束性辩论原则的含义包括三个方面：一是直接决定法律效果发生或消灭的必要事实必须在当事人的辩论中出现，没有在当事人辩论中出现的事实不能作为法院裁判的依据；二是当事人一方提出的事实，对方当事人无争议的，法院应当将其作为裁判的依据，即自认制度；三是法院对案件证据的调查只限于当事人双方在辩论中所提出来的证据。[②]

---

① 刘学在：《民事诉讼辩论原则研究》，武汉大学出版社 2007 年版，第 25 页。

② 张卫平：《民事诉讼法》，法律出版社 2019 年版，第 44-48 页。

约束性辩论原则通过明确诉讼过程中各主体之间的分工，划定了法官与当事人的行为内容，当事人负责提出案件事实、诉讼请求、收集证据资料，法官负责依据当事人提供的材料进行裁判，从而有利于保证法官的中立地位，实现司法公正，并符合正当程序要求。《民事诉讼法》第十二条规定："人民法院审理民事案件时，当事人有权进行辩论。"从该条内容看，主要是要求法院保障当事人陈述自己主张、相互进行辩驳，论证自己主张的事实的权利，为法院查明事实、依法作出正确裁判打下基础。但是，由于当事人辩论行为产生的辩论结果没有形成对法院裁判的约束，学界将其界定为"非约束性辩论原则"。我国对于非约束性辩论原则的规定，与职权主义的诉讼模式有关，法院依据职权在涉及国家利益、社会公共利益等情况下，可不以当事人的申请为前提，而自行调查收集证据，并在二审中可以超出当事人诉讼请求进行审理。

当前学界较为一致的认识是，我国民事诉讼范式转型，应当从非约束性辩论原则向约束性辩论原则转变，使当事人实质上真正拥有辩论权，对于诉讼资料的提出具有主导地位，并对法院的判决形成约束力。在这一转型过程中，民事电子诉讼的范式建构对辩论原则的贯彻应当有助于实现这一目标，至少不能与这个目标产生冲突。具体应当从以下几个方面加以考量并发挥保障作用。

一是辅助当事人诉讼资料的提出。通过对既有判例的大数据分析，对特定类型的案件进行细分，依托诉讼服务系统，在立案阶段对当事人的诉讼主张进行释明，并提供类似案件主张以及证据作为参考和指引，最终形成结构化的诉讼请求和证据资料。

二是促进当事人对诉讼主张和诉讼资料的辩论。通过信息系统使诉讼资料的提交更加规范化和结构化，有利于法官对当事人争点进行整理，并组织开展辩论。

三是辅助法院对诉讼资料进行审查。一方面，通过既有规范和类型案件的检索,辅助法官明晰证明标准;另一方面,通过数据联通、时间戳、区块链等技术对于电子化的民事争议事实进行固定和还原,有利于实现实质正义。

四是规范和约束法院的职权调查。实现约束性辩论原则的转型,关键在于对法院职权调查的限制,需要对相关民事诉讼程序内容进行调整,虽然这不属于民事电子诉讼范式的影响范畴,但从目的出发,仍可以对当前规范下,职权调查的方式进行规范和约束。比如,对职权调查的过程进行系统化的记录,法官需要填报职权调查的内容、理由、方式,并对整个过程进行公开,使法官对于职权调查更加审慎,进而规范调查权的行使。

(3)处分原则的贯彻。

处分原则的基本含义是当事人于何时、何种内容启动或终结诉讼,一般由当事人自由决定,国家(法院)处于消极地位,原则上不能干预。① 处分原则要求当事人享有支配自身实体及程序的权利。由此《民事诉讼法》对当事人在诉讼中对其实体权利和诉讼权利的处分权以及方式进行具体规定,如起诉制度、上诉制度、撤诉制度等。处分权的重点在于对当事人诉讼权利自由支配的肯定和保障。《民事诉讼法》第十三条第二款规定:"当事人有权在法律规定的范围内处分自己的民事权利和诉讼权利。"但是受到职权主义影响,在实施过程中,仍然存在忽视当事人对诉权和诉讼利益处分权的保障,当事人虽然具有处分权,但不是行使处分权的唯一主体,② 行使处分权的条件受到法院的严格限制。对于"法律规定范围内"的表述概念模糊,具体规范和依据并不充分。这也是民事诉讼范式转型过程中尚需调整的内容。

---

① 张卫平:《民事诉讼法》,法律出版社2019年版,第48页。
② 张艳丽、于鹏、周建华:《民事诉讼理论与制度》,法律出版2016年版,第147页。

在民事电子诉讼范式建构过程中贯彻处分原则，应当秉持理念上的转变，平衡审判权与处分权的关系，具体包括保障当事人程序选择权和程序转换权两个方面。

一是保障电子诉讼程序选择权。《人民法院在线诉讼规则》对于当事人在线进行诉讼的程序选择权进行了较为充分的保障。《人民法院在线诉讼规则》第四条规定，"人民法院开展在线诉讼，应当征得当事人同意，并告知适用在线诉讼的具体环节、主要形式、权利义务、法律后果和操作方法等。"要求法院开展在线诉讼，除当事人主动选择适用外，应当征得当事人同意，并对具体适用方式具有告知义务。范式建构中需要进一步考量以下两方面问题。第一，对律师及国家机关、行政和事业单位法人以与一般自然人和企业法人的程序选择权作出不同的要求。对于自然人和企业法人当事人应当充分征求其适用意见，并对适用方式、具体实施进行告知和指导。对于律师以及国家机关、行政和事业单位法人当事人，由于具有更高的法律素养和更多的资源，应当考虑由法院根据案件审理需要可以决定直接适用，以推动民事电子诉讼的实践适用，对于确实缺少适用条件的亦可经法院审查后决定不予适用。一方面可以保证一般当事人的程序选择，另一方面又可以通过特殊的当事人群体推广适用范围。第二，在原告立案时应当保障当事人对电子化方式适用的选择权。理论上，由于原告案件还没有进入诉讼程序，也就难以进行程序选择。实践中，法院对于网上立案和现场立案的做法不一，有的法院出于考核或减少收案的考量，限制当事人现场立案，出现网上立案中以调代立，限号立案、拖延立案等情形，由于案件没有登记，没有具体的承办负责人，当事人往往缺少与法院的沟通渠道，存在损害当事人诉权的空间，需要在程序设计中加以规制。

二是保障电子诉讼程序转换权。《人民法院在线诉讼规则》第五条①对当事人和法院都赋予了程序转换权。对当事人而言，如果不具备在线诉讼条件的可以直接转为线下诉讼，如果具备条件但不愿继续线上诉讼的应当在合理期限内提出，法院具有审查权。对于法院而言，如果出现相应情形不适宜线上审理，可以直接决定线下诉讼。在此过程中，应当对法院程序转换决定权进行规制，明确转换的具体情形和标准，避免法官随意转换，削弱当事人线上审理的选择权利，实现当事人程序选择权、程序转换权以及法院的程序审查决定权的规范有序行使。

（4）诚信原则的贯彻。

诚实信用原则源于道德上的诚实信用，作为一项法律原则最早适用于民事实体法领域，为现代民法的最高原则。随着诉讼观念从个人中心主义向社会本位主义转变，诚信原则进入公法领域，并逐渐适用于民事诉讼法。刘荣军教授认为，确立诚实信用原则主要是防止权利或权力滥用以保障法律安定性，不论是当事人、其他诉讼参与人，还是法院均有滥用权利或权力的可能，所以该原则适用于所有民事法律关系主体。② 对当事人的规制形态包括：真实陈述义务、禁止反言、促进诉讼义务、诉讼上权能的丧失、禁止滥用诉权等。对于法官的规制形态包括：禁止滥用自由裁量权、禁止突袭性裁判、及时推进诉讼、尊重当事人程序权利等。

---

① 《人民法院在线诉讼规则》第五条规定："在诉讼过程中，如存在当事人欠缺在线诉讼能力、不具备在线诉讼条件或者相应诉讼环节不宜在线办理等情形之一的，人民法院应当将相应诉讼环节转为线下进行。当事人已同意对相应诉讼环节适用在线诉讼，但诉讼过程中又反悔的，应当在开展相应诉讼活动前的合理期限内提出。经审查，人民法院认为不存在故意拖延诉讼等不当情形的，相应诉讼环节可以转为线下进行。在调解、证据交换、询问、听证、庭审等诉讼环节中，一方当事人要求其他当事人及诉讼参与人在线下参与诉讼的，应当提出具体理由。经审查，人民法院认为案件存在案情疑难复杂、需证人现场作证、有必要线下举证质证、陈述辩论等情形之一的，相应诉讼环节可以转为线下进行。"

② 刘荣军：《诚实信用原则在民事诉讼中的适用》，载《法学研究》1998年第4期，第125页。

对于其他诉讼参与人的规制包括代理人不得滥用代理权、超越代理权;鉴定人不得作出与事实不符的鉴定;证人不得作伪证等。①民事电子诉讼范式建构中,可以通过技术融入对诚信原则的强化贯彻,具体包括以下几个方面。

一是对当事人违反诚信原则的行为进行识别。比如,杭州法院通过对当事人诉讼历史数据的分析,识别当事人的消费者身份,对网络职业"打假人""碰瓷人"进行规制,防止其滥用起诉权。通过诉讼平台提交诉讼证据,明确当事人举证时限和失权后果,并在举证时限届满前进行提醒和告知,能够督促当事人积极举证,促进诉讼的推进。通过远程审理对当事人陈述进行音视频记录,为防止当事人反言提供判定依据。通过对涉网行为(例如网络购物)进行数据追溯和核实,促进当事人进行真实性陈述。

二是对法院违反诚信原则的行为进行监管。比如,通过对电子化类案检索的要求,规制同类案件的自由裁量空间。通过电子诉讼平台提交证据、陈述主张、申请回避等对诉讼过程进行留痕,通过审判流程的公开和审限的提醒,有利于倒逼法官的诚信意识、责任意识。

三是通过类案分析指引,强化原则的适用。从大陆法系国关于诚信原则的实践看,诚信原则主要是通过大量的判例予以实现的,这些判例对审判具有指引作用,即使没有英美判例那样的硬约束,但实际会产生软约束作用。同时,借助这些判例,实务界又与学术界的分析、批判形成互动,逐渐形成一种司法共识和司法行为范式。②电子化的裁判文书检索系统,可以将既有违反诚信原则的案例进行归集和分析,有利于在理论上提炼指引规则,并

---

① 张卫平:《民事诉讼中的诚实信用原则》,载《法律科学(西北政法大学学报)》2012年第6期,第153页。
② 张卫平:《民事诉讼法》,法律出版社2019年版,第50页。

指导实践的运用,避免诚信原则的模糊性导致法官适用的顾虑,推动诚信原则适用的法条化。

2. 民事电子诉讼一般性原则的确立

民事电子诉讼范式构建中,除了保障传统民事诉讼中的基本原则,还要对民事诉讼电子化实施过程中原则性的规范和要求加以确立。既有学者的研究主要包括以下两个方面。

(1) 信息安全原则的确立。

民事电子诉讼以电子化的法律交往为基础,在此过程中,信息呈现出高度开放性和流动性的特点。信息安全是整个电子化过程的前提条件。人们不会在一个不安全的环境中进行诉讼,也不会对一种不安全的争议解决方式加以尝试。因此,信息安全是在整个民事电子诉讼范式建构中必须考量的因素。"积极服务型"电子诉讼范式虽然主张对新技术持开放和包容的态度,进行实践的尝试,但在尝试之前,仍应当进行技术评估,如果存在风险应当形成应对方案后加以探索。同时,对既有民事电子诉讼技术和实践也要在运行过程中进行监测,及时发现安全隐患和漏洞,及时完善制度规范,升级迭代技术设施,确保电子化的诉讼过程安全、稳定。

(2) 功能等值原则的确立。

功能等值原则是指民事诉讼的电子化要以传统民事诉讼程序为参照,功能等值式地进行。即按照线下诉讼程序打造的电子诉讼行为的基础是其与线下诉讼程序在形式上的功能等值性。[①] 功能等值原则是传统民事诉讼与民事电子诉讼转化中需要考量的前提性原则。一方面,要求民事电子诉讼范式不减损传统民事诉讼制度中当事人的既有权利。这是对民事电子诉讼"增益性"的要求。

---

① 许多奇:《互联网金融法律评论》(第3辑),法律出版社2015年版,第102页。

另一方面，民事电子诉讼在实施过程中对功能"等值"转化的界定，应进行灵活的考量。功能"等值"不代表功能"等同"，如果某些程序同传统诉讼相比可能会对当事人程序权利产生一定的限制，但从整体制度运行上考量，当事人是更加获益的，也应当认为符合功能等值原则。比如，电子送达制度，如果当事人主动适用则不需要进行程序告知，默认当事人选择电子诉讼的方式参加诉讼。虽然看似缺少了程序告知行为，但从实际运行中，如果当事人具备电子诉讼的能力，电子送达方式将更加便利其参加诉讼，保障程序知情权。因此，对于功能等值原则应当从程序适用的整体上进行把握，既避免民事电子诉讼范式建构与传统民事诉讼中的功能产生冲突，也避免民事电子诉讼由于特殊的制度安排而受到质疑和限制。

值得指出的是，《人民法院在线诉讼规则》第二条规定，人民法院开展在线诉讼应当遵循公正高效、合法自愿、权利保障、便民利民、安全可靠五项原则。虽然此五项原则与上述文中的原则表述存在差异，但具体含义已经涵盖在上述原则之中。

综合本章所述，"积极服务型"民事电子诉讼范式的理论适应，包括基本理念的确立以及具体理论的协调和重塑两方面内容。

基于传统民事诉讼程序的本位性、自治性、契约性和协同性基本理念和民事电子诉讼已经形成的突出服务当事人的理念定位、增强当事人诉讼参与度和协同性、贯彻以当事人为中心但不排斥法院的职权参与、突出"人"的主体地位和"诉权"的保障作用四方面共识，在"积极服务型"民事电子诉讼范式下，民事电子诉讼应当确立四个方面的基本理念。一是程序保障性。确立程序的独立价值，法院和当事人都应严格按照程序进行诉讼，努力为当事人赋予决定诉讼程序的启动、终结以及对实体权利的裁判范围和证据资料的权利。二是程序服务化。将民事电子诉讼作为贯彻司法服务理念的试验场，通过技术手段，完善审判权对诉权的服务方式，维护当事人诉讼权利，强化当事人的程序主体地位。三是程序电子化。对新技术的探索和运用持积极态度，理论和制度应积极主动调整自身的内容，以适应技术带来的诉讼纠纷形态的变化，及时将新技术融入制度运用，充分发挥技术在民事纠纷解决中的赋能作用。四是程序协同化。根据纠纷发生的场景，引导第三方网络平台、数据公司、鉴定机构、调解机构的介入，协同还原案件事实，化解纠纷。

基于理论与实践的相互关系，并结合民事诉讼理论体系和电子诉讼的实践，理论层面的民事电子诉讼范式建构，具体应当从民事诉讼目的、价值、原则三方面展开。一是民事电子诉讼目的的厘清。从当事人立场出发，民事电子诉讼应当具有权利维护和程序保障的双重目的。基于权利维护的目的，民事电子诉讼应当将技术融入审理程序，发现案件事实和正确适用法律。二是民事电子诉讼价值的协调。一方面要促进既有民事诉讼价值的实现；另一方面在具体实现和操作过程中，弥合与既有民事诉讼价值产生一定的冲突。三是民事电子诉讼原则的贯彻。对民事诉讼既有的平等、辩论、处分、诚信等基本原则进行分析，结合电子化的新特点加以贯彻和实施。同时，还要结合范式建构的需要丰富既有原则的内涵，创设指导民事电子诉讼实施的信息安全原则和功能等值原则。

第五章　民事电子诉讼范式的制度协同

民事诉讼制度是理论指导并适用于民事诉讼活动中的具体化体现。民事电子诉讼范式建构需要在理论适应的基础上，对民事诉讼制度进行协同建构，确保民事诉讼理念、目的、原则在实施中得到贯彻。在"积极服务型"民事电子诉讼范式下，由于电子诉讼行为是在时空场域中发生的与传统诉讼不同的诉讼形态，因此制度的协同应当从两个方面加以考量：一是从整体上协调民事电子诉讼制度与传统民事诉讼制度之间的关系；二是在具体制度中处理民事电子诉讼与传统民事诉讼协同建构的系列问题。因此，笔者从整体制度建构与具体制度建构两方面分析民事电子诉讼范式下的制度协同。

第一节　制度的整体化协同

民事电子诉讼范式下制度的整体化建构，需要在"积极服务型"民事电子诉讼范式理论指导下，综合考量传统民事诉讼制度与民事电子诉讼制度之间的关系并进行协同构建，具体包括结构性建构、阶段性建构、正当性建构三个方面。

一、民事电子诉讼制度的结构性协同

制度的结构性协同主要从整体性视角考量民事诉讼与民事电子诉讼的关系协同问题,包括两方面内容:一是结合"积极服务型"民事电子诉讼范式建构的理论和当前民事诉讼电子化的司法实践,分析两种制度协同的方式类型;二是对可能的结构性协同类型进行分析和权衡,确立协同的基本范式路径。

(一)结构性协同的类型分析

结合理论和司法实践,民事电子诉讼的制度结构可概括为并行性制度结构和补充性制度结构两种类型。

1. 并行性制度结构

并行性制度结构,主要表现为民事电子诉讼制度采取与传统民事诉讼制度并行的二元制度模式,形成独立的制度规范体系。比较典型的是韩国实行的民事电子诉讼制度。该制度经过立法确认,形成与既有的民事诉讼制度并行的法律规范。我国在互联网法院建设过程中,也采取了并行性制度结构的探索和尝试。最高人民法院通过颁布《最高人民法院关于互联网法院审理案件若干问题的规定》,确立了互联网法院以线上审理为原则的制度体系。在司法实践中,将这种并行性的制度方式表述为适应电子化社会的"流程再造"。除了互联网法院外,最高人民法院在全国范围内也在积极探索,推动民事电子诉讼整体朝着"全业务覆盖、全天候诉讼、全流程公开、全方位融合"的方向发展。[①] 例如,通过试点法院的形式推广电子化跨域立案;运行全国法院诉讼通知平台,探索实现交往和送达的电子化;运行电子化卷宗平台、电子化鉴

[①] 张兴美:《中国民事电子诉讼年度观察报告(2017)》,载《当代法学》2018年第6期,第155页。

定平台等。① 并行性制度结构的优势在于，可以为民事电子诉讼程序提供系统化的规范指引，有利于从制度和规范层面推进建构、探索和实施。但是，在民事电子诉讼发展的初期，并行性制度也会存在一定的弊端。一方面，并行性制度规范需要与传统民事诉讼体系内容相协调，在法律渊源上需要形成同等的效力性规定。比如，韩国通过制定"民事诉讼中利用电子文书的相关法规"的方式对效力进行确认。另一方面，电子诉讼制度自身应当具有统一性。例如，北京、杭州、广州的互联网法院审理规程应当具有统一性，各地法院在"流程再造"中，各诉讼环节应当遵循统一规范、标准和操作程序，避免各地司法机关在实施中出现过大的差异性，影响法律实施的统一性，增加当事人诉累。

2. 补充性制度结构

补充性制度结构，主要表现为民事电子诉讼基于传统诉讼制度进行建构，并对传统民事诉讼进行完善补充，而不是另行"再造"新的制度体系。在法律渊源上，主要通过修订现行民事诉讼法律规范，融入民事电子诉讼的制度内容来加以实现。比如，德国就是通过对传统民事诉讼规范进行修订，在其中对民事电子诉讼的法律效力进行确认。补充性制度结构的优势在于，能够在确保法律稳定性的基础上推进民事电子诉讼的范式建构，修订和补充的内容经过既有研究和实践检验，能够保证范式制度实施的顺畅性。但弊端在于：一是补充性制度在实施前需要实践的积累和探索，这一过程难以获得正当性的基础；二是由于法律规范具有稳定性的内在要求，这就要求立法时根据社会发展的规律，尽可能预见未来发展情况，使规范具有一定的前瞻性。技术的发展具有快速迭代的特点，司法实践需要适应技术发展而及时进行调整

---

① 张兴美：《中国民事电子诉讼年度观察报告（2017）》，载《当代法学》2018年第6期，第155页。

和创设新的制度，但由于补充性制度结构下，民事电子诉讼仍在传统制度体系和原则下运行，一方面，在规范层面，由于立法程序的复杂性，民事电子诉讼难以根据技术发展及时对制度规范作出调整；另一方面，由于传统民事诉讼的理论和概念已经形成，缩限了民事电子诉讼运行中解释和发展的空间。

（二）结构性协同的类型选择

通过对结构性协同的类型分析可知，不论是并行结构还是补充结构均有一定的合理性，但也存在一定的限制和弊端。笔者认为，两种类型的选择不是绝对相互排斥的，而是可以根据民事电子诉讼发展的情况进行选择和转化。在民事电子诉讼发展初期，可以采取补充结构，在既有制度体系下确立其合法性地位。这有利于理论和实践接纳新的制度形式，也有利于形成新的观念基础。经过一段时间的运行后，可以通过司法解释和司法政策的方式，不断对新的制度需求加以回应，积累实践经验。当民事电子诉讼已经在观念上和实践中被大多数民事诉讼主体所接纳并且对于具有技术优势的制度形成行为习惯时，可以考虑对这些制度内容进行体系化的整理，并转型为并行性制度结构。在新的制度体系下，进一步发挥体系优势，推动实践的发展，形成规范与实践的及时有效互动。

当前，我国在试点经验基础上，制定了《最高人民法院关于互联网法院审理案件若干问题的规定》《人民法院在线诉讼规则》《人民法院在线运行规则》三部司法解释，初步构建了民事电子诉讼制度体系。起初，由于《民事诉讼法》没有对民事电子诉讼的效力进行明确确认，导致理论和实践中对具体诉讼行为的正当性和合法性被质疑。随着2021年《民事诉讼法》的修改，民事电子诉讼的效力得以通过补充性结构方式加以弥补。未来，随着"积极服务型"范式的建构和实施，民事电子诉讼制度将逐步完善，并向并行性制度结构转化。一方面，可以将司法解释中确立的体系化制度内容加以立法确认，制定独立的电子诉讼法，使民事电子诉讼的规范体系化；另一方面，在立法技术上加大制度对技术融合的包容度，对新技术在民事电子诉讼制度中的运用给予更多包容和解释的空间。

二、民事电子诉讼制度的阶段性协同

制度的阶段性协同，主要考量具体民事诉讼程序电子化的实施阶段和实施步骤问题。民事诉讼电子化过程中，不同的实施阶段和实施步骤，决定了不同的实施进程和实施效果，需要对实施阶段进行类型化分析，并结合范式理论和司法实践，确立实施的进程。

（一）制度实施阶段性的类型分析

通过对民事诉讼电子化司法实践的考察可知，民事电子诉讼的实施阶段包括全程性实施和阶段性实施两种。

1. 全程性模式

全程性民事诉讼电子化的实施，主要是基于互联网法院的实践探索形成的"网上案件网上审理"的实施方式。互联网法院依托信息技术手段和网上诉讼平台，实现案件从立案、受理到审判执行的全流程操作。当事人足不出户，通过互联网就能完成诉讼全部过程，并建立线上线下转化机制，形成完整、优良的互联网审判新模式，彰显了"互联网元素"。[①] 截至 2019 年 10 月 31 日，三家互联网法院在线平均审理时长 45 分钟，案件平均审理周期约 38 天，比传统审理模式分别节约约 3/5 和 1/2 的时间，其中北京互联网法院实现当事人立案申请在线提交率 100%，诉讼费在线缴

[①] 陈增宝：《构建网络法治时代的司法新形态——以杭州互联网法院为样本的分析》，载《中国法律评论》2018 年第 2 期，第 43 页。

纳率90.3%，在线庭审率98.7%，平均审理时长52分钟，裁判文书电子诉讼达率96.8%。① 通过以上数据可以看出，全程性电子诉讼对于提升互联网类型案件的诉讼效率和审判质量具有一定的成效。但从数据显示的案件数量看，三家互联网法院受理案件的占比仍然较低。以北京市互联网法院为例，2019年北京市三级法院共受理案件总数为983654件，北京互联网法院受理案件26651件，占比不足3%。② 互联网纠纷的全流程在线审理方式是否适用于一般类型的纠纷，需要进行具体化分析。在更广泛的诉讼领域中，能否实现对线下审理的普遍性替代，仍需要在实践中加以探索。③

2. 阶段性模式

阶段性民事电子诉讼的实施，主要基于早期各地法院的实践探索，以及2020年1月15日最高人民法院印发的《民事诉讼程序繁简分流改革试点方案》和《民事诉讼程序繁简分流改革试点实施办法》中对于"探索推行电子诉讼和在线审理机制"的实践。截至2020年5月，全国法院网上立案136万件，开庭25万次、调解59万次，电子送达446万次，网络查控266万件，司法网拍成交额639亿元，执行到位金额2045亿元。④ 左卫民教授对地方

---

① 最高人民法院：《中国法院的互联网司法》，人民法院出版社2019年版，第16页。

② 北京数据来源于寇昉：《北京市高级人民法院工作报告》，载《北京日报》2020年3月5日第007版。需要注意的是，受理案件总数中包含当年民事、刑事、行政等各类案件的数量，并非均为民事诉讼。不过有研究指出，民事审判约占全国法院审判工作总量的90%，参见蔡彦敏：《断裂与修正：我国民事审判组织之嬗变》，载《政法论坛》2014年第2期，第38页。

③ 左卫民：《中国在线诉讼：实证研究与发展展望》，载《比较法研究》2020年第4期，第162页。

④ 新华社：《最高人民法院工作报告（摘要）》，载《人民日报》2020年5月26日，第004版。

法院司法实践情况进行了调研和实证研究。① 上海法院从2020年2月3日至4月28日，在线庭审（含调解、听证、谈话）达13173场，较2019年的48场增长了270多倍。② 成都中院和双流区基层法院在2020年春节前后，分别网上立案313件和300件，分别网上开庭79件和316件。而在2019年，两家法院几乎没有网上立案案件。通过对法官和律师的问卷和访谈发现，诉讼各方对于电子诉讼的实施呈积极态度。由此可以看出，各地法院对民事电子诉讼具有较大的实施空间。③

（二）阶段性协同的类型选择

通过分析全程性和阶段性两种实施模式可知，目前我国司法实践中主要采取全程性和阶段性并行的二元实施方式。对于互联网法院，由于案件类型易于网上审理，采取原则上在线全流程审理的方式实施。对于传统法院，采取阶段性的实施方式，从网上立案、电子送达、远程庭审等技术成熟易于实施的阶段加以推广。笔者认为，从基本理念、目的、价值和原则出发，"积极服务型"民事电子诉讼范式建构的实施目标是推动民事电子诉讼从阶段性实施向全流程转化。具体实施阶段的选择和推进可以从以下三个方面展开。

一是"阶段性"实施程序的推广。在网上立案、远程庭审、电子送达等程序基础上，继续拓宽程序适用的深度和广度。比如，强化审前程序、证据交换程序、调解程序的运用和推广，使法官

---

① 左卫民：《中国在线诉讼：实证研究与发展展望》，载《比较法研究》2020年第4期，第162页。
② 左卫民：《中国在线诉讼：实证研究与发展展望》，载《比较法研究》2020年第4期，第162页。
③ 左卫民：《中国在线诉讼：实证研究与发展展望》，载《比较法研究》2020年第4期，第162页。

更加熟悉和适应电子化方式审理案件，通过不断强化技术保障，升级软硬件设施和网络运行，减少法官推广电子化程序的工作量，提高当事人和法官在程序中适用电子化程序的积极性。通过一段时间的经验积累和实践运行，形成电子化的程序运用观念和习惯，为全程性程序实施创造条件。

二是全程性实施案件的探索。在互联网案件成熟运用的基础上，根据民事诉讼案件类型特点和阶段性实施的经验，通过试点方式对全程性实施案件的类型加以拓展。例如，金融机构的信用卡纠纷、金融借款纠纷，物业、供暖等涉众性的标准化合同纠纷等案件数量大、类型化程度高、易于电子化审理的"串案"进行全程性实施的推广，发挥技术赋能的作用，减轻法官的工作负累。

三是"增益性"实施的标准考量。不论是阶段性实施程序的推广，还是全程性实施案件的探索，都应当防止为了"电子化"而"电子化"。在实施过程中应当充分考量实施效果是否对实施主体产生"增益性"。首先，应当考量对当事人是否具有"增益性"，以符合"服务型"电子诉讼的基本观念。其次，应当考量法院在实施中是否产生"增益性"的社会效果。最后，如果实施过程中的"增益性"在法院与当事人之间发生冲突，即出现增益的此消彼长情形，应当秉持功能等值原则，即在当事人既有诉讼权益不减损（不是必须增加）的前提下，加以选择、推广和适用。

三、民事电子诉讼制度的正当性协同

制度的正当性是民事电子诉讼被人们认可、接受的前提，主要从合法性和合理性两个方面加以体现，需要在民事电子诉讼范式构建过程中，对民事诉讼制度进行协同考量。

（一）制度建构的合法性协同

制度建构的合法性协同主要考量民事电子诉讼的立法协同保障。民事电子诉讼作为司法体制改革的重要内容，通过各级法院的先行先试，已经进行了多种结构和阶段的探索，取得了一定成效。但由于民事电子诉讼法律规则体系还没有构建完成，其合法性在理论和实践中仍然会受到质疑，根本原因在于合法性问题关涉到立法与改革之间的协调。一直以来，我国注重"先改革后立法，先试点后总结"的模式，改革先于法律的做法时有发生，这种发展方式也得到了官方一定的认可。[①] 伴随着中国特色社会主义法律体系的基本形成，"改革要于法有据"成为官方的主流意识形态，这不仅体现出立法对改革的支持与约束，更体现出对宪法和法律权威的尊重。[②] 因此，具体应当从两个方面加以考量。一是规则的创设。在立法层面确认民事电子诉讼行为的法律效力，需要根据结构性和阶段性的发展情况，通过对《民事诉讼法》的修改或制定民事电子诉讼法予以实现。张卫平教授提出，可以通过全国人大常委会授权最高人民法院制定民事诉讼智能化或民事诉讼的试行规则加以实现。理由是最高人民法院是智慧法院建设并推动民事电子诉讼发展的主要实施主体，对于实践情况最为了解，由其制定相关试行规则最为合理。[③] 笔者认同这种做法，在当前民事电子诉讼立法还未形成统一共识之前，可以通过试点方式对规范进行探索，既解决了法律渊源的问题，也为规则的创设提供了

[①] 刘松山：《当代中国处理立法与改革关系的策略》，载《法学》2014年第1期，第74页。

[②] 侯学宾：《我国电子诉讼的实践发展与立法应对》，载《当代法学》2016年第5期，第4页。

[③] 张卫平：《民事诉讼智能化：挑战与法律应对》，载《法商研究》2021年第4期，第18页。

准备。二是规则的解释。在民事电子诉讼体系性规则形成之前,在技术融合中遇到没有明确规定的情形时,应当遵循民事电子诉讼基本原则,进行目的解释、扩张解释,对于符合民事电子诉讼目的和价值追求的可以拓展适用;对于为获得法律授权或者与基本原理存在偏离的,应当严格限制,不得任意突破。特别是"先行先试"的司法实践,应当以符合民事电子诉讼范式建构的基本原则为前提,避免由此导致在司法实践中对民事电子诉讼中技术与司法融合正当性的削弱。

(二)制度建构的合理性协同

制度的合理性是指制度的建立与发展,要与制度本身建设的客观规律与内在逻辑相符合。具体包括实质合理性、形式合理性、程序合理性三个维度。① 民事电子诉讼的范式建构应当从这三个维度加以考量,实现民事电子诉讼制度的协同建构。一是实质合理性,包括制度的合规律性和制度的合目的性两个方面。民事电子诉讼的制度应当与基本理念、价值、原则相契合。确保制度协同建构符合现代民事诉讼发展的客观规律,有利于实现民事电子诉讼发展的目的。二是形式合理性,指制度体系内部结构的合理性,制度规范的普适性,制度内容的公开性和确定性。② 具体而言,民事电子诉讼制度建构应当成体系性的展开,并具有公开性和确定性。实施过程中,应当加强制度宣传,使当事人充分知悉、理解民事电子诉讼制度的内容、作用和要求。三是程序合理性,是指制度运转的公正、严密、完善,可以排除外部干涉,相关各方依照程序本身形成结果。程序的合理性使制度更具人性、更加人道,

---

① 李海青:《现代性视域中的制度合理性》,载《江西社会科学》2020年第9期,第6页。
② 李海青:《现代性视域中的制度合理性》,载《江西社会科学》2020年第9期,第6页。

更能体现人的尊严。① 具体而言，在民事电子诉讼制度建构过程中，应当确保规范的统一性，对于新制度、新技术的运用，应当注意统筹不同试点之间适用的差异，避免司法实践中由于理解差异导致制度适用上的偏差。

第二节　制度的具体化协同

民事电子诉讼范式下具体制度的协同建构，聚焦对民事诉讼电子化过程中需要调整和变化的制度进行系统梳理，在理论指导下调适具体制度构建的内容和方式。按照民事诉讼程序的内容和结构，主要从电子化受理制度、电子化交往制度、电子化审理制度、电子化证据制度四个方面展开。

一、电子化受理制度

案件受理制度主要指人民法院对起诉进行审查，对符合起诉条件的案件，予以立案的审判行为。②《民事诉讼法》第一百二十二条③对当事人和法院在案件受理方面均设置了具体的审查条件和要求。对当事人而言，在主体上对原告要求必须是直接利害关系人，对被告要求信息明确，对诉讼请求、事实、理由要求内容具体。对于法院而言，需要受理法院具有管辖权。在民事诉讼电子

---

① 李海青：《现代性视域中的制度合理性》，载《江西社会科学》2020年第9期，第8页。
② 张卫平：《民事诉讼法》，法律出版社2019年版，第307页。
③《民事诉讼法》第一百二十二条规定，"起诉必须符合下列条件：（一）原告是与本案有直接利害关系的公民、法人和其他组织；（二）有明确的被告；（三）有具体的诉讼请求和事实、理由；（四）属于人民法院受理民事诉讼的范围和受诉人民法院管辖。"

化实践中,通过网上立案登记和受理已经取得了一定的经验基础,以浙江法院为例,网上立案和跨域立案已经实现省内全面畅通,网上立案开通率达到 100%;2019 年 1 月至 6 月共完成立案 25.3 万件,网上立案率达到 59.7%。[1]"积极服务型"民事电子诉讼范式下电子化受理制度建构,可以从法院审查和当事人起诉两方面对电子化受理制度进行协同优化。

(一) 法院审查的电子化协同

民事电子诉讼中,当事人起诉和法院审查行为从线下转移到线上,改变了审查的时空场域,需要考虑线上信息和线上行为的可靠性,以确保审查行为和审查结果符合法律规定的标准和条件,具体包括以下几个方面。

1. 被告身份信息的确认

在民事诉讼中,只有原告提出了明确的被告,才能进一步查明事实,分清是非责任,作出正确的裁判。因此,我国《民事诉讼法》第一百二十二条规定,起诉必须具有"明确"的被告。[2]《民事诉讼法》司法解释第二百零九条规定了"明确"的标准[3]。由于网络空间的虚拟性,网络中发生的民事行为主体的"虚拟性",原告起诉时只知道被告的"网名"并不能知道被告的真实姓名和住所信息,特别是网络侵权纠纷、网络购物合同纠纷中,消费者或者被侵权人往往难以直接获得对方身份信息,也难以获得

---

[1] 最高人民法院:《中国法院的互联网司法》,人民法院出版社 2019 年版,第 12 页。

[2] 段文波:《论民事诉讼被告之"明确"》,载《比较法研究》2020 年第 5 期,第 165 页。

[3] 《民事诉讼法》司法解释第二百零九条规定:"原告提供被告的姓名或者名称、住所等信息具体明确,足以使被告与他人相区别的,可以认定为有明确的被告。起诉状列写被告信息不足以认定明确的被告的,人民法院可以告知原告补正。原告补正后仍不能确定明确的被告的,人民法院裁定不予受理。"

对方住所信息，导致原告难以达到"明确"被告的标准。

笔者认为，由于网络行为具有虚拟性的特点，原告在起诉时存在客观上难以获得被告名称和住所信息的情况。为了充分保障当事人的起诉权利，法院应当在案件受理阶段完善民事电子诉讼的相关辅助性制度，强化对当事人的"服务"。具体而言，可以通过以下措施加以解决。

第一，通过立案阶段律师调查令的方式揭开网络虚拟账号的面纱。律师调查令制度，是指由于客观原因不能自行调查取证时，当事人向人民法院申请，经审查符合确有必要的条件，由法院签发，由律师在法院授权范围内持令调查收集证据的制度。

第二，申请法院向电子商务平台经营者、网络服务提供商进行调取。大部分网络中发生的民事行为都需要在网络平台上实施，一般而言，网络平台服务提供商可以掌握被告的身份信息，出于保护当事人诉权的需要，在当事人不能自行调取的情况下，法院应当协助调取。

第三，不论是律师申请调查令还是法院协助调取，法院都应当进行必要性审查，防止权力的滥用和个人信息的泄露。首先，原告申请调查时应当提供证据证明诉讼行为的发生，以及被告身份的虚拟性。其次，法院调查的内容应当仅限于审查后与诉讼相关联虚拟被告的真实名称、住所和联系方式。最后，人民法院对于调取的信息在案件审理前应当注意保密，比如律师调查令中要求被调查单位直接将信息发给法院，法院直接调查的信息经确认后，在公开开庭审理前暂不向原告透露。避免原告滥用申请调查权侵害被告的其他权益。

2. 管辖权连接点的确定

由于网络空间的虚拟性、广泛性和实时性，网络参与者的身份和住所难以进行法律上的识别，致使管辖权连接点难以确定，对传统法院管辖连接点规则提出了挑战。比如，传统法院管辖制度中诉讼标的物所在地、法律事实所在地等常见的管辖连接点通常可以与具体的空间进行对应,而在互联网空间中,上述管辖连接点则无法与空间进行有效对应,使传统的管辖连接点出现失灵,对地域管辖制度造成冲击。比如,在网络购物纠纷中,因多元连接点的存在,受法院之间案件裁量等因素影响,当事人存在自行创造管辖连接点的现象。① 例如:原告将网络交易收货地设置在其目标法院管辖地域范围内,实现制造管辖连接点的目的。再如,网约车纠纷,下单和支付行为在线上进行,运输行为在线下完成。如果以运输服务为由,按照运输合同纠纷起诉平台承担承运人责任,则不属于互联网法院管辖;如果以平台提供信息中介服务为由,以网络服务合同纠纷起诉,则属于互联网法院管辖。② 由于网络案件具有较高的类型化,当事人在现行管辖制度下进行管辖连接点的创设和取舍,对法院之间负担案件的均衡性造成一定影响,需要在范式建构过程中结合涉网案件的特点对地域管辖制度加以优化和协同。涉互联网案件的特殊地域管辖案件,主要包括合同和侵权案件。在互联网环境下,由于网络环境的虚拟性,导致诉讼标的物所在地或法律事实所在地等管辖权连结点极难界定。③ 笔者认为应当对网络合同类和网络侵权类案件的管辖连接点加以重点分析和优化。

一是网络侵权类案件管辖连接点的优化。现行法律规范下,

---

① 《民事诉讼法》第二十四条规定:"因合同纠纷提起的诉讼,由被告住所地或者合同履行地人民法院管辖。"《民事诉讼法》司法解释第二十条规定:"以信息网络方式订立的买卖合同,通过信息网络交付标的的,以买受人住所地为合同履行地;通过其他方式交付标的的,收货地为合同履行地。合同对履行地有约定的,从其约定。"

② 杨艳、张培森:《关于北京互联网法院案件管辖与立案审查的思考》,载《经贸法律评论》2019年第3期,第121页。

③ 肖建国、庄诗岳:《论互联网法院涉网案件地域管辖规则的构建》,载《法律适用》2018年第3期,第17页。

网络侵权纠纷是以侵权行为地以及被告住所地作为确定案件管辖权的一般原则。同时，以侵权结果发生地作为确定管辖权的补充和例外。① 这种方式主要是在网络案件中寻找可依托的连接点，从而使传统管辖规则得以适用。例如，将网络服务器和计算机终端设备所在地作为管辖权确定的连接因素，"原告发现侵权内容的是计算机终端设备所在地"②，由于移动计算机终端设备的普及，使原告拥有任意选择法院的权利，导致网络侵权类案件连接点的多元性和任意性，使该类案件的实际管辖与"两便"原则相背离。笔者认为直接确定管辖连接点为原告住所地更为适宜。一方面，网络侵权纠纷中已经逐步弱化连接点，将地理位置作为连接点可能给当事人和法院增加更多的诉讼成本。另一方面，以原告住所地为连接点具有清晰、明确的规范优势，在网络侵权纠纷中，原告的信息更容易核实和确定，有利于法院对案件分配的确定性。此外，由于网络行为对地域空间的突破，以原告住所地网络侵权纠纷管辖连接点，有利于更大限度保障我国公民的民事权益。

二是网络买卖合同类案件管辖连接点的优化。《民事诉讼法》司法解释第二十条规定③，网络买卖合同类案件在没有协议管辖的情况下，应当根据交付标的的方式以买受人住所地或者收货地为

---

① 北京互联网法院课题组：《网上审判方式与审理机制研究》，最高人民法院调研课题，第39页。

② 2014年施行的《最高人民法院关于审理利用信息网络侵害人身权益民事纠纷案件适用法律若干问题的规定》第二条规定："利用信息网络侵害人身权益提起的诉讼，由侵权行为地或者被告住所地人民法院管辖。侵权行为实施地包括实施被诉侵权行为的计算机等终端设备所在地，侵权结果发生地包括被侵权人住所地。"后该司法解释于2020年12月被《最高人民法院关于修改〈最高人民法院关于在民事审判工作中适用《中华人民共和国工会法》若干问题的解释〉等二十七件民事类司法解释的决定》删除。

③ 《民事诉讼法》司法解释第二十条规定："以信息网络方式订立的买卖合同，通过信息网络交付标的的，以买受人住所地为合同履行地；通过其他方式交付标的的，收货地为合同履行地。合同对履行地有约定的，从其约定。"

合同履行地。实践中,有原告利用互联网审判的便利性,故意将收货地设置为北京市辖区,进而实现在北京互联网法院起诉的目的。比如,通过设定虚假地址(不是原告实际收货的地址),或者不具体的地址,实现与北京互联网法院管辖连接。① 这种情形显然与规则中合同收货地的连接点意义相背离。因此,笔者认为,在制度建构和案件审理中应当对"收货地"连接点的真实性进行审查,如果存在虚假收货的情形,应当排除"收货地"连接点的适用。

3. 互联网法院案件的管辖范围

为了适应互联网时代司法的现实需求,我国在杭州、北京、广州三地分别设立了互联网法院。互联网法院的目标定位会影响其对涉网案件的地域管辖规则。② 从定位上看,互联网法院一方面具有"网上案件网上审理"的机制探索功能,另一方面,还有利用管辖集中化、案件类型化、审理专业化的优势,明确网络空间交易规则、行为规范和权利边界,完善互联网司法裁判规则体系,实现推进网络空间法治化的目的。③《最高人民法院关于互联网法院审理案件若干问题的规定》第二条,明确列举了十一种案件类型,明确由互联网法院集中管辖所在市辖区内应当由基层人民法院受理的一审案件。这种对管辖范围的列举,旨在保障管辖政策的安定性、稳定性和可预见性。但从实施情况看,仍存在诸多问题。

一是案件类型的单一化,削弱了专业化审判的定位。杨秀清教授对三家互联网法院的裁判文书进行实证分析发现,互联网法院案件类型集中且呈现出明显的"串案"特点。特别是网络购物

---

① 北京互联网法院课题组:《网上审判方式与审理机制研究》,最高人民法院调研课题,第41页。

② 肖建国、庄诗岳:《论互联网法院涉网案件地域管辖规则的构建》,载《法律适用》2018年第3期,第17页。

③ 最高人民法院:《中国法院的互联网司法》,人民法院出版社2019年版,第30页。

合同纠纷和金融借款合同纠纷，呈现出多个案件同一原告或同一被告的"串案"特点。以广州互联网法院为例，其审理的案件包括了中邮消费金融有限公司作为原告分别起诉6222个自然人的6222起金融借款纠纷"串案"。虽然，这种"串案"可以对个别类型案件的全流程网上审理进行系统探索，提升此类案件的审判质效，但无法体现互联网法院的专业化审判职能。①

二是集中管辖从本质上并未改变以物理地点作为连接点确定地域管辖的基本路径。互联网法院除了具有在所在城市集中管辖《最高人民法院关于互联网法院审理案件若干问题的规定》第二条的特殊类型案件的特点之外，并没有结合其互联网审理的新形态，确立针对互联网案件的特殊规则。②

三是由于网络行为样态的多样化，实践中对集中管辖具体案件的理解和适用存在争议。比如，通过电子商务平台签订或者履行网络购物合同而产生的纠纷中对于"电子商务平台"的概念，在法律上没有统一的界定。再如，签订、履行行为均在互联网上完成的网络服务合同纠纷，用户对于网约车平台、外卖平台的起诉，是否属于服务合同法律关系，仍存在争议。此外，如果原告与多被告涉及不同法律关系，其中部分属于互联网法院管辖时，是否应当由互联网法院受理，需要根据个案情况加以分析。③

笔者认为，出现以上问题的原因主要包括两个方面。其一，互联网法院在法律上并不具备专门法院的地位，导致案件管辖为集中管辖而不是专门管辖，从整体受案范围上并不具有与传统法

---

① 杨秀清：《互联网法院定位之回归》，载《政法论丛》2019年第5期，第34页。

② 杨秀清：《互联网法院定位之回归》，载《政法论丛》2019年第5期，第34页。

③ 杨艳、张培森：《关于北京互联网法院案件管辖与立案审查的思考》，载《经贸法律评论》2019年第3期，第121页。

院的排他性，导致实践中管辖出现交叉的模糊状态，同类情形的案件，有的由互联网法院管辖，有的由传统法院管辖，有的由传统法院移送到互联网法院管辖的混乱情形。其二，互联网法院通过列举方式确定管辖案件的范围。由于网络技术和产业的快速发展，网络纠纷处于不断丰富和变化的状态，列举式的管辖范围，难以清晰界定适宜互联网法院应当受理的案件类型。因此，有必要在民事电子诉讼范式建构中对互联网法院的管辖问题加以考量和优化，具体可以从两个方面加以考量。

一是确立互联网法院的专门法院地位。互联网法院的定位不仅限于"网上案件网上审理"，还立足于探索涉网案件专门的诉讼规则，以实现及时有效解决涉互联网新问题，并进一步完善法律规则，推动网络空间治理的现代化。在这样的定位下，互联网法院应当突破地域管辖的限制，以特定类型"网上案件"为基础，进行专门管辖。将互联网法院定位于网络空间治理的专门法院，而非涉网案件的集中管辖法院，发挥其专门法院的网络治理的独有功能，与普通法院管辖的案件类型进行区分。

二是对互联网法院的案件受理采取选择性管辖。从当前我国智慧法院发展情况看，有相当一部分法院已经具备在线审理的硬件基础，加之《人民法院在线诉讼规则》的实施，使传统法院也具备全流程在线审理互联网法院十一类案件的能力。因此，回归互联网法院设立之初的定位，其"网上案件网上审理"的试点意义已经基本完成，未来互联网法院受理的案件类型，在实体上应当聚焦于"推动网络空间治理法治化，强化我国在网络空间治理的国际话语权和规则制定权"的案件，在程序上应当探索区块链、人工智能等新技术融入诉讼程序。因此，在专门管辖的案件类型上，由列举式管辖转变为选择性管辖，即在传统法院继续审理的基础上，由互联网法院对案件提供增量服务。在划定一个较为宽泛的互联网纠纷基础上，当事人可以选择向互联网法院或传统法院起诉，互联网法院对收到的案件进行评估和选择，对于不适宜在互联网法院审理的案件，直接移送至传统法院审理。

（二）当事人网上立案的协同

当事人起诉的电子化协同，主要指当事人运用电子化的方式完成《民事诉讼法》第一百二十二条、一百二十四条规定的起诉条件和起诉状要求。"积极服务型"民事电子诉讼范式下，当事人起诉与法院审查的电子化协同，需要通过网上立案加以实现。网上立案是指当事人通过网上立案平台，按照法律规定提交起诉材料，人民法院通过网上立案平台进行在线审理，并进行立案的程序。[1]

民事电子诉讼实践中，网上立案主要包括两种实现方式：一是网上预约立案，具体流程是：当事人通过网上立案平台提出预约立案申请，法院对立案材料进行审查，不符合条件的通知当事人补充提交；符合立案条件的，当事人再到法院提交纸质材料，法院现场送达案件受理通知书，并通知其缴纳诉讼费用。[2] 二是网上直接立案。同网上预约立案相比，法院审核立案材料符合立案条件的，不需要当事人邮寄或现场提交纸质材料，直接通知当事人立案登记完成，并通知原告在网上缴纳诉讼费用。虽然《最高人民法院关于人民法院推行立案登记制改革的意见》对"网上立案"的做法予以肯定，但目前还没有确立具体实施原则和具体规则。在顶层规范缺失的情况下，各地网上立案程序实施情况差异较大，影响了网上立案制度价值的实现。

---

[1] 马登科、唐豪：《我国网上立案制度研究》，载《广西社会科学》2018年第2期，第95页。

[2] 王琦：《法院网上立案的实践检视及路径研究》，载《法学杂志》2016年第11期，第98页。

2021年8月最高人民法院实施的《人民法院在线诉讼规则》第九条、第十条对网上立案的适用范围进行了明确，并规定当事人已在线提交符合要求的起诉材料的，不得要求再提供纸质件。也就是确立了网上直接立案的实现方式及其法律效力，避免了"网上预约立案"是否产生时效中断的效力争议。

笔者认为，《人民法院在线诉讼规则》第九条确立了网上立案制度程序法上的效力，但在实践中的彻底贯彻和实施，仍需要对"网上预约立案"法院电子化平台进行改造和完善，以及各地法院需要对"网上直接立案"加以观念上的转变。特别是法院在实施网上立案过程中，应当注重对当事人的程序选择权和程序参与权的保障。

一是协调推广网上立案与当事人程序选择权的关系。由于全国各地法院信息化发展程度不一，在推动电子化办案过程中，仍存在电子材料与纸质材料交替存在的情形。法院在积极引导当事人选择网上立案方式的同时，还应当充分保障当事人选择线上或线下起诉的权利，不能为了推动网上立案而限制当事人线下起诉的权利。此外，也可以通过主动沟通，适当加强对律师、国家机关、企事业单位进行网上立案的引导，特别是信用卡纠纷、物业纠纷、供暖纠纷等单一主体分别起诉众多不同个体的类型化案件，可通过完善网上立案系统的批量起诉功能，带动其他民事主体参与民事电子诉讼。

二是注重对弱势群体网上立案参与权的保障。网上立案制度价值应当具有普惠性，不能忽视和放弃老年人、残疾人、未成年人等弱势群体参与的可能性。《人民法院在线诉讼规则》第十一条规定，当事人在提交电子化材料遇到困难的，人民法院应当积极发挥能动作用，辅助当事人对线下材料进行电子化处理，并帮助其导入诉讼平台。实践中，应当进一步明晰和细化不同弱势群体的帮助和辅助措施，体现司法实质平等的价值关怀。

三是注重网上立案制度对当事人起诉权的价值实现。"积极服务型"民事电子诉讼范式下,网上立案制度的核心定位是更加高效和便利地实现当事人起诉权。而方便法院管理立案工作、提高立案登记和审查效率则居于相对次要的地位。实践中,有的法院为了推广网上立案,刻意减少现场立案的窗口数量,或者对现场立案进行排号限制;有的法院出于限制立案、强化调解的目的,将网上申请登记立案的案件直接转入诉前调解程序,并且没有在网上设置当事人变更程序的选项和渠道,导致当事人要么"被迫"进行调解,要么需要到现场提出程序变更请求,同现场立案相比投入了更多的精力、物力,造成了诉讼的拖沓。这些观念和做法会直接影响当事人对网上立案的信任度,对司法公信力造成削弱,应当予以警惕和纠正。

二、电子化交往制度

电子化交往制度主要从送达制度、材料提交、卷宗管理三个方面进行协同建构。

(一) 送达制度的电子化

送达是指法院依法定的程序和方式,将诉讼文书送交给当事人或者其他诉讼参与人的行为。送达的目的在于让受送达人能了解到诉讼文书内容,并据此参加诉讼活动,行使诉讼权利,承担诉讼或实体义务。[1] 其本质是在法院和当事人之间进行的信息传递和交换,进而保障受送达人的知悉权利。[2] 电子送达将承载信息的

---

[1] 张卫平:《民事诉讼法》,法律出版社2019年版,第271页。
[2] 北京互联网法院课题组、张雯、颜君:《"互联网+"背景下电子送达制度的重构——立足互联网法院电子送达的最新实践》,载《法律适用》2019年第23期,第22页。

介质从物质化转变为电子化，亦应具有同样的功能。我国《民事诉讼法》第九十条①确立了电子送达的适用条件、适用方式、送达内容和送达期日；《民事诉讼法》司法解释第一百三十五条、第一百三十六条②，进一步明确了电子送达的媒介、到达受送达人特定系统的日期，以及受送达人同意的方式；2017年最高人民法院印发的《最高人民法院关于进一步加强民事送达工作若干问题的通知》对电子送达的操作程序进一步细化；2017年起，最高人民法院开始试点全国统一新型电子送达平台，为电子送达提供了软硬件保障；2020年1月，最高人民法院印发的《民事诉讼程序繁简分流改革试点实施办法》第二十四条至第二十六条，对电子送达制度作了进一步完善，主要建立了"默示同意"规则，进一步扩大电子送达适用范围，明确送达生效的标准，并确立了"到达主义"和"收悉主义"两种生效情形③；2021年8月，最高人民法院颁布实施《人民法院在线诉讼规则》第二十九条至三十二条，在总结完善《民事诉讼程序繁简分流改革试点实施办法》中关于

---

① 《民事诉讼法》第九十条规定："经受送达人同意，人民法院可以采用能够确认其收悉的方式送达诉讼文书，通过电子送达的判决书、裁定书、调解书，受送达人提出需要纸质文书的，人民法院应当提供。采用前款方式送达的，以送达信息到达受送达人特定系统的日期为送达日期。"

② 《民事诉讼法》司法解释第一百三十五条规定："电子送达可以采用传真、电子邮件、移动通信等即时收悉的特定系统作为送达媒介。民事诉讼法第九十条第二款规定的到达受送达人特定系统的日期，为人民法院对应系统显示发送成功的日期，但受送达人证明到达其特定系统的日期与人民法院对应系统显示发送成功的日期不一致的，以受送达人证明到达其特定系统的日期为准。"《民事诉讼法》司法解释第一百三十六条规定："受送达人同意采用电子方式送达的，应当在送达地址确认书中予以确认。"

③ 对当事人主动提供或确认的电子地址，采取"到达主义"，送达信息到达该电子地址即为有效送达；对人民法院向主动获取的受送达人电子地址进行送达的，采取"收悉主义"。

民事电子送达制度内容基础上，对电子送达的总体机制、适用条件、适用范围和生效标准等进一步明确。

一是进一步明确电子送达适用条件。以"当事人同意"作为开展电子送达的前提，同时对"同意"的方式予以拓展，建立了"默示同意"规则，将同意的范围扩展至事前的约定、事中的行为和事后的认可，在充分保障当事人诉讼权利的情况下，引导当事人主动选择电子送达，并规范有序扩大电子送达的适用。

二是进一步明确电子送达适用文书范围。除经全国人大常委会授权开展民事诉讼程序繁简分流改革试点的法院外，其他法院尚不能电子送达判决书、裁定书、调解书。

三是进一步明确电子送达的主要方式和平台载体。在全国电子送达平台成熟运行基础上，明确了电子送达发出端应当是人民法院统一的送达平台，确保送达过程可查询、可验证、可追溯，形成有效的电子送达凭证。电子送达的到达端可以是多样化的电子地址，包括受送达人的电子邮件、即时通信账号、诉讼平台的专用账号等。同一内容材料原则上只采取一种送达方式，以便确定送达生效时间，便于当事人行使后续诉讼权利。同时，《人民法院在线诉讼规则》明确了人民法院在电子送达中应当履行的附随职责，特别是电子送达后，人民法院应尽量通过短信、电话、即时通信工具等方式作出提示和通知，以充分保障当事人的知情权，提升电子送达效率。

四是进一步明确电子送达的生效标准。明确了《民事诉讼程序繁简分流改革试点实施办法》中的"到达主义"和"收悉主义"两种适用情形的生效标准。"到达主义"适用于当事人主动提供或确认的电子地址的情形，"收悉主义"适用于当事人同意或法院审查确认为当事人有效电子送达地址的情形。

五是进一步明确"收悉主义"的送达生效时间。不再以"到达特定系统"为标准，而是以"确认收悉"的时间点作为标准。

主要包括：回复收悉时间、作出相应诉讼行为时间、系统反馈已阅知时间中最早的时间。①

2021年12月24日修订的《民事诉讼法》第九十条，从立法上确认了《人民法院在线诉讼规则》《民事诉讼程序繁简分流改革试点实施办法》的相关规范的内容，主要包括两个方面：一是明确了电子送达的法律效力；二是扩展了电子送达的适用范围。整体而言，经过《民事诉讼法》、《民事诉讼法》司法解释、民事诉讼繁简分流的试点探索和《人民法院在线诉讼规则》的完善，电子送达制度体系的规定已经较为成熟：一是通过"默示同意"规则强化电子送达适用；二是对人民法院主动适用电子送达采取"收悉主义"，并规定了人民法院的通知、提醒的附随职责，保障了当事人的程序知情权和程序选择权；三是通过全国电子送达平台建设，关联了主要电商、电信运营商等数据信息，提供了电子送达的技术保障。笔者认为，民事电子送达制度的协同构建，还应当补充考量以下两方面问题。

一是保障电子送达技术措施的正当性。实践中，有的法院通过与网络平台签订集约送达协议，连通了当事人的身份数据，直接通过平台的通信软件或者平台获取的当事人电子地址进行送达；有的法院通过与电信运营商合作，通过"弹屏信息"的方式，提醒当事人查收送达材料。当事人在自己的手机终端如果不点击阅知就不能进行其他操作。这些技术措施虽有助于电子送达的实现，但其安全性和正当性也存在一定的争议。首先，2021年8月颁布的《个人信息保护法》第四十四条规定了当事人对个人信息的知情权和决定权，因此，通过平台合作调取当事人信息的做法是否具有法律依据，需要进一步考虑。其次，"弹屏信息"是在电子诉

---

① 刘峥、何帆、李承运：《〈人民法院在线诉讼规则〉的理解与适用》，载微信公众号"最高人民法院"，2021年6月17日。

讼平台送达环节中可向当事人发送短信，当事人收到短信，手机屏幕被锁定，以强制其阅读通知内容，通过通信技术保证了短信送达的阅知效果和信息到达的有效性。① 实践中，这种送达方式可以叫醒"装睡的人""忘记看短信""以为是诈骗短信或病毒"等不再成为规避送达的理由，从而提高送达成功率，保障了当事人的诉权和知情权。但是，仍然存在一定的正当性风险：一方面，强制当事人确认阅读相关短信，客观上是审判权对当事人设备使用权利进行的限制，这种限制是否具有法律依据有待商榷；另一方面，移动设备的使用人和弹屏信息知悉确认人可以发生分离，当事人可以主张手机丢失，他人误操作等理由进行辩解，削弱了送达效力的确定性。

二是明确推定送达适用情形的具体标准。《人民法院在线诉讼规则》虽然规定了在受送达人未提供、未确认电子送达地址的情形下，人民法院向能够确认为受送达人本人的电子地址送达的，采取回复收悉和阅知推定两种方式作为送达成功的标准，但是问题在于，什么情况属于"能够确认为受送达人本人的电子地址"，在实践中缺少具体的标准，需要结合地址与当事人的关联性、近期活跃程度等因素进行考量。比如，通过搜索网站查到的电子邮箱，网络平台提供的几年前的网购账户信息等能否确认为"受送达人本人的电子地址"，需要总结实践经验予以明确。

（二）材料提交的电子化

诉讼材料提交的电子化是民事电子诉讼行为的关键环节，对当事人之间以及当事人与法院之间的交往具有重要的影响。实践中，《民事诉讼程序繁简分流改革试点实施办法》《人民法院在线

---

① 北京互联网法院：《弹屏短信——有了这款"黑科技"，电子送达更有效》，载微信公众号"京法网事"，2018年10月22日。

诉讼规则》在制度建构中对于材料提交的电子化也进行了一定的规范。

《民事诉讼程序繁简分流改革试点实施办法》第二十二条，明确了电子化材料提交的效力和规则。[①] 《人民法院在线诉讼规则》第十一条至十三条，对电子材料的提交方式、效力以及审核规则进行了明确。

一是明确了电子化材料的提交方式。既可以直接在诉讼平台录入文书材料，也可以通过扫描、拍照等方式，对材料进行电子化处理，上传至诉讼平台。如果电子材料是与诉讼平台对接的平台电子数据，可以直接在线提交。

二是明确了电子化材料"视同原件"的效力。电子化材料"视同原件"的效力既不是当然的，也不是绝对的。首先，电子化材料效力范围仅限于当事人不必再另行提供纸质原件，并不意味着电子化材料必然具备法定的证据能力和证明效力，特别是对证据内容的真实性、合法性、关联性问题，还需法院组织质证，并进行审查和判断。其次，电子化材料的有效提交需要以审核通过为前提条件，未经法院审核通过的电子化材料，不能直接在诉讼中使用。最后，电子化材料"视同原件"的效力具有相应限制条

---

① 刘峥、何帆、李承运：《民事诉讼程序繁简分流改革试点实施办法》的理解与适用，载法影斑斓微信公众号，2020年1月15日发文。其中，《民事诉讼程序繁简分流改革试点实施办法》第二十二条，明确了电子化材料提交的效力和规则。当事人选择在线方式诉讼的，可以通过电子化方式提交诉讼材料和证据材料，经人民法院审核通过后，可以不再提交纸质原件，但根据当事人申请和案件需要，人民法院可以要求提供实体材料原件。电子化材料一般应以当事人自愿主动提交为主。实践中，人民法院可以建议有条件的当事人提交电子化材料，特别是采取在线审理的情况下，应当尽量为当事人提供电子化材料提供平台支撑和技术便利。当事人提交纸质材料的，人民法院应当及时扫描录入案件办理系统。但允许通过电子化方式提交材料，并不意味着电子化材料具有当然的证据能力和证明力，对证据的真实性、关联性、合法性问题还需作专门判断。

件。如果存在形式真实性存疑、内容格式不够规范清晰、不符合档案管理规定等情形，仍应当提供原件。

三是关于电子化材料的审核规则。电子化材料本身具有易篡改的特点，为确保其形式真实性，人民法院需审核电子化材料与原件原物的一致性。考虑到电子化材料审核技术性较强，审核更多需要借助外部力量和其他程序完成，具体包括：对方当事人认可、公证机构公证、先行诉讼活动确认、在线或线下比对等。这些方式只是帮助审判组织审核电子化材料的指引性规则，如果审判组织认为即便采取上述举措，也不足以确保材料形式真实性时，应当要求当事人提供线下实体材料。

整体而言，《民事诉讼程序繁简分流改革试点实施办法》和《人民法院在线诉讼规则》对诉讼材料的电子化提交的方式、效力和审核规则进行了规范，确立了电子化材料提交在电子诉讼中的基本功能。笔者认为，电子化材料提交在电子化诉讼中的作用，还应当完善和细化以下几方面问题。

一是电子化材料提交的期间问题。电子化材料提交涉及起诉、答辩、举证等多个诉讼程序。实践中，法院也会宣传电子诉讼平台"24小时不打烊"的功能优势。这种全天候服务的电子诉讼平台提交材料的实现如何与传统诉讼制度中的期间规定相契合，需要加以考量。比如，当事人在上班日晚上的非工作时间以电子化方式递交的起诉状，应当认定为提交当日为递交时间还是顺延至工作日为递交时间；如果当事人在节假日提交电子化材料，是否也顺延至上班第一天为提交时间；如果因法院电子系统或设备原因导致提交障碍，当事人应当如何证明，才能不发生相应的失权后果等，这些都是需要在实践中考量的具体问题。

二是电子化材料提交的"结构化"问题。我国《民事诉讼法》对起诉状仅要求载明具体的诉讼请求、事实及理由，并没有对具体内容、结构以及被告答辩内容进行规范，导致法官花费大量时间去梳理原、被告的主张和归纳争议焦点，影响了诉讼效率，不利于法院与当事人之间的协作。电子化材料提交可以借助诉讼平台规范当事人的诉讼主张，对部分简单的、类型化的案件，通过"结构化""表格化"的诉讼请求，对事实主张、法律主张、证据材料进行归类，并对被告进行"结构化"答辩作出要求。一方面，有利于法官更加清晰地发现争议焦点，节省诉讼材料整理的时间，提高审判效率；另一方面，通过与实体法上请求权基础的对应，推动请求权基础规范在我国的适用。

三是电子化材料提交的推广适用问题。从当前司法实践看，材料提交的电子化是民事诉讼电子化程序启动和实施的前提，实践中如果两方当事人均通过电子化的方式提交材料，后续以在线方式审理案件的过程通常会较为顺利。但如果一方当事人由于对系统不熟悉或者抵触电子化材料的提交，则法官在诉讼进行过程中则需要承担线上和线下的双重程序任务，某种情况下甚至会影响诉讼效率。线上还是线下提交诉讼材料属于当事人程序选择权的范畴，不论是立法上还是实践中，法官都不能直接干预。但为了更好地发挥民事电子诉讼的作用，应当加强对当事人电子化材料提交的引导和推广。一方面，要丰富诉讼平台的服务功能，使当事人切实感受到线上提交与线下提交相比具有更高的便利性；另一方面，可以加强对律协、金融机构等主体的推广力度，通过专业群体带动其他群体来适应新观念。

（三）卷宗管理的电子化

电子卷宗包括案件受理时及办理过程中形成的文档、图像、音视频等电子文件，以及将纸质案卷材料电子化而制作成的电子文档或数据等电子文件。虽然卷宗管理的电子化属于法院内部管理制度，但电子卷宗的随案生成和深度应用是推动民事诉讼过程中的电子化交往，实现案件线上审理的重要基础。在"积极服务型"民事电子诉讼范式下，电子化卷宗是技术融合中不可忽视的基础性内容，如果缺少电子化卷宗作为支撑，电子化交往过程会难以记录，法院推动和实施电子诉讼的难度会加大。

2016年，最高人民法院印发《关于全面推进人民法院电子卷宗随案同步生成和深度应用的指导意见》，要求"2017年底前，全国法院全面实现电子卷宗随案同步生成和深度应用"。在此基础上，《人民法院在线诉讼规则》第三十五条对利用技术手段随案同步生成电子卷宗进行了更加细致的规定，确认了电子卷宗代替纸质卷宗进行上诉移送的效力。① 从规则层面看，《人民法院在线诉讼规则》对于在线审理的案件，确立了生成电子卷宗、形成电子档案的应然性要求，但对于电子卷宗与电子档案的关系和衔接缺少清晰的规范。2016年，《关于全面推进人民法院电子卷宗随案同步生成和深度应用的指导意见》提出，"支持电子卷宗归档。在符合相关归档要求的前提下，将电子卷宗转化为电子档案，除了电子卷宗自动生成电子页码外，其他内容要与纸质卷宗保持一致。"②

从规定上看，电子卷宗并不绝对等同于电子档案，需要按照档案要求进行转化。《人民法院档案工作规定》出台于2012年，对于电子档案的规定仅进行了倡导性的表述，要求加强电子档案管理，以及积极开展数字化档案工作。③ 这就导致实践中电子卷宗随案同步生成与电子档案管理不能同一化。进入法院的案件，法官除了在审理过程中对案卷电子化生成，在结案后还要按照纸质档案管理的

---

① 《人民法院在线诉讼规则》第三十五条规定："适用在线诉讼的案件，人民法院应当利用技术手段随案同步生成电子卷宗，形成电子档案。电子档案的立卷、归档、存储、利用等，按照档案管理相关法律法规的规定执行。案件无纸质材料或者纸质材料已经全部转化为电子材料的，第一审人民法院可以采用电子卷宗代替纸质卷宗进行上诉移送。适用在线诉讼的案件存在纸质卷宗材料的，应当按照档案管理相关法律法规立卷、归档和保存。"

② 《关于全面推进人民法院电子卷宗随案同步生成和深度应用的指导意见》第三（九）规定。

③ 《人民法院档案工作规定》第七条规定："各级人民法院应当加强电子档案管理，积极开展电子文件归档和档案数字化工作，推进档案信息化建设，实现档案资源的共享。"

要求对案卷再次整理；有些电子化的诉讼材料又要恢复成纸质的卷宗，增加了审判辅助人员的工作量，浪费了人力和物力。

笔者认为，为了实现民事电子诉讼范式目的，切实发挥出民事诉讼电子化交往的优势和特点，应当对《人民法院档案工作规定》中的相关内容进行修订，确立电子化卷宗直接转为电子档案的规范内容，实现电子档案与电子卷宗的顺畅衔接。

三、电子化审理制度

电子化审理制度主要从审前程序、庭审程序、异步审理程序三个方面进行协同建构。

（一）审前程序的电子化

《民事诉讼法》第十二章第二节专门规定了有关审理前的准备工作[①]。《民事诉讼法》司法解释第二百二十四条至二百二十六条，[②] 以提高庭审效率为目的，进一步丰富了开庭审理前的准备事

[①] 《民事诉讼法》第一百三十六条规定："人民法院对受理的案件，分别情形，予以处理：（一）当事人没有争议，符合督促程序规定条件的，可以转入督促程序；（二）开庭前可以调解的，采取调解方式及时解决纠纷；（三）根据案件情况，确定适用简易程序或者普通程序；（四）需要开庭审理的，通过要求当事人交换证据等方式，明确争议焦点。"

[②] 《民事诉讼法》司法解释第二百二十四条规定："依照民事诉讼法第一百三十六条第四项规定，人民法院可以在答辩期届满后，通过组织证据交换、召集庭前会议等方式，作好审理前的准备。"第二百二十五条规定："根据案件具体情况，庭前会议可以包括下列内容：（一）明确原告的诉讼请求和被告的答辩意见；（二）审查处理当事人增加、变更诉讼请求的申请和提出的反诉，以及第三人提出的与本案有关的诉讼请求；（三）根据当事人的申请决定调查收集证据，委托鉴定，要求当事人提供证据，进行勘验，进行证据保全；（四）组织交换证据；（五）归纳争议焦点；（六）进行调解。"第二百二十六条规定："人民法院应当根据当事人的诉讼请求、答辩意见以及证据交换的情况，归纳争议焦点，并就归纳的争议焦点征求当事人的意见。"

项，向庭审准备程序化迈进。① 就审前准备与开庭审理之间的功能定位而言，审前准备程序的主要目的是使案件达到适宜开庭审理的程度，以便保证开庭审理的连贯性和充实性。② 这种状态应该符合两个方面的要求：一是当事人争议的焦点已经清楚。开庭审理只需围绕这些争点来进行；二是双方用来证明自己主张的证据已经得到充分的收集、提交和整理。开庭时只需围绕这些证据来进行质证和辩驳。只有达到了这两方面的标准，开庭审理才不会因为新主张或新证据的提出而中断。③ 同时，审前程序应当与庭审程序功能有所区分，突出"准备"，而法官获得案件信息的主要场所仍然应当放在法庭上，通过"公开、对席、口头、直接"的开庭审理，当事人之间的平等对抗才能成为决定诉讼结果的实质性因素。庭审之前的证据和争点整理活动，说到底只是为了使这种对抗更加高效和有序地进行，而不是取代法庭上的对抗。④

基于审前程序的制度定位，在"积极服务型"民事电子诉讼范式建构中，应当在制度执行层面，运用技术强化当事人诉讼信息的收集，辅助法官整理和固定争点与证据。具体包括以下几个方面。

一是强化整理功能。电子诉讼平台要细化和完善电子化提交诉讼请求和答辩意见的功能，在程序设计上加强引导提示。原告提出的诉讼请求，应当明确实体法律依据，并关联提交证据加以证明。被告答辩意见应当与诉讼请求一一对应，对于否认和反驳，应当明确意见和理由，并提交证据加以证明。通过诉讼平台，强化诉讼材料的整理，生成条理清晰的主张及反驳意见，证据列表

---

① 张卫平：《民事诉讼法》，法律出版社2019年版，第309页。
② 吴泽勇：《民事诉讼审前准备程序的正当化》，载《法学》2005年第1期，第73页。
③ 吴泽勇：《民事诉讼审前准备程序的正当化》，载《法学》2005年第1期，第73页。
④ 吴泽勇：《民事诉讼审前准备程序的正当化》，载《法学》2005年第1期，第75页。

及质证意见。在人数众多以及证据数量众多的复杂案件中，电子化的审前证据管理具有明显的效率优势。通过对证据资料的扫描、编号以及制定证据列表，数字化的证据资料可以供多人同时检索和查阅，为此后的证据交换奠定基础。①

二是强化促进功能。通过电子化诉讼平台促进当事人积极举证。在系统中明确双方当事人的举证期限，在举证期限届满前对当事人进行提醒，并告知其延期举证的条件和后果。实践中，由于对当事人举证期限和要求的释明和告知不够充分，导致当事人在举证期限届满前才提出延期举证申请，申请理由也并不充分，导致当事人对法官的处理结果难以认同，容易产生对立情绪。通过系统平台提前明确告知当事人提交证据材料确有困难需申请延期举证的具体情形，符合相关具体情形的，可以通过平台提交延期举证申请，由法官决定延长期限。对于不符合相关情形的延期举证申请，不予准许延期举证并告知产生证据失权的后果。通过诉讼平台在举证开始时就进行清晰直观的释明，并辅以相关案例加以说明，有利于当事人充分理解法律规范的内容，按照程序要求积极举证。

三是强化沟通功能。依托电子化诉讼平台，视频化的审前会议可以更加便捷、高效地固定证据和争点整理，保证沟通的及时性，方便法官核对当事人身份、组织证据交换。《人民法院在线诉讼规则》第十四条②已经确立了同步或者非同步方式在线举证、质

---

① 石毅鹏：《电子诉讼的风险与程序构建》，载《湘潭大学学报（哲学社会科学版）》2018年第2期，第65页。

② 《人民法院在线诉讼规则》第十四条规定："人民法院根据当事人选择和案件情况，可以组织当事人开展在线证据交换，通过同步或者非同步方式在线举证、质证。各方当事人选择同步在线交换证据的，应当在人民法院指定的时间登录诉讼平台，通过在线视频或者其他方式，对已经导入诉讼平台的证据材料或者线下送达的证据材料副本，集中发表质证意见。各方当事人选择非同步在线交换证据的，应当在人民法院确定的合理期限内，分别登录诉讼平台，查看已经导入诉讼平台的证据材料，并发表质证意见。各方当事人均同意在线证据交换，但对具体方式无法达成一致意见的，适用同步在线证据交换。"

证的效力,进一步提升了各方诉讼主体沟通的灵活性。

四是强化解纷功能。从制度设计的目的上看,审前准备程序旨在确定争点和固定证据,但同时也具有当事人和解的功能。在美国民事诉讼案件中,95%以上的案件是在审前准备程序中通过和解加以解决的。① 审前准备程序通过争点整理和证据交换,当事人对诉讼结果有了初步的判断和预测,应当让诉讼平台与调解平台对接,便于在诉讼过程中可以及时开展调解,在线制作调解协议和在线司法确认,以提高调解效率。

(二)庭审程序的电子化

开庭审理是指人民法院在当事人及其他诉讼参与人的参加下,按照法定程序对民事争议进行审理的过程。开庭审理的主要任务是,使当事人充分行使诉讼主张和抗辩权利,对证据予以举证质证;法院对当事人之间的争议加以明确,并在查明案件事实基础上作出最终的裁判。② 开庭审理是民事诉讼的中心环节,是最基本和最主要的诉讼阶段,也是审判权和诉讼权利行使最集中的阶段。③ 在线庭审是庭审程序电子化的主要形式,也是在线诉讼的核心环节。我国《民事诉讼法》及《民事诉讼法》司法解释对在线庭审持审慎态度。《民事诉讼法》第七十六条④,仅限于证人作证

---

① 白绿铉:《美国民事诉讼法》,经济日报出版社1996年版,第86页。
② 张卫平:《民事诉讼法》(第5版),法律出版社2019年版,第312页。
③ 张卫平:《民事诉讼法》(第5版),法律出版社2019年版,第311页。
④ 《民事诉讼法》第七十六条:"经人民法院通知,证人应当出庭作证。有下列情形之一的,经人民法院许可,可以通过书面证言、视听传输技术或者视听资料等方式作证:(一)因健康原因不能出庭的;(二)因路途遥远,交通不便不能出庭的;(三)因自然灾害等不可抗力不能出庭的;(四)其他有正当理由不能出庭的。"

的一种补充方式。《民事诉讼法》① 司法解释将远程庭审的范围扩展到简易审理程序，经双方当事人同意，由法院决定是否采取在线审理。随着通信技术的发展，人与人之间的在线行为越发频繁，已经融到日常生活。智慧法院建设的持续推进，使法院具备了在线庭审的软硬件基础。由此，《人民法院在线诉讼规则》积极拓展了在线审理的适用范围，原则上可适用于各类适宜线上审理的民事案件，明确了不宜在线审理的主要情形，并对庭审活动、庭审纪律、庭审公开、证人出庭等问题进行了系统化规定：

一是明确在线审理的适用情形。② 主要考虑了当事人意愿、客观技术条件以及案件本身难易程度和影响等因素。在线庭审适用情形应当以便利当事人诉讼、便于案件审理为原则，实践中需坚持"当用则用"，并非"能用尽用"，庭审方式应当服务于案件审理的质量和效果。③

二是明确了在线庭审方式和程序。既包括各方诉讼主体均在线参与庭审，也包括部分当事人在线庭审，部分当事人在线下的

---

① 《民事诉讼法》司法解释第二百五十九条："当事人双方可就开庭方式向人民法院提出申请，由人民法院决定是否准许。经当事人双方同意，可以采用视听传输技术等方式开庭。"

② 《人民法院在线诉讼规则》第二十一条规定："人民法院开庭审理的案件，应当根据当事人意愿、案件情况、社会影响、技术条件等因素，决定是否采取视频方式在线庭审，但具有下列情形之一的，不得适用在线庭审：（一）各方当事人均明确表示不同意，或者一方当事人表示不同意且有正当理由的；（二）各方当事人均不具备参与在线庭审的技术条件和能力的；（三）需要通过庭审现场查明身份、核对原件、查验实物的；（四）案件疑难复杂、证据繁多，适用在线庭审不利于查明事实和适用法律的；（五）案件涉及国家安全、国家秘密的；（六）案件具有重大社会影响，受到广泛关注的；（七）人民法院认为存在其他不宜适用在线庭审情形的。采取在线庭审方式审理的案件，审理过程中发现存在上述情形之一的，人民法院应当及时转为线下庭审。已完成的在线庭审活动具有法律效力。在线询问的适用范围和条件参照在线庭审的相关规则。"

③ 刘峥、何帆、李承运：《〈人民法院在线诉讼规则〉的理解与适用》，载微信公众号"最高人民法院"，2021年6月17日。

庭审形式。在线庭审必须在人民法院指定的诉讼平台上进行，庭审可以采取视频方式开庭，但是不得采取电话、书面等方式进行。在线庭审的程序应当依照法律和司法解释确定的诉讼环节和程序进行，总体上与线下庭审程序相一致，并应当充分保障当事人各项诉讼权利，不得因庭审方式的不同而减损当事人诉讼权利。①

三是明确了在线庭审环境和庭审纪律要求。在线庭审应确保庭审活动的庄重性和严肃性。一方面，同线下庭审一样，应当严格遵守《中华人民共和国人民法院法庭规则》相关规定，线下庭审中的纪律性要求、禁止性规定和行为规范，对在线庭审同样适用。另一方面，《人民法院在线诉讼规则》第二十四条、二十五条结合在线庭审的特点，对庭审纪律作出特殊规定。对于非因技术等客观原因，当事人不参加庭审或擅自退出的，可视为"拒不到庭"或者"中途退庭"，并按相关情形处理。考虑到在线庭审易受到技术因素影响，当出现"不按时到庭，脱离庭审画面、庭审音频、视频静止"等情形时，不宜直接认定违反庭审纪律，人民法院有必要先作出提示、警告，要求其说明理由。

四是明确了证人在线出庭的要求。我国诉讼法律及相关司法解释均规定，证人作证应当出庭，特定情形下证人可以采取视听传输技术方式作证。在线诉讼模式下，证人在线出庭也属于出庭作证的一种形式，关键是要解决证人不得旁听案件和不受他人诉讼指挥的问题。因此，《中华人民共和国人民法院法庭规则》第二十六条规定，"证人通过在线方式出庭的，人民法院应当通过指定

---

① 《人民法院在线诉讼规则》第二十二条规定："适用在线庭审的案件，应当按照法律和司法解释的相关规定开展庭前准备、法庭调查、法庭辩论等庭审活动，保障当事人申请回避、举证、质证、陈述、辩论等诉讼权利。"第二十三条规定："需要公告送达的案件，人民法院可以在公告中明确线上或者线下参与庭审的具体方式，告知当事人选择在线庭审的权利。被公告方当事人未在开庭前向人民法院表示同意在线庭审的，被公告方当事人适用线下庭审。其他同意适用在线庭审的当事人，可以在线参与庭审。"

在线出庭场所、设置在线作证室等方式，保证其不旁听案件审理和不受他人干扰"。在目前技术条件下，尽管不能完全赋予证人自由选择在线出庭场所的权利，但可以通过指定相对便利的在线出庭场所，解决在线出庭时证人中立性问题。例如，实践中部分法院与街道、社区合作建设专门的在线庭审工作室、证人作证室等，未来还可以探索证人就近选择人民法院数字法庭在线出庭作证。①

五是明确了在线庭审公开的要求。在线庭审的公开与线下庭审具有相同的要求，需要同线下庭审一样，在线上公开庭审活动。由于互联网的涉众性，《人民法院在线诉讼规则》第二十七条特别明确了对于网上公开庭审的内容，明确未经人民法院同意，不得违法违规进行录制和传播。

整体而言，《人民法院在线诉讼规则》结合现有的智慧法院建设成果和司法实践，在充分保障和实现民事诉讼中当事人程序选择权、法官的言词性、言词的辩论性、司法严肃性和权威性基础上，进行了系统化的构建，基本回应了理论和实践中对于在线庭审的忧虑。通过对以上规则进行梳理，并结合司法实践运行情况，笔者认为，实现"积极服务型"民事电子诉讼范式目标，应当从以下几个方面作进一步完善。

一是进一步明确在线开庭审理案件的决定标准。《人民法院在线诉讼规则》第二十一条规定了决定在线开庭审理的条件。从文本分析来看，是否决定在线审理的权利由法院决定，但决定权受到当事人意愿的约束，具体包括两种情形：一种情形是各方当事人均明确表示不同意在线开庭；另一种情形是一方当事人表示不同意在线开庭且有正当的理由。对于第一种情形，实践中不会存在争议，如果当事人均不同意适用，法院不能单方决定适用。而

---

① 刘峥、何帆、李承运：《〈人民法院在线诉讼规则〉的理解与适用》，载微信公众号"最高人民法院"，2021年6月17日。

对于第二种情形，从文意上看，如果当事人一方不同意适用，不同意的一方需要有正当的理由。如果法院认为理由成立，则不予适用。但是如果法院认为理由不成立，能否依然决定适用在线庭审，强制要求适用？是否会与《人民法院在线诉讼规则》第四条①规定的人民法院开展在线诉讼，应当征得当事人同意的基本适用条件相冲突？法院决定适用后，对于不同意适用的当事人，是否需要强制在线诉讼？法院的决定权是否受到规则第四条（三）"部分当事人同意适用在线诉讼，部分当事人不同意的，相应诉讼环节可以采取同意方当事人线上、不同意方当事人线下的方式进行"的约束？因此，需要进一步明确在线开庭审理案件的决定标准，对于一方不同意适用且有正当理由，另一方要求适用的情形，应当明确赋予法院根据案件情况决定选择以下两种处理：一是双方均不适用在线审理；二是不同意适用在线审理的一方进行线下审理，希望在线审理的一方继续在线审理。最终，法院综合考量案件适用在线审理的必要性进行决定，在考量标准上：一方面，要充分保障当事人的程序选择权，法院不能违背当事人意愿，强制

---

① 《人民法院在线诉讼规则》第四条："人民法院开展在线诉讼，应当征得当事人同意，并告知适用在线诉讼的具体环节、主要形式、权利义务、法律后果和操作方法等。人民法院应当根据当事人对在线诉讼的相应意思表示，作出以下处理：（一）当事人主动选择适用在线诉讼的，人民法院可以不再另行征得其同意，相应诉讼环节可以直接在线进行；（二）各方当事人均同意适用在线诉讼的，相应诉讼环节可以在线进行；（三）部分当事人同意适用在线诉讼，部分当事人不同意的，相应诉讼环节可以采取同意方当事人线上、不同意方当事人线下的方式进行；（四）当事人仅主动选择或者同意对部分诉讼环节适用在线诉讼的，人民法院不得推定其对其他诉讼环节均同意适用在线诉讼。对人民检察院参与的案件适用在线诉讼的，应当征得人民检察院同意"。第五条第三款："在调解、证据交换、询问、听证、庭审等诉讼环节中，一方当事人要求其他当事人及诉讼参与人在线下参与诉讼的，应当提出具体理由。经审查，人民法院认为案件存在案情疑难复杂、需证人现场作证、有必要线下举证质证、陈述辩论等情形之一的，相应诉讼环节可以转为线下进行。"

在线适用；另一方面，也要对有些当事人滥用程序选择权，在充分具备在线开庭审理的条件下，违背诚信原则，为了给另一方制造程序障碍，拖延诉讼时间，故意阻碍在线庭审等情形加以制约。

二是进一步明确妨害在线庭审行为的约束方式。在线庭审活动从封闭的"剧场式"审理转变为开放的"广场式"审理，公众不需要到现场就可以通过网络直播旁听庭审情况。对于突破地域限制的公众旁听，如何防止旁听人员对庭审活动进行录音、录像、拍照或使用移动通信工具等传播庭审活动，防止片面化、碎片化的舆论干扰审判，已经成为在线庭审中的痛点和难点。对此，《人民法院在线诉讼规则》第二十八条虽然对实施妨害在线诉讼秩序行为的处理作出了规定，但仅明确可以根据法律和司法解释关于妨害诉讼的相关规定作出处理，缺少具体的措施，特别是对于旁听人员非法录制、传播庭审过程的行为，一方面，往往很难找到具体的录制人和传播人，另一方面，对于非法传播的行为，如何适用《民事诉讼法》第一百一十三条[①]以及《民事诉讼法》司法解释第一百七十六条[②]的规定，适用训诫、罚款、拘留等措施的条件也需要进行明确。

[①] 《民事诉讼法》第一百一十三条："诉讼参与人和其他人应当遵守法庭规则。人民法院对违反法庭规则的人，可以予以训诫，责令退出法庭或者予以罚款、拘留。人民法院对哄闹、冲击法庭，侮辱、诽谤、威胁、殴打审判人员，严重扰乱法庭秩序的人，依法追究刑事责任；情节较轻的，予以罚款、拘留。"

[②] 《民事诉讼法》司法解释第一百七十六条："诉讼参与人或者其他人有下列行为之一的，人民法院可以适用民事诉讼法第一百一十三条规定处理：（一）未经准许进行录音、录像、摄影的；（二）未经准许以移动通信等方式现场传播审判活动的；（三）其他扰乱法庭秩序，妨害审判活动进行的。有前款规定情形的，人民法院可以暂扣诉讼参与人或者其他人进行录音、录像、摄影、传播审判活动的器材，并责令其删除有关内容；拒不删除的，人民法院可以采取必要手段强制删除。"

三是进一步推动庭审录像对笔录的替代效力。法庭笔录是书记员制作的能够充分反映法庭审理活动的记录。① 庭审笔录设置的功能在于口头表达与记录同步，准确反映庭审过程，有效实现法律监督。庭审笔录的功能性是由庭审中的实际需求催生的，包括一审法官及上诉法院查阅回溯庭审的情况等现实需求。《人民法院在线诉讼规则》明确了电子笔录与书面笔录具有同等的法律效力，② 但是对于庭审录像对笔录的替代，并没有作进一步的规范。2017年最高人民法院发布的《最高人民法院关于人民法院庭审录音录像的若干规定》第八条规定："适用简易程序审理民事案件的庭审录音录像，经当事人同意的，可以替代法庭笔录。"该条突破了对纸质法庭笔录的规定，由于庭审录音录像同书记员笔录相比，可以更加客观、真实地记录庭审内容，对提升庭审效率及保障当事人诉权具有积极意义；特别是语音识别技术的发展，可以对庭审录音录像内容进行识别定位并转换为文字，方便法官阅卷并回溯庭审情况。虽然在识别效率、准确性等方面，还有待优化和提升，根据"积极服务型"民事电子诉讼范式下的功能等值原则，庭审录像在部分案件中可以实现功能同步甚至功能优化。因此，应当从规范层面和实践层面，积极推动庭审录音录像对庭审笔录的替代。在规范层面，应当确立庭审录音录像替代法庭笔录的范围，从简易程序扩展到普通程序，同时明确庭审录音录像在案卷归档的标准。在实践层面，应当加大庭审录音录像技术应用的开发，提高易用性。例如，提高语音转文字的识别率，增加对庭审过程的自动标注、检索等功能，方便法官回溯庭审过程。

---

① 王胜明：《中华人民共和国民事诉讼法释义》，法律出版社2012年版，第271页。

② 《人民法院在线诉讼规则》第三十四条："适用在线诉讼的案件，人民法院应当在调解、证据交换、庭审、合议等诉讼环节同步形成电子笔录。电子笔录以在线方式核对确认后，与书面笔录具有同等法律效力。"

（三）异步审理程序的完善

《人民法院在线诉讼规则》第二十条对异步审理的界定为："经各方当事人同意，人民法院可以指定当事人在一定期限内，分别登录诉讼平台，以非同步的方式开展调解、证据交换、调查询问、庭审等诉讼活动。"

从司法机关对异步审理的界定看，异步审理主要包括以下几方面内涵：一是依托诉讼平台开展诉讼活动；二是在一个指定时间内，当事人非同步完成诉讼活动；三是主要诉讼活动的范围包括审前程序和调解程序。对于是否包括庭审环节，在认识上还存在差异，杭州互联网法院将异步审理适用于庭审程序；广州互联网法院没有将异步审理适用于庭审程序，但创设了"交互式审理"的概念，对于当事人及其他诉讼参与人均已在线认证关联、当事人均同意不开庭审理、不开庭审理且能够查明案件事实三个条件的小额诉讼程序案件，当事人在规定的期限内，自选时间和地点登录智慧审理平台，完成陈述、答辩、举证、质证、接受询问并充分发表意见，法院不再开庭审理，迳行裁判。[①]

《人民法院在线诉讼规则》虽然将异步审理适用于庭审程序，但对于适用的条件进行了限制。(1)适用范围仅适用于小额程序和简易程序。(2)适用方式排除了通过书面方式进行庭审活动，要求诉讼参加人录制参与庭审视频并上传至诉讼平台。(3)适用情形必须同时满足以下情形：一是当事人同时参与在线庭审存在客观上的困难；二是各方当事人均具有适用的合意；三是各方对

---

① 《在"群"里聊着聊着就把案件审完了，广州这家网红法院有"秘笈"》，载微信公众号"广州日报"，2019年12月2日。

案件主要事实和证据不存在争议。①

异步审理产生于互联网法院的司法实践,并在《人民法院在线诉讼规则》中确立为所有法院均可以适用的程序。异步审理虽然具有低成本、便捷性方面的优势,但是在审理的效率性、互动性上有所欠缺。在其创设伊始,就有学者对异步审理的正当性提出质疑。王亚新教授认为,异步审理中当事人参与感、司法仪式感以及审判公开、直接言辞、对席等原则都会受到冲击和挑战,改变民事司法的属性。②肖建国教授认为:异步审理从"面对面"到"屏对屏"的审理方式,会对直接言词原则产生极大冲击,导致庭审的碎片化,弱化了庭审庄严感。由于缺少语言、表情、情绪互动,因此法官难以实时把握真实的庭审情况。③

笔者认同以上学者的观点,异步审理与同步审理最大的差异在于"非同步性",虽然看似可以更加便利当事人的时间安排,但这种"非同步性"会使庭审过程碎片化,一方面影响庭审的连续性和审理效率,另一方面使当事人有更充分的时间和机会采取策略性行动,使查明事实的过程变得更加困难。因此,对于以异步审理方式进行庭审应当持审慎的态度。

《人民法院在线诉讼规则》中使用"非同步审理"的概念对异

---

① 《人民法院在线诉讼规则》第二十条:"经各方当事人同意,人民法院可以指定当事人在一定期限内,分别登录诉讼平台,以非同步的方式开展调解、证据交换、调查询问、庭审等诉讼活动。适用小额诉讼程序或者民事、行政简易程序审理的案件,同时符合下列情形的,人民法院和当事人可以在指定期限内,按照庭审程序环节分别录制参与庭审视频并上传至诉讼平台,非同步完成庭审活动:(一)各方当事人同时在线参与庭审确有困难;(二)一方当事人提出书面申请,各方当事人均表示同意;(三)案件经过在线证据交换或者调查询问,各方当事人对案件主要事实和证据不存在争议。"
② 《"互联网法院案件审理问题研讨会"会议实录》,载微信公众号"纠纷与法治",2019年12月10日。
③ 肖建国、丁金钰:《论我国在线"斯图加特模式"的建构——以互联网法院异步审理模式为对象的研究》,载《法律适用》2020年第15期,第98页。

步审理进行诠释，并将"非同步审理"与"非同步庭审"加以区分："非同步审理"是将原来需要各方诉讼主体在同一时空共同完成的诉讼活动，由各方诉讼主体依托诉讼平台，在一定时间范围内分别完成，并统一汇集至诉讼平台，利用信息技术可记录留痕、可查询追溯的特点，打破时空限制，提供诉讼便利。"非同步审理"不等于"书面审理"，在线提交书面材料或录入相关信息只是其中一种方式，根据相关诉讼环节的需要，也可以采取音频、视频等方式完成"非同步审理"。"非同步庭审"则是在特定情形下的一种特殊庭审形式，需要严格把握适用条件、范围和方式。"非同步庭审"属于"非同步审理"外延的一部分。除了"非同步庭审"，"非同步审理"还适用于"证据交换""调查询问""多元调解"等程序。这种划分考虑到了庭审程序公开原则、直接言词原则等特别的程序要求，应当予以肯定。

  笔者认为，公开原则、直接原则、言词原则既是传统诉讼程序的原则和要求，在"积极服务型"民事电子诉讼范式下，也应当予以遵循。从司法实践宣传的典型案例看，异步审理（庭审）主要应用于因时差或其他原因，当事人不能同时参与开庭的情形。[①] 但从诉讼价值上考量，这种便利性不能以牺牲公正和效率为代价。从案例情况看，当事人的时间非同步性，并非属于客观上完全不能克服的困难。因此，"非同步庭审"是否具有设置的必要性，从《人民法院在线诉讼规则》的规定上看，可以适用"非同步庭审"的案件，进行"同步性"审理的难度也不会太大。适用"非同步庭审"以后切实带来的程序效益，笔者持审慎的意见。而对于异步审理涉及的证据交换、调查询问、调解等程序，由于这些程序的"非同步性"不会与传统民事诉讼的程序价值产生实质

[①] 《扩展时空让审理异步进行——杭州互联网法院创新审理模式工作纪实》，载最高人民法院网站：https://www.court.gov.cn/zixun-xiangqing-89412.html，2022年2月9日访问。

性背离,且依托于诉讼平台和更加灵活的时间安排,使相关的程序进行更加顺畅。因此,笔者认为,在规则上,应当对"非同步庭审"规则进一步限制,并进一步细化和完善"非同步性审理"在程序中的适用规则。

四、电子证据制度

随着社会和技术的发展,民事诉讼过程中通过电子化的证据材料来证明案件事实的情况愈发频繁,传统的证据理念受到了信息化的巨大冲击,对证据的概念、种类、审查原则等诸多方面产生了影响。在民事诉讼发展过程中,《民事诉讼法》《民事诉讼法》司法解释《最高人民法院关于民事诉讼证据的若干规定》《人民法院在线诉讼规则》等规范性文件对电子证据的举证、质证、认证等程序进行了规定,但又存在概念的认识不统一、审查规则不系统、不全面等问题,加之电子证据的技术专业性特点,法官在司法实践中一般对电子证据的审查和采信持审慎态度。刘品新教授对我国电子证据的采信现状进行实证调研发现:"在裁判文书网获取 8095 份有关'电子证据'和'电子数据'的司法文书,经过统计分析,在绝大多数案件中,法官没有明确作出对于电子证据明确采信与否的判断的,约占 92.8%,明确作出采信判断的约占 7.2%。对采信的判断,按照采信程度包括完全采信(占比 29.2%)、部分采信(占比 2%)以及不予采信(68.8%)三种情形。从整体数据看,司法人员对电子证据的采信率不高,主要体现在释明和说理性不足,裁判中不给出明确采信(或不采信)的理由。这也反应映出由于缺少技术知识储备,因此司法裁判不够自信。"① 民事电子诉讼中,电子证据的收集、运用和认定对于事

---

① 刘品新:《印证与概率:电子证据的客观化采信》,载《环球法律评论》2017 年第 4 期,第 110 页。

实查明具有重要的作用。由于缺少类型化和体系化的规范，法官在处理电子证据问题时，往往显得无所适用，而被迫采取消极的应对方式。因此，"积极服务型"民事电子诉讼范式，应当对现行民事电子证据的规范进行梳理，厘定民事电子证据的基本概念，并对电子证据的审查规范进行体系化的建构。

（一）电子证据的概念

关于电子证据的概念，学理上并未随着立法的发展形成统一的意见，存在多种观点，比较集中的观点是"视听资料说""书证说""混合证据说""独立证据说"四种观点。

1. 视听资料说

在电子证据出现的早期，电子证据一般以录音、录像等形式出现，具有"可读形式"，并且必须通过某种工具或者方法，将其转换成其他形式，从而使人们能够直接感知。使用视听资料最能反映出它的证据价值，① 一般认为电子证据属于视听资料。视听资料在1982年《民事诉讼法（试行）》中首次确立其名称和法律地位。

2. 书证说

随着电子商务的兴起，有学者借鉴域外国家关于电子商务法律规范的经验，提出了"电子证据书证说"的观点，该观点认为：普通书证是将内容以符号方式记录于纸张上，电子证据只是用不同的方式将同样内容记录在非纸质的介质上，且依据《中华人民共和国合同法》（已失效）第十一条的规定，电子证据也可以是书证的一种形式。反对意见认为，将电子证据作为书证，难以对原

---

① 李学军：《电子数据与证据》，《证据学论坛：第2卷》中国检察出版社2001年版，第444-445页；魏士廉：《电子合同法理论与实务》，北京邮电大学出版社2001年版，第130页。

件进行认定,仅通过书面形式的展现,不能等同于定性,电子证据与书证相比具有更复杂的证明机制。

3. 混合证据说

混合证据说认为,电子证据既非传统证据,也非独立新型证据,而是多种传统证据的组合。电子证据分为三种形式:一是计算机输入、储存、处理、输出的数据;二是利用相关数据通过计算机模拟得出的结果;三是对计算机及其系统进行测试得出的结果。① 虽然混合证据说跳出了传统证据的分类框架,但由于三种电子证据形式的概括并不周延,导致其结论仍有重大缺陷。

4. 独立证据说

独立证据说认为,传统证据都不能完全涵盖电子证据的类型,法律规范具有前瞻性,将电子证据确立为独立的证据类型。有学者提出:"电子证据与其他证据有着明显的不同之处,其外在表现形式也是多媒体形式,几乎涵盖了所有传统证据类型,将电子证据塞入任何一类传统证据中都是不合适的。所有电子证据都是通过数据电讯进行交易的,从现实需要出发,完全有理由把电子证据作为一种新型的证据类型,建立起统一的收集、审查和判断规则,为电子商务关系法律调整提供完整的法律平台。"②

笔者认为,虽然学理上电子证据还没有形成统一的认识,但在法律和司法解释中,已经逐步确立了电子证据的独立地位。我国《民事诉讼法》第六十六条(五),将电子数据明确列为诉讼中的法定证据种类,确定了其法定的证据地位。《民事诉讼法》司法解释第一百一十六条对视听资料和电子数据进行了区分,即存储在电子介质中的录音资料和影像资料,适用电子数据的规定;储

---

① 蒋平:《计算机犯罪问题研究》,商务印书馆2000年版,第253-254页。
② 游伟、夏元林:《计算机数据的证据价值》,载《法学》2001年第3期,第62页。

存在非电子介质中的录音资料和影像资料，适用于视听资料的规定。《最高人民法院关于民事诉讼证据的若干规定》第十九条明确了电子数据的审查程序和要求。《人民法院在线诉讼规则》明确了电子化材料"视同原件"的效力、审核规则以及区块链存证的效力及审查规则。

上述规定中使用了"电子化材料""电子数据"等概念，但不同概念之间以及与电子证据的关系，并没有清晰的阐述。在建构民事电子证据制度前，有必要厘清入法概念之间的关系，界定电子证据制度的效力范围。

1. 电子数据的基本内容

《最高人民法院关于民事诉讼证据的若干规定》第十四条，对电子数据内容加以列举，电子数据可以归纳为四类数据：一是内容数据，指与案件有关的文档、图片等；二是衍生数据，指在操作计算机时，其自动生成的与操作行为有关的数据；三是环境数据，指数据依赖的软硬件环境；四是通信数据，指在传输数据时生成的通信数据。上述四种形式产生的数据如果储存于电子介质中，其信息用于证明案件事实，那么就可以界定为电子数据。

2. 电子数据与视听资料的界分

《民事诉讼法》确立了电子数据和视听资料的证据类型，《民事诉讼法》司法解释将两种证据类型进行了区分，这种区分主要的考虑因素是储存介质：在软盘、硬盘、光盘、U盘等数字信号存储的电子介质中的信息（包括影音资料）也属于"电子数据"；"视听资料"的范围，也就限定在原始载体为磁带、录像带、胶卷（模拟信号存储）等的录音资料和影像资料。

3. 电子数据与电子化证据的界分

电子化证据是基于民事诉讼电子化过程中在线审理的需要，经过电子化处理后提交法院进行审查的证据。《人民法院在线诉讼规则》并没有明确哪些类型的证据可以进行电子化处理，但从其第十一条、第十二条的表述看，使用了"原件""原物"的概念，并明确了"扫描""翻拍""转录"等电子化方式，由此可以推定，电子处理的证据不限于书证、鉴定意见等一般以纸质为载体的证据，也包括物证、视听资料、证人证言等以其他形式为载体但可以通过电子化形式转化的证据，电子数据如果符合提交和审核要求，也可以作为电子化证据的一种。因此，电子数据和电子化证据材料虽然都与电子证据相关，但是两者之间是不同维度的概念。电子数据是一种法定的证据类型，电子化证据是一种经过法院审核后确认的证据形态。理论上，任何一种类型的证据，如果符合法院审核的电子化要求，都可以进行电子化处理，成为电子化证据。

综上，电子证据由于其内涵和形态的复杂性，在学理上和法律规范上还没有统一的概念。但是，法律及司法解释已经确认了"电子数据""视听资料""电子化证据"等相关的概念。"电子数据""视听资料"是两种法定的证据类型，二者区别在于储存介质的技术差别。"电子化证据"是传统证据在在线审理中，经过电子化转化并经法院审核确认后，可以作为证据使用的一种证据形态。传统诉讼中的证据类型下的证据，如果符合法律要求，都可以进行电子化转化。因此，电子证据制度的构建可以从"电子数据"和"电子化证据"两个维度进行体系化展开，以指导司法实践中法官对电子证据的审查和运用。

（二）电子数据证据制度的优化

当前对于电子数据证据的基本制度主要在《最高人民法院关于民事诉讼证据的若干规定》中明确，具体内容包括：（1）第十四条对电子数据基本形式进行了列举。（2）第十五条明确了原件的标准，采取了"原件拟制说"，在符合一定的技术条件的基础上可以视为电子数据的原件。（3）第二十三条明确了证据调查收集的程序要求。（4）在第九十三条、第九十四条细化了真实性审查规则，主要包括在审查电子数据是否真实时需要确认：一是电子数据所产生、固定的技术环境的安全性；二是电子数据的收集、保存的技术方式的合理性；三是获取电子数据的主体、程序的合法性。[1]（5）考虑电子数据的易被篡改特点，在第九十条中明确规定，存疑的电子数据不能单独作为定案依据。

虽然以上规则对电子数据审查规则进行了细化，但相关规定的内容仍过于松散，缺少体系化的规范，导致电子数据在举证、质证和认证过程中存在诸多问题，影响了其证明效力的发挥。因此，应当加强规则指引，进一步完善电子数据的证据规则。

一是进一步明确举证方式的合法性。实践中，电子证据由于需要通过一定形式的载体才能展现其用于证明案件事实的信息，当事人在举证过程中的举证方式并不统一，对于认证的结果也存在较大差异。实践中，有的通过打印件形式提交；有的直接出示电子数据的载体，并进行当庭演示；有的将电子证据的获取方式、内容进行公证后提交公证书；有的选择对电子数据进行鉴定，通过鉴定意见予以证明。不同的举证方式对于当事人需要付出的时间和金钱成本差异较大。应当强化规则指引，明确和细化各种类型电子数据的合法性举证方式，促进当事人收集、提交证据的规范性。

二是真实性认证观念的纠偏。由于电子数据的虚拟性和可篡改性，当事人往往以未提供原件、未进行公证、存在篡改可能、缺少辅助证据等理由，质疑电子数据的真实性，法官由于缺少相应的技术知识，对于相关问题也会有顾虑和戒备，导致出现法官对当事人证明要求的空泛性和苛责性。例如，严格的原件提交、

---

[1] 郑学林、宋春雨：《新民事证据规定理解与适用若干问题》，载《法律适用》2020年第13期，第44页。

辅助证据以及公正和鉴定要求,加重了举证当事人的责任,不利于电子数据证明效力的有效发挥。

司法真实观可分为客观真实论和法律真实论两大类。前者指司法对案件事实的认定应当以符合客观真实发生的情况为目标;后者指司法对案件事实的认定只要符合法律规定的标准即可,不需要绝对追求与客观实际发生的事实相一致。① 从实践情况看,由于法官对电子证据的真实性持审慎态度,往往基于"客观真实论"的立场对当事人提出要求。对法官自身而言,在当前认定规则原则化的背景下,这种认定观念无疑是"安全"的,可以避免基于自身对技术知识欠缺而带来的裁判风险。但这种过于审慎的立场,无疑会对电子数据证据的适用和认定产生障碍。笔者认为,一方面电子数据真实性判断基本观念,应当转变为"法律真实论"的立场,秉持"高度盖然性"的原则,避免脱离案件事实"空洞化"的真实判断;另一方面应当在规则建构中,赋予法官基于高度盖然性判断的权力和责任边界,为法官"敢于"认定电子数据的真实性确立制度保障。

三是关联性认证标准的完善。传统理论认为,"每一个具体的证据必须对证明案件事实具有实质性意义"②,即具有实质性;"证据必须与需要证明的案件事实或其他争议具有一定的联系"③,即具有证明性。这两点决定了评判证据的关联性需要考量证据所体现的信息是否有价值。证据是由信息与载体④或者说内容与形式两

---

① 何家弘、刘品新:《证据法学》(第5版),法律出版社2013年版,第313页。
② 何家弘、刘品新:《证据法学》(第5版),法律出版社2013年版,第114页。
③ 何家弘、刘品新:《证据法学》(第5版),法律出版社2013年版,第114页。
④ 所谓"证据载体",是指那些记载或者证明一定证据事实的证据形式。参见:陈瑞华:《刑事证据法学》,北京大学出版社2012年版,第63页。

部分构成。传统证据的关联性评断标准，主要考量信息和内容的关联性，而不需要特别专门关注证据载体的关联性。而电子证据既需要关注内容的关联性，也需要关注载体的关联性，具有鲜明的双联性特征。内容的关联性主要涉及案件事实的认定，载体的关联性主要涉及确定电子证据所蕴含的信息同诉讼主体的关联性，对电子数据的关联性提出了特殊性要求。实践中，载体关联性，往往是当事人质证的焦点。最为典型的是网络通信的记录（网聊记录或电子邮件记录）。由于网络身份的虚拟性，对于记录信息与现实主体的关联关系如何进行认定，如何明确证明责任，实践中缺少明确的认证标准。因此，有必要完善电子数据载体关联性的具体标准，并对电子数据关联性的认证规范加以明确。

（三）电子化证据制度的优化

《人民法院在线诉讼规则》第十一条至十三条，确立了电子化诉讼材料的提交方式、明确视同原件的效力以及真实性审查的要求，为证据的电子化奠定制度基础。从相关规定内容看，对于电子化证据的真实性仍较为审慎。首先，《人民法院在线诉讼规则》第十二条主要解决电子化材料的形式真实性问题，其效力范围仅限于当事人不必再另行提供纸质原件，并不意味着电子化材料必然具备证据能力和证明力，对证据内容的真实性、合法性、关联性问题，还需作专门判断。其次，电子化材料"视同原件"的效力既不是当然的，也不是绝对的。电子化材料使用需要经过法院的审核为前提，未经审核不能在诉讼中直接使用。电子化材料"视同原件"的效力具有相应限制条件。如果存在形式真实性存疑、内容格式不够规范清晰、不符合档案管理规定等情形，仍应当提供原件。最后，电子化材料本身具有易篡改的特点，为确保其形式真实性，人民法院需审核电子化材料与原件原物的一致性。考虑到电子化材料审核技术性较强，审核更多需要借助外部力量和其他程序完成，具体包括：对方当事人认可、公证机构公证、先行诉讼活动确认、在线或线下比对等。此外，这些外部审核方式只是帮助审判组织审核电子化材料的指引性规则，如果审判组织认为，即便采取上述举措，也不足以确保材料形式真实性时，应当要求当事人提供线下实体材料。①

笔者认为，随着技术的发展，民事诉讼中对在线审理的运用将会更加普遍。电子化证据将作为主要的证据形态运用于诉讼过程中，提升举证质证的效率。在"积极服务型"民事电子诉讼范式下，对于电子化证据应当秉持在不减损公正性的前提下，积极推进制度的实施。电子化证据完善主要包括两个方面。

一是明确电子化证据与证据原件的关系。这决定了电子化证据与证据原件具有同等的证明效力并得以适用相应的证据规则。按照最佳证据规则，为证明书面文件、录音录像或照片中的内容的真实性，当事人应当提交原件，除非该原件因客观原因无法提供，相关的复印件、记录等非原始证据才可以被采纳，有时也称原始书证规则。②最佳证据规则旨在追求案件真实，防止证据复本与原本的差异导致事实认定的错误。但随着信息技术的发展，英美法国家对最佳证据规则原件的范围也逐步扩大，美国联邦证据规则第1001条就把书写的、录制的和具有影像的资料视为文书的范围，把能够"精确呈现原件信息"的"电子文书打印件或复印件"视为原件。③英美法国家对于"拟制原件"的做法可以有所借鉴。这一点在《人民法院在线诉讼规则》第十二条中已经进行了

---

① 刘峥、何帆、李承运：《〈人民法院在线诉讼规则〉的理解与适用》，载微信公众号"最高人民法院"，2021年6月17日。
② 薛波：《元照英美法词典》，法律出版社2003年版，第144页。
③ 北京互联网法院课题组：《网上审判方式与审理机制研究》，最高人民法院调研课题研究成果，第98页。

体现①。但在表述上并没有明确其效力内容,仅认可在诉讼中适用,没有直接确认电子化证据的原件效力。在诉讼电子化发展的初期,考虑到电子化证据在实践中的多样性和复杂性,采取的审慎表述无疑是可取的,但在经过一定时期的探索和运行后,还应当进一步明确其法定效力,以促进电子化证据的适用。

二是明确原件证据转化为电子化证据的程序。这决定了电子化证据的形成条件和具备原件效力的有效性。《人民法院在线诉讼规则》将电子化证据能否适用的决定权赋予了人民法院,并从两个角度对审核标准进行了规定。(1)排除性标准。排除性标准主要在第十二条中规定了电子化证据不符合原件标准的情形,主要包括:对方当事人的合理质疑;客观上不能精准呈现原件信息;法定不能电子化的以及人民法院认为有必要的情形。虽然从多种角度对不适宜电子化的证据进行了规范,但在实践中,可能缺少明确的指导意义。例如:"对方当事人认为电子化材料与原件、原物不一致,并提出合理理由和依据的",什么是合理的理由和依据,缺少明确的判断标准。再如,"人民法院认为有必要提交原件、原物的",什么是有必要的情形,也缺少具体的类型化指引。(2)肯定性标准。肯定性标准主要是在第十三条中规定了电子化证据可以认定符合原件、原物形式要求的标准。从具体内容看主要包括:当事人不存在异议;已经经过公证机构公证或法院确认的;已经在线下对比一致的;有其他证据证明一致的情形。从内容上分析,肯定性标准仍然以当事人、公证机构、法院等其他主

---

① 《人民法院在线审理规定》第十二条:"当事人提交的电子化材料,经人民法院审核通过后,可以直接在诉讼中使用。诉讼中存在下列情形之一的,人民法院应当要求当事人提供原件、原物:(一)对方当事人认为电子化材料与原件、原物不一致,并提出合理理由和依据的;(二)电子化材料呈现不完整、内容不清晰、格式不规范的;(三)人民法院卷宗、档案管理相关规定要求提供原件、原物的;(四)人民法院认为有必要提交原件、原物的。"

体的意见为参照标准，而没有形成独立的判断标准。

综合来看，虽然《人民法院在线诉讼规则》确立了电子化证据"拟制原件"的效力，并将审查决定权赋予了法院，但是原件证据转化为电子化证据的程序的肯定性标准和排除性标准仍存在进一步完善的必要。一方面，排除性标准缺少明确的类型化指引；另一方面，肯定性标准过于依赖其他主体意见，而非审理法院的独立意见。这些问题可能会导致法官在适用电子化证据过程中陷入"客观真实论"的观念中，在缺少明确的适用依据时，将适用的决定条件交由提交证据的一方当事人承担，除了明确符合客观条件的情形，没有明确达到标准的证据仍会转到线下提交和质证，可能使另一方当事人滥用质疑效力的权利，导致在线证据"拟制原件"的制度目的落空。笔者认为，对于电子化证据应当加强对实践的观察，对实践中的适用情形进行类型化的归类，并对具体审核标准进行细化。同时，应当建构"拟制原件"审核的实质性原则，在"法律真实论"指导下，赋予法官更多的自由裁量空间。

综合本章所述，在"积极服务型"民事电子诉讼范式下，民事电子诉讼制度的协同应当从两个方面加以考量：一是从整体上协调民事电子诉讼制度与传统民事诉讼制度之间的关系；二是在具体民事诉讼制度中将民事电子诉讼与传统民事诉讼加以协同建构。

民事电子诉讼整体化协同构建需要综合考量传统民事诉讼制度与民事电子诉讼制度之间的关系并进行协同构建，具体包括三个方面：一是结构性协同构建。在民事电子诉讼发展初期，可以采取补充结构，在既有制度体系下确立其合法性地位，当民事电子诉讼已经在观念上和实践中被大多数民事诉讼主体所接纳并且对于具有技术优势的制度形成行为习惯时，可以考虑对这些制度内容进行体系化的整理，并转型为并行性制度结构。

二是阶段性协同构建。从基本理念、目的、价值和原则出发，推动民事电子诉讼从阶段性实施向全流程转化。三是正当性协同构建。从合法性和合理性两个方面对民事电子诉讼范式构建进行协同考量。

民事电子诉讼具体制度的协同建构，需要聚焦于对民事诉讼电子化过程中需要调整和变化的制度进行系统梳理，在理论指导下调适具体制度构建的内容和方式。按照民事诉讼程序的内容和结构，民事电子诉讼主要包括四个方面。

一是电子化受理制度。主要包括法院审查的电子化协同和当事人网上立案的协同两个方面：法院审查的电子化协同要体现"服务"理念，包括：完善律师调查令、平台信息调取、个人信息保护等配套制度；优化网络侵权和网络买卖合同类案件的管辖连接点；确立互联网法院的专门法院地位，对互联网法院的案件受理采取选择性管辖，以体现其功能定位。当事人网上立案的协同，要注重对当事人的程序选择权和程序参与权的保障，包括：协调好积极推动网上立案与当事人程序选择权的关系；注重对弱势群体网上立案参与权的保障；注重对当事人起诉权的价值实现。

二是电子化交往制度。主要从送达制度、材料提交、卷宗管理三个方面进行协同建构：送达制度的电子化需要进一步保障电子送达技术措施的正当性，明确推定送达适用情形的具体标准。材料提交的电子化需要完善和细化电子化材料提交期间的标准，促进电子化材料提交的"结构化"，加强电子化材料提交的推广适用。卷宗管理的电子化要确立电子化卷宗直接转为电子档案的规范内容，实现电子档案与电子卷宗的顺畅衔接。

三是电子化审理制度。主要从审前程序、庭审程序、异步审理程序三个方面进行协同建构：审前程序的电子化要强化整理、促进、沟通和解纷四项功能；庭审程序的电子化要进一步明确在线开庭审理案件的决定标准，明确妨害在线庭审行为的约束方式，并推动庭审录像对笔录的替代效力；异步审理程序要做进一步限制，并进一步细化和完善适用规则。

四是电子证据制度。主要从电子数据证据制度和电子化证据制度两方面加以优化完善：电子数据证据制度要进一步明确举证方式的合法性，纠正真实性认证观，完善关联性认证标准；电子化证据制度要明确电子化证据与证据原件的关系，以及原件证据转化为电子化证据的程序。

第六章　积极推动技术融合，赋能民事诉讼现代化发展

民事电子诉讼是信息化社会中当事人通过电子化方式向人民法院提出诉讼请求，人民法院运用电子化方式，在双方当事人和其他诉讼参与人的参与下，依法审理和裁判的制度和程序。本质上，民事电子诉讼既具有社会治理和个人信息交往的法律属性，也具有强化信息沟通、运用技术为诉讼程序赋能的技术属性。在国家战略导向、社会治理需要、公民诉讼需求、司法积极作为等多重因素影响下，民事诉讼的电子化呈现出多种样态。民事电子诉讼虽然受到理论界和实务界的广泛关注，但是仍没有形成理论体系。实施过程中，制度规范的体系性和协同性仍存缺陷，导致制度的正当性和有效性也受到冲击，制约了民事电子诉讼的发展。

"范式"概念在一个学科的研究中具有固定思维方式、研究方法和研究范围的方法论意义。"范式"作为理论工具对民事诉讼研究具有指导作用，民事诉讼模式问题已经成为民事诉讼法学研究的主要范式，引导民事诉讼法学的研究从规则的解释、单一理论的借鉴，转向我国民事诉讼理论的体系化建构。民事电子诉讼与民事诉讼的关系既有法理上的一致性，也存在技术上的差异性。民事电子诉讼处于理论和实践发展的初级阶段，尚需在观念、理论、制度、技术等层面形成共识的基础上建立自身的范式，并在

范式基础上建构理论、完善制度。在既有研究和实践基础上，基于法院与当事人诉讼地位的"管理型"和"服务型"关系，以及基于对技术融合的"积极型"和"保守型"关系进行类型化分析，结合传统民事诉讼范式、民事电子诉讼的共识性问题、民事电子诉讼的外部环境三方面影响因素，确立了"积极服务型"的民事电子诉讼范式类型，即通过积极主动加强理论和实践层面技术的融合和运用，强化诉权保障、审判权监督和司法服务，推动诉权在诉讼中的主导地位，促进纠纷解决并实现"数字正义"。

理论方面，"积极服务型"民事电子诉讼范式的建构，需要在理论层面展开分析，使民事诉讼理论与范式目标相适应。具体包括基本理念的确立和具体理论的协同和重塑。在基本理念方面，一方面考量了传统民事诉讼程序的本位性、自治性、契约性和协同性的理念，另一方面在既有民事电子诉讼的理念共识基础上，确立了程序保障性、程序服务化、程序电子化、程序协同化四方面的基本理念内容。在具体理论方面，对民事诉讼目的进行厘清，对民事诉讼的不同价值进行协调，对民事诉讼原则进行贯彻，并根据民事电子诉讼范式的需要建构新的指导原则。

制度方面，"积极服务型"民事电子诉讼范式是突破时空场域发生的与传统诉讼不同的诉讼形态。一方面，从整体上统筹民事电子诉讼制度与传统民事诉讼制度之间的关系。包括：制度的结构性协同方面，应当随着立法和实践的发展，从补充性制度向并行性制度结构转化；制度阶段性协同方面，应当基于"增益性"标准，在推广"阶段性"的实施程序基础上，探索"全程性"实施的案件类型；制度的正当性协同方面，应当对合法性和合理性进行全面考量。另一方面，在具体民事诉讼制度中，处理民事电子诉讼与传统民事诉讼的协同问题：一是电子化受理制度中，对法院审查制度，应当完善被告身份信息的确认和管辖权连接点确定的问题；对网上立案制度，应当协调积极推动网上立案与当事人程序选择权的关系，并注重对弱势群体网上立案参与权的保障。二是电子化交往制度中，对电子送达制度，应当进一步明确关于电子送达的适用条件、主要方式和平台载体；对电子化材料提交制度，应当明确提交的期间、促进提交的"结构化"、加强引导和推广；对电子卷宗管理制度，应当修订档案相关管理规定，实现电子卷宗与电子档案的顺畅衔接。三是电子化审理制度中，对审前程序的电子化，应当强化整理、固化、沟通和解纷功能；对庭审程序的电子化，应当明确在线开庭审理案件的决定标准，以及妨害在线庭审行为的约束方式，推动庭审录像对笔录的替代效力；对异步审理程序，应当对规则进一步限制，并进一步细化和完善程序中的适用。四是电子证据制度中，对电子数据证据制度，应当进一步明确举证方式的合法性，确立"法律真实性"认证观，完善电子数据载体关联性的标准；对电子化证据制度的优化，应当建构"拟制原件"审核的实质性原则，在"法律真实论"的证据观下赋予法官更多的自由裁量空间。

社会向信息化、智能化快速发展已经成为不可逆的趋势。社会中人与人之间的纠纷以及解纷需求必然会与技术产生关联。现代民事诉讼的发展，除了应当坚守和实现传统民事诉讼基本的理念、目的和价值追求，还应当对新技术秉持开放和包容的态度，积极融入民事诉讼理论和制度中，赋能民事诉讼现代化目标的实现。

本书在对民事电子诉讼基本概念、发展情况进行考察的基础上，用"范式"概念对民事电子诉讼的理论和实践共识进行总结，并确立了"积极服务型"的民事电子诉讼范式。从理论适应和制度协同两方面，对实现"积极服务型"的民事电子诉讼范式，进行了体系化的梳理。诚然，"范式"概念及其方法论，虽在社会科学中已经得到认同，但在法学领域还没有普遍运用，理论上对于这一概念适用的合理性和可行性也可能提出质疑，但是笔者认为，回应这一问题，一方面可以从"范式"本身考量其适用于民事电子诉讼的合理性，另一方面也可以暂时抛开"范式"的概念，直接考量"积极服务型"民事电子诉讼及其理论适应和制度协同的分析结论，检视"积极服务型"民事电子诉讼发展的必要性和可行性。但不论结论如何，未来民事电子诉讼仍需要对理论和制度进行更加系统的观察和总结，形成我国民事诉讼现代化发展中的特有经验，进而推动民事诉讼的现代化转型。

随着《民事诉讼法》的修订以及智慧法院建设的深入展开，民事电子诉讼必将迎来新的发展，本书对于民事诉讼电子化的探讨，仅仅是一次系统化的回顾和展望，期待未来对于民事电子诉讼的研究更加趋于细化和深化，积极推动技术融合，赋能民事诉讼现代化的新发展。

参考文献

一、著作类

[1] 张卫平. 民事诉讼法 [M]. 北京：法律出版社, 2019.

[2] 季卫东. 法律程序的意义——对中国法制建设的另一种思考 [M]. 北京：中国法制出版社, 2004.

[3] 顾培东. 社会冲突与诉讼机制 [M]. 北京：法律出版社, 2016.

[4] 樊崇义. 诉讼原理 [M]. 北京：法律出版社, 2009.

[5] 周宏仁. 信息化论 [M]. 北京：人民出版社, 2008.

[6] 吴军. 全球科技通史 [M]. 北京：中信出版集团, 2019.

[7] 中国社会科学院法学研究所, 法治指数创新工程项目组. 中国法院信息化第三方评估报告 [M]. 北京：中国社会科学出版社, 2016.

[8] 许建锋, 孙福辉, 陈奇伟. 智慧法院体系工程概论 [M]. 北京：人民法院出版社, 2021.

[9] 何家弘. 电子证据法研究 [M]. 北京：法律出版社, 2002.

[10] 张卫平. 转换的逻辑：民事诉讼体制转型分析 [M]. 北京：法律出版社, 2004.

[11] 刘士国. 民法总论 [M]. 上海：上海人民出版社, 2001.

［12］张卫平．诉讼构架与程式—民事诉讼的法理分析［M］．北京：清华大学出版社，2000．

［13］马长山．迈向数字社会的法律［M］．北京：法律出版社，2021．

［14］张卫平．法学教育与研究方法论［M］．北京：法律出版社，2017．

［15］邵明．现代民事诉讼基础理论：以现代正当程序和现代诉讼观为研究视角［M］．北京：法律出版社，2011．

［16］李浩，刘敏．新编民事诉讼法学［M］．北京：中国人民公安大学出版社，2003．

［17］张卫平．民事诉讼法教程［M］．北京：法律出版社，1998．

［18］张艳丽，于鹏，周建华．民事诉讼理论与制度［M］．北京：法律出版社，2016．

［19］刘荣军．程序保障的理论视角［M］．北京：法律出版社，1999．

［20］江伟．民事诉讼法学关键问题［M］．北京：中国人民大学出版社，2010．

［21］季卫东．法治秩序的建构［M］．北京：中国政法大学出版社，1999．

［22］王亚新．社会变革中的民事诉讼［M］．北京：中国法制出版社，2002．

［23］最高人民法院．中国法院的互联网司法［M］．北京：人民法院出版社，2019．

［24］田平安．民事诉讼法：原则制度篇［M］．厦门：厦门大学出版社，2006．

［25］邵明．现代民事之诉与争讼程序法理"诉·审·判"关系原理［M］．北京：中国人民大学出版社，2018．

[26] 刘学在. 民事诉讼辩论原则研究［M］. 武汉：武汉大学出版社，2007.

[27] 杨临萍. 司法体制改革与智慧法院的实践与探索［M］. 北京：法律出版社，2019.

[28] 白绿铉. 美国民事诉讼法［M］. 北京：经济日报出版社，1996.

[29] 王胜明. 中华人民共和国民事诉讼法释义［M］. 北京：法律出版社，2012.

[30] 魏士禀. 电子合同法理论与实务［M］. 北京：北京邮电大学出版社，2001.

[31] 蒋平. 计算机犯罪问题研究［M］. 北京：商务印书馆，2000.

[32] 何家弘，刘品新. 证据法学［M］. 北京：法律出版社，2013.

[33] 陈瑞华. 刑事证据法学［M］. 北京：北京大学出版社，2012.

[34] 薛波. 元照英美法词典［M］. 北京：法律出版社，2003.

[35] 理查德·萨斯坎德. 线上法院与未来司法［M］. 何广越，译. 北京：北京大学出版社，2021.

[36] 伊森·凯什，奥娜·拉比诺维奇·艾尼. 数字正义——当纠纷遇见互联网科技［M］. 赵蕾，赵精武，曹建峰，译. 北京：法律出版社，2019.

[37] 田中成明. 现代社会与审判——民事诉讼的地位和作用［M］. 郝振江，译. 北京：北京大学出版社，2016.

[38] 兼子一，竹下守夫. 民事诉讼法［M］. 白禄铉，译. 北京：法律出版社，1995.

[39] 莫诺·卡佩莱蒂. 比较法视野中的司法程序 [M]. 徐昕, 译. 北京: 清华大学出版社, 2005.

[40] 莫诺·卡佩莱蒂. 当事人基本程序保障权与未来的民事诉讼 [M]. 徐昕, 译. 北京: 法律出版社, 2000.

[41] 马克斯·韦伯. 社会科学方法论 [M]. 韩水法, 莫茜, 译. 北京: 中央编译出版社, 1999.

[42] 三月章. 日本民事诉讼法 [M]. 汪一凡, 译. 台湾: 五南图书出版社, 1998.

[43] 罗森贝克, 施瓦布. 德国民事诉讼法（上）[M]. 李大雪, 译. 北京: 中国法制出版社, 2007.

[44] 博登海默. 法理学——法哲学及其方法 [M]. 邓正来, 姬敬武, 译. 北京: 华夏出版社, 1987.

[45] 伊藤真. 民事诉讼法（一）[M]. 东京: 有斐阁, 1995.

[46] 培根. 培根论说文集（第2版）[M]. 水同天, 译. 北京: 商务印书馆, 1983.

[47] 罗伯特·阿列克西. 法律论证理论——作为法律证立理论的理性论辩理论 [M]. 舒国滢, 译. 北京: 中国法制出版社, 2002.

[48] 盖瑞·史宾塞. 最佳辩护 [M]. 魏丰等, 译. 北京: 世界知识出版社, 2003.

[49] 张卫平, 齐树洁. 德国民事诉讼法 [M]. 丁启明, 译. 厦门: 厦门大学出版社, 2016.

二、论文期刊类

[1] 龚祥瑞, 李克强. 法律工作的计算机化 [J]. 法学杂志, 1983（3）.

[2] 宋朝武. 电子司法的实践运用与制度碰撞 [J]. 中国政法大学学报, 2011（6）.

［3］刘敏．电子时代中国民事诉讼的变革［J］．人民司法，2011（5）．

［4］周翠．中国民事电子诉讼年度观察报告（2016）［J］．当代法学，2017（4）．

［5］张兴美．中国民事电子诉讼年度观察报告（2017）［J］．当代法学，2018（6）．

［6］王亚新．信息化浪潮中的司法改革：机遇与挑战［J］．法治现代化研究，2018（2）．

［7］高翔．民事电子诉讼规则构建论［J］．比较法研究，2020（3）．

［8］左卫民．中国在线诉讼：实证研究与发展展望［J］．比较法研究，2020（4）．

［9］张卫平．民事诉讼智能化：挑战与法律应对［J］．法商研究，2021（4）．

［10］肖建国，庄诗岳．论互联网法院涉网案件地域管辖规则的构建［J］．法律适用，2018（3）．

［11］段厚省．远程审判的双重张力［J］．东方法学，2019（4）．

［12］张兴美．庭审记录方式电子化改革的反思与建构［J］．法学杂志，2019（1）．

［13］肖建国，丁金钰．论我国在线"斯图加特模式"的建构——以互联网法院异步审理模式为对象的研究［J］．法律适用，2020（15）．

［14］陈国猛．互联网时代资讯科技的应用与司法流程再造——以浙江省法院的实践为例［J］．法律适用，2017（21）．

［15］蔡立东．智慧法院建设：实施原则与制度支撑［J］．中国应用法学，2017（2）．

[16] 郑旭江. 互联网法院建设对民事诉讼制度的挑战及应对 [J]. 法律适用, 2018 (3).

[17] 周翠. 互联网法院建设及前景展望 [J]. 法律适用, 2018 (3).

[18] 杨秀清. 互联网法院定位之回归 [J]. 政法论丛, 2019 (5).

[19] 周翠. 德国司法的电子应用方式改革 [J]. 环球法律评论, 2016 (1).

[20] 周翠. 德国在线庭审的现状与前景 [J]. 人民司法, 2021 (25).

[21] 王福华. 电子诉讼制度构建的法律基础 [J]. 法学研究, 2016 (6).

[22] 侯学宾. 我国电子诉讼的实践发展与立法应对 [J]. 当代法学, 2016 (5).

[23] 徐昕. 当事人权利与法官权力的均衡分配——兼论民事诉讼的本质 [J]. 现代法学, 2001 (4).

[24] 陈文曲. 现代诉讼的本质：全面理性的规范沟通 [J]. 政法论丛, 2020 (2).

[25] 杨斌. 民事诉讼信息化协同构建论 [J]. 法大研究生, 2020 (2).

[26] 彭法. 新时代网络善治的建构逻辑 [J]. 人民论坛, 2020 (19).

[27] 苏力. 法律与科技问题的法理学重构 [J]. 中国社会科学, 1999 (5).

[28] 聂馥玲. 技术本质研究综述 [J]. 内蒙古社会科学, 2003 (5).

[29] 魏浦雅, 贺善侃. 论现代科技发展对法律的影响 [J]. 东华大学学报（社会科学版）, 2007 (4).

[30] 李晟. 略论人工智能语境下的法律转型[J]. 法学评论, 2018 (1).

[31] 李大勇. 司法政策论要——基于行政诉讼的考察[J]. 现代法学, 2014 (5).

[32] 刘艳红. 大数据时代审判体系和审判能力现代化的理论基础与实践展开[J]. 安徽大学学报（哲学社会科学版）, 2019 (3).

[33] 钟明亮. "人工智能＋在线司法确认"的实践观察与前景展望[J]. 法律适用, 2020 (15).

[34] 李小波. 范式理论的价值及其对社会科学学科的指引——兼论公安学学科范式研究的必要性[J]. 公安学研究, 2018 (2).

[35] 郑杭生, 李霞. 关于库恩的"范式"——一种科学哲学与社会学交叉的视角[J]. 广东社会科学, 2004 (2).

[36] 周晓虹. 社会学理论的基本范式及整合的可能性[J]. 社会学研究, 2002 (5).

[37] 方文. 社会心理学的演化：一种学科制度视角[J]. 中国社会科学, 2001 (11).

[38] 刘哲玮. 论民事诉讼模式理论的方法论意义及其运用[J]. 当代法学, 2016 (3).

[39] 傅郁林. 改革开放四十年中国民事诉讼法学的发展：从研究对象与研究方法相互塑造的角度观察[J]. 中外法学, 2018 (6).

[40] 张卫平. 改革开放以来我国民事诉讼法学的流变[J]. 政法论丛, 2018 (5).

[41] 张卫平. 论民事诉讼制度的价值追求[J]. 法治现代化研究, 2021 (3).

[42] 陈锦波. 论信息技术对传统诉讼的结构性重塑——从电子诉讼的理念、价值和原则切入［J］. 法制与社会发展，2018（3）.

[43] 徐骏. 智慧法院的法理审思［J］. 法学，2017（3）.

[44] 马长山. 智能互联网时代的法律变革［J］. 法学研究，2018（4）.

[45] 张卫平. 我国民事诉讼法理论的体系建构［J］. 法商研究，2018（5）.

[46] 张凯. 证据制度的完善思路与网络虚拟社会的和谐——以电子证据规则为视角［J］. 河南师范大学学报（哲学社会科学版），2007（5）.

[47] 汤维建. 理念转换与民事诉讼制度的改革和完善［J］. 法学家，2007（1）.

[48] 汤维建. 论民事证据契约［J］. 政法论坛，2006（4）.

[49] 任重. 民事诉讼协动主义的风险及批判——兼论当代德国民事诉讼基本走向［J］. 当代法学，2014（4）.

[50] 杨严炎. 论民事诉讼中的协同主义［J］. 中国法学，2020（5）.

[51] 王福华. 民事诉讼的社会化［J］. 中国法学，2018（1）.

[52] 王福华. 电子法院：由内部到外部的构建［J］. 当代法学，2016（5）.

[53] 张兴美. 电子诉讼制度建设的观念基础与适用路径［J］. 政法论坛，2019（5）.

[54] 汤维建，陈巍. 司法改革应当以人为本——以民事诉讼为中心而展开的论述［J］. 中国司法，2007（2）.

[55] 张文显. 规则·原则·概念——论法的模式［J］. 现代法学，1989（3）.

[56] 段厚省. 民事诉讼目的：理论、立法和实践的背离与统一 [J]. 上海交通大学学报（哲学社会科学版），2007（4）.

[57] 张卫平. 转型时期我国民事诉讼法学的主要任务与重心 [J]. 北方法学，2016（6）.

[58] 张卫平. 我国民事诉讼辩论原则重述 [J]. 法学研究，1996 年（6）.

[59] 邵明. 民事争讼程序基本原理论 [J]. 法学家，2008（2）.

[60] 王亚新. 论民事、经济审判方式的改革 [J]. 中国社会科学，1994（1）.

[61] 左卫民. "诉讼爆炸"的中国应对：基于 W 区法院近三十年审判实践的实证分析 [J]. 中国法学，2018（4）.

[62] 刘荣军. 诚实信用原则在民事诉讼中的适用 [J]. 法学研究，1998（4）.

[63] 张卫平. 民事诉讼中的诚实信用原则 [J]. 法律科学（西北政法大学学报），2012（6）.

[64] 陈增宝. 构建网络法治时代的司法新形态——以杭州互联网法院为样本的分析 [J]. 中国法律评论，2018（2）.

[65] 蔡彦敏. 断裂与修正：我国民事审判组织之嬗变 [J]. 政法论坛，2014 年（2）.

[66] 刘松山. 当代中国处理立法与改革关系的策略 [J]. 法学，2014（1）.

[67] 李海青. 现代性视域中的制度合理性 [J]. 江西社会科学，2020（9）.

[68] 段文波. 论民事诉讼被告之"明确" [J]. 比较法研究，2020（5）.

[69] 杨艳，张培森. 关于北京互联网法院案件管辖与立案审查的思考 [J]. 经贸法律评论，2019（3）.

[70] 王琦. 法院网上立案的实践检视及路径研究 [J]. 法学杂志, 2016 (11).

[71] 马登科, 唐豪. 我国网上立案制度研究 [J]. 广西社会科学, 2018 (2).

[72] 张雯, 颜君. "互联网＋"背景下电子送达制度的重构——立足互联网法院电子送达的最新实践 [J]. 法律适用, 2019 (23).

[73] 吴泽勇. 民事诉讼审前准备程序的正当化 [J]. 法学, 2005 (1).

[74] 刘品新. 印证与概率：电子证据的客观化采信 [J]. 环球法律评论, 2017 (4).

[75] 游伟, 夏元林. 计算机数据的证据价值 [J]. 法学, 2001 (3).

[76] 郑学林, 宋春雨. 新民事证据规定理解与适用若干问题 [J]. 法律适用, 2020 (13).

[77] 小林学. 日本民事审判的 IT 化和 AI 化 [J]. 郝振江译, 国家检察官学院学报, 2019 (3).

[78] 郑永焕. 韩国电子诉讼现状及完善方向 [J]. 方丽妍译, 东南司法评论, 2018 (11).

[79] 布里格斯勋爵. 生产正义方式以及实现正义途径之变革——英国在线法院的设计理念、受理范围以及基本程序 [J]. 赵蕾译, 中国应用法学, 2017 (2).

三、论文集

[1] 徐昕. 信息时代的民事诉讼：一个比较法视角 [A] //司法改革论评（第 2 辑）[C]. 北京：中国法制出版社, 2002.

[2] 李学军. 电子数据与证据 [A] //证据论坛（第 2 卷）[C]. 北京：中国检察出版社, 2001.

［3］尼古拉·普鲁士．民事诉讼中电子文书交往的程序法基础［A］//陈慧，译．互联网金融法律评论（第3辑）［C］．北京：法律出版社，2015．

四、网址及其他

［1］杭州互联网法院．《杭州互联网法院涉网案件异步审理规程（试行）》，载杭州互联网法院官方网站，［Z/OL］［2018］www．netcourt．gov．cn．

［2］中国互联网络信息中心．中国互联网络发展状况统计报告［R/OL］［2023］http：//www．cnnic．net．cn/．

［3］王悠然．《多角度思考数据科学与数字鸿沟》，载中国社会科学网，［N/OL］［2021］http：//ex．cssn．cn/hqxx/202108/t20210823_5355115．shtml．

［4］日本立法会．日本立法会-民事诉讼法（IT）小组委员会公开信息主页，［R/OL］［2023］https：//www．moj．go．jp/shingi1/housei02_003005．html．

［5］江和平，蒋丽萍译：《英国在线法院发展报告（节选）》，［R/OL］［2017］载《人民法院报》2017年5月6日第008版．

［6］人民法院新闻传媒总社．《周强在最高人民法院机关党史学习教育专题党课授课时强调 深入贯彻习近平法治思想 坚持人民立场 践行司法为民》，［N/OL］［2021］载最高人民法院网站，https：//www．court．gov．cn/zixun-xiangqing-311451．html。

［7］张卫平，曹云吉：《民事诉讼法学：聚焦基础理论关注司法实践新发展》，载最高人民检察院网站 https：//www．spp．gov．cn/spp/zdgz/202001/t20200105_451997．shtml，2022年2月7日访问。

［8］最高人民法院．《关于加快建设智慧法院的意见》，［R/OL］［2017］载最高人民法院网站，https：//www．court．gov．cn/．

［9］寇昉.《北京市高级人民法院工作报告》,［R/OL］［2020］载《北京日报》2020年3月5日第007版。

［10］最高人民法院.《最高人民法院报告（摘要）》,［R/OL］［2020］载《人民日报》2020年5月26日第004版。

［11］习近平.《凡属重大改革都要于法有据》,载新华社网站,［N/OL］［2014］http：//news.xinhuanet.com/fortune/2014－03/01/c_126207261.htm.

［12］孙超.《中央批准设立的杭州互联网法院,究竟是个什么机构》,［N/OL］［2017］载凤凰网,http：//news.ifeng.com/a/20170626/51324429_0.shtml.

［13］陈东升.《互联网法院给司法创新带来了什么》,［N/OL］［2017］载《法制日报》2017年8月19日第3版。

［14］刘峥,何帆,李承运.《人民法院在线诉讼规则》的理解与适用,［R/OL］［2021］载最高人民法院微信公众号,2021年6月17日发布。

［15］北京互联网法院.《弹屏短信——有了这款"黑科技",电子送达更有效》,［R/OL］［2018］载京法网事微信公众号,2018年10月22日发文。

［16］刘峥,何帆,李承运.《〈民事诉讼程序繁简分流改革试点实施办法〉的理解与适用》,［R/OL］［2020］载法影斑斓微信公众号,2020年1月15日发文。

［17］广州互联网法院.《在"群"里聊着聊着就把案件审完了,广州这家网红法院有"秘笈"》,［N/OL］［2019］载广州日报微信公众号,2019年12月2日发文。

［18］余建华.《扩展时空让审理异步进行——杭州互联网法院创新审理模式工作［N/OL］［2018］载最高人民法院网站,https：//www.court.gov.cn/zixun-xiangqing-89412.html.

[19] 张西安．《论计算机证据的几个问题》，[N/OL][2000] 载《人民法院报》2000 年 11 月 7 日第 3 版。

[20] 清华大学法学院．《互联网法院案件审理问题研讨会》会议实录，[R/OL][2019] 载《纠纷与法治》微信公众号，2019 年 12 月 10 日发文。

后记
嬗变的智能技术与不变的法律理性

人类社会已经步入智能时代,智能化技术是颠覆性的通用技术,发展速度之快、辐射范围之广、影响程度之深前所未有。新兴人工智能技术正在改变我们的生活、我们的思维,以及我们的法治观念和法治方式。

人类社会经历了从农耕社会到工业社会,再到信息社会的转变。不论时代如何变迁,法学家对于法律知识的追求、法律能力的运用以及法律目标的实现始终如一。从意大利博洛尼亚大学(公元1088年)开设法学教育,到13世纪中后期欧洲法学家关于"法律科学性"的研究,19世纪中后期形式主义理性化的"学说汇纂法教义学"以及延续到20世纪的历史分析法学、社会法学、价值法学,法学家们对法律的认知理性、工具理性和实质理性的思考从未停歇,对良法善治的追求也始终坚定。回顾本书的创作历程,我深感法学理论的学习是一个不断思考和积累的过程,需要持续完善知识结构、丰富技能方法、深化理论认知。我不断在嬗变的智能技术与不变的法律理性之间寻找答案,将理论与实践相结合,寻找智能技术与法律理性融合的理想方案。

本书是我进行法学理论学习和法律实践工作的阶段性总结,一路走来,身边的老师、亲友、同事给我莫大的支持。

感谢我博士和博士后期间的导师中国政法大学民商经济法学院杨秀清教授、浙江大学光华法学院曹士兵教授。两位恩师不仅给予我宝贵的学习机会，还在学术和生活上给予我莫大的支持和鼓励。恩师的教诲和榜样作用，成为我不断前行的动力，激励我追求"有用之学"。我向他们表达最深的敬意和感激。

感谢北京智查科技有限公司CEO唐旭先生、技术总监王再成先生，以及华中科技大学出版社法律分社，在你们的支持下，本书得以突破传统出版形式，成为一本有AI技术支撑的"智能化的法学专著"，以全新的形式呈现给读者。

感谢北京法院的领导和同事，法院工作既让我有机会深入审判一线，积累了办案经验，也让我有机会参与司法改革的顶层设计，从更加宏观的视角来认识法律的实施和法治的实现。这段工作经历已经成为我认识、理解法学理论和参与法律实践的宝贵财富。

感谢我的父母、妻子和其他亲人，是你们无条件的爱和支持，让我有勇气追求自己的理想和目标。

人生若晨露，转瞬即逝。当珍惜身旁之人，以心之向往，追寻灵魂深处的理想和渴望。

杨　斌

2024年4月于浙江大学国家制度研究院